WORDSEARCH

WORDSEARCH

OVER 500 PUZZLES

ARCTURUS

ARCTURUS

This edition published in 2017 by Arcturus Publishing Limited
26/27 Bickels Yard, 151–153 Bermondsey Street,
London SE1 3HA

AD005212NT

Printed in the UK

HOW TO SOLVE A WORDSEARCH PUZZLE

Wordsearch puzzles can be great fun and solving them requires a keen eye for detail…!

Each puzzle consists of a grid of letters and a list of words, all of which are hidden somewhere in the grid. Your task is to ring each word as you find it, then tick it off the list, continuing until every word has been found.

Some of the letters in the grid are used more than once and the words can run in either a forwards or backwards direction; vertically, horizontally or diagonally, as shown in this example of a finished puzzle:

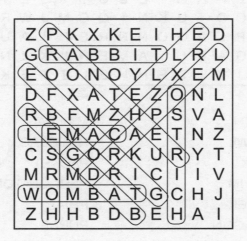

BADGER ✓   LEOPARD ✓

CAMEL ✓   OSTRICH ✓

GAZELLE ✓   PANTHER ✓

GIRAFFE ✓   RABBIT ✓

HORSE ✓   WOMBAT ✓

Containers

```
Z R I G E S R U P A H K G V V
A E B S U A Y J N D P S P U H
M L A I H P L Y W A L L E T J
T I A T H N Y S P N E E R U T
V Q P T A K C A S R E V A H R
M U R D F R C L R D B U X B O
G A D E E K H Q T T E O B R T
A R S W E T C K M P N O W U A
B Y E T B X K V L G Y I Q L L
E X O B E E N Q B L H I U E O
S L P H G I E B U T T S E T C
O O D T U K N I Q G M J W R R
N F L A G O N N R E P I A U E
G G A B L I A M E N L X J N P
P J X I Z E H H E L T T E K B
```

BATH

BOWL

BOX

DRUM

EWER

FLAGON

HAVERSACK

IN-TRAY

JUG

KEG

KETTLE

LADLE

MAILBAG

NOSEBAG

PACKET

PERCOLATOR

PHIAL

PURSE

RELIQUARY

STEIN

TEST TUBE

TRUNK

TUREEN

WALLET

Electrical Appliances

```
Z L T R P V N C L F R K J W B
R E W O M F O E L M O Z J N H
T V M Z S Q R L I L T R J S I
H Y F A A I I R R P A N C K F
H O P R F N A D D T R R O C I
R H C E E H B O I L E R I O U
E Y O A W F R U W W G L D L N
T P F C R R G E D Q I J A C I
N T F Y O Y I R T G R O R M T
I U E R Q O I T H A F R H M P
R R E G E V K T E F E S I U F
P Z P G E E S E C R R H A I H
B C O R K U Z Z R L C C F F A
D S T R I M R E M M I R T S K
R E V A H S S P R A Y G U N Q
```

BOILER	LAMP
CLOCK	LIGHTS
COFFEE POT	MOWER
COOKER	PRINTER
DRILL	RADIO
FIRE	RAZOR
FREEZER	REFRIGERATOR
FRYER	SCREWDRIVER
GUITAR	SHAVER
HEATER	SPRAY GUN
HI-FI UNIT	STRIMMER
IRON	TYPEWRITER

Boxes

```
B S H P A U S K A Q U Q F I E
G J G B M S S E R P J E H B K
T W K A T E B O V Y Z C R T U
E C I A Q I E A A S R D B I J
N L H J Y U C Z H P M U N S F
O V X R P T L O B J N A J O B
I R O S E P O Y F W S A U P Z
T F E D M T O R C Q C I K E T
C O V D I S T I U K R O W D N
N O T N N B W A I L A X L E G
U Q G U A I W N H R B B S F S
J F F L N K T D F C A R T A D
Y F L J V H U N U A J E L S J
H O R S E U B A S S I A G H F
T M J M F Y E B E H M D Y L V
```

BALLOT	JUNCTION
BAND	JURY
BREAD	MAIL
CASH	PRESS
CHATTER	SAFE-DEPOSIT
FIRE	SHOOTING
FUSE	SNUFF
GEAR	SOAP
HORSE	SQUAWK
ICE	TINDER
JACK-IN-THE	TOOL
JUKE	WORK

D Words

```
E Y N A G N I T S U G S I D Y
L S D O B B D R D W Z A A R P
B I D O R E C R O L T T I E D
B A U Z A D R T D A O A D D D
A D R T Y D E R L K D I E E D
D W H V O F N H A U P D V M U
Y D Z D S B N D A L U O N E R
S R D C D E I Y O C L T I E A
S L O H T M D M E U E B A D B
E C G T D O A C T N D D M L I
R M G E C C Z I G A U A O D L
U G E Z Y E O A E N N M D D I
D D R M A N R R D O E P P D T
S D E O D D D I H O S L R B Y
D F L D K O S U D X G Y X E D
```

DABBLE	DIPLOMACY
DADDY	DIRECTORY
DAIRY	DISGUSTING
DAISY	DODDLE
DAKOTA	DODECAHEDRON
DAMPLY	DOGGEREL
DEATH	DOMAIN
DEDUCE	DRAGNET
DEEDS	DREAD
DEEMED	DUNES
DEVOLUTION	DURABILITY
DINNER	DURESS

Rodents

```
H G O H E G D E H W G J V N Y
X W O O D C H U C K E E E U R
J H A M S T E R Q R F K V T G
Y X I C Q A R A B Y P A C R O
F V T I U F J O X R P M P I D
T G A A I W A T O M R A M A E
M U R C R T T F X D U R K T I
U I K E R E R D H N E Y N T R
S N S S E R R E V A E B U I I
Q E U U L E T N H U Q O M B A
U A M O L V Q K H P G X P B R
A P S M W E J N L A O T I A P
S I Y R X L E M M I N G H R U
H G Y O G E R B I L I M C Y G
B H C D C E N I P U C R O P C
```

AGOUTI	JERBOA
BEAVER	LEMMING
CAPYBARA	LEVERET
CAVY	MARMOT
CHIPMUNK	MUSKRAT
COYPU	MUSQUASH
DORMOUSE	NUTRIA
GERBIL	PORCUPINE
GOPHER	PRAIRIE DOG
GUINEA PIG	RABBIT
HAMSTER	SQUIRREL
HEDGEHOG	WOODCHUCK

Ancient Egypt

```
U X B G I B O E S I Y Z B M C
S F U J S Z U E K L R B U W T
F A D G B D E I S Q I D F U L
T S N E R U H S A D I S S P Y
R O H U A K N E M E L P I G C
N M M P B P N S M F E O O S O
V D D B Y I P S E H Q L G U C
Y J F I S L S J S B O O G R A
M T U Y S A G T U T E M X T R
N S Z M M Q A O P P S H L L T
A P K M G H B Y R C M Y T S O
R H Y U I B G I R E P Z Z B U
M I N M Z E E I O S I R I S C
E N D D A S B J N C J H B I H
R X M F T E L I N B A K A R E
```

ANUBIS	MASKS
ASYUT	MEIDUM
BAKARE	MENKAUHOR
CARTOUCHE	MUMMY
DASHUR	NARMER
EDFU	NILE
EGYPTOLOGY	OSIRIS
GIZA	PRIEST
GOLD	SCRIBE
HATSHEPSUT	SPHINX
HIEROGLYPHS	THEBES
ISIS	TOMBS

Cities of England

```
S N Z D N O M Z R R D S D J D
S N A B L A T S K E E D V P H
A N O T S E R P P T W E P F C
G O C X Y D I Z H S E E L U I
V T E W N E C F L E L L Y A W
X T B N Q R L A H H L C M D R
P I E A X B N S M C S L O Y O
L N L G T Y V V I B I D U O N
O G U M A H R U D L R L T R M
T H O Z Y R S L O O R I H K W
S A Y T E L O Q F R M A D C B
I M U T V N E X Y U U X C G W
R C E I D N O P I R I R Q L E
B X U O V T D C O V E N T R Y
E V N E E L T S A C W E N U L
```

BATH	LONDON
BRISTOL	NEWCASTLE
CAMBRIDGE	NORWICH
CARLISLE	NOTTINGHAM
CHESTER	OXFORD
COVENTRY	PLYMOUTH
DERBY	PRESTON
DURHAM	RIPON
ELY	ST ALBANS
EXETER	TRURO
LEEDS	WELLS
LICHFIELD	YORK

Gemstones

```
E T A G A L E X A N D R I T E
O K V O Q C E A E N U P B C M
P Z J O A H D T I B O F E R E
F E P S T A I L Y G H N R B R
F A A M A L A C H I T E Y W A
L M N R O C E N E H P S L X L
Z K E V L E K E D N O M A I D
U A A N I D G G T A V X U D N
M S V J V O W A M I M X A R O
T Z E V I N P E R X Z B S T C
E T M P N Y T P C N I N E N R
V N W C E H O V J C E Q U R I
M N K W Y L P Q U A R T Z K Z
E T I S U L A D N A D V W H Q
K U T R C A Z F J U T E T B Y
```

AGATE	KUNZITE
ALEXANDRITE	MALACHITE
AMBER	OLIVINE
AMETHYST	ONYX
ANDALUSITE	OPAL
BERYL	PEARL
CHALCEDONY	QUARTZ
DIAMOND	RUBY
EMERALD	SPHENE
GARNET	TOPAZ
JADE	TSAVOLITE
JET	ZIRCON

Creatures

```
C J K S S T O H R G E U O R Y
B M A L S Z L R E K N O X W M
C P Y N H D E O K C U V Z Z X
H N A E H T V T C X I O T P T
X K L X T F E T B I E E Q A L
E W S O L Y A T E G Y B O K X
M P T E B V V N W H N T I Q X
V B A L J O K E T Z S F U N P
B J G S N L H D A E P N X J I
U E L G A E E O W M L R A K F
L M Z C N Y O R U A S O N I D
M H T E H F N V M L G I P X L
A M Y R L P C O W H Z W B E I
S U M A T O P O P P I H U I O
W X C P N L M I P V Z F P M N
```

ANTELOPE	MOLE
CALF	OTTER
COLT	OWL
DINOSAUR	OXEN
EAGLE	PONY
FLEA	RODENT
HIPPOPOTAMUS	SNAIL
IBEX	SNAKE
IBIS	STAG
LAMB	STOAT
LION	VOLE
LYNX	YAK

Hard to See

```
N T U M I S T Y Y D U O L C X
T N I A F J I M K K F L K K S
Y Z A H Y E L K G S O O E H V
C O N C E A L E D G U M A A Q
Y M M Y I B L U R R E D S T N
D I U F Z L I O U Q O A K Q N
D N R R I Z L Z U W Z M V E W
U D R A K L U D Y N Y M B I O
M I D W S Y M F E M C U Y T T
X S E B G P P E O F L L J H T
C T D Y A I A O D O I R E V M
Y I A K G K L L U O G N A A U
Q N F O R G Y S E A V G E O R
K C S A W T O X V J U E E D G
A T D K V C A F M E M A R O U
```

BLURRED

CLOUDY

CONCEALED

DARK

DUSKY

FADED

FAINT

FILMED OVER

FOGGY

FUZZY

GLOOMY

HAZY

ILL-DEFINED

ILL-LIT

INDISTINCT

MISTY

MUDDY

MURKY

NEBULOUS

PALE

SHADOWY

SMOKY

UNCLEAR

VAGUE

Orchestra Conductors

```
X M D M M T V O N O M I S R F
M D C E F X D M N O L N O C L
I E O L D F Y E A Q N I A E J
O H D O T W Z S T H Z A V J Y
B R N M W N A U S S C I D D K
N L A K O G E R C U N E X G S
E I Z A R T O G D E A N E T N
R N J R M G T H R S R R E B I
A G D A A O I L A A L B K T V
B W E J N O O R T L S H G P A
F L P A D S J E T O H X J B R
C T M N Y S O C L N J R B M M
W P E Q B E I N E E T A Y U G
N Q K M D N D A S N D T F T N
D C W R V S E B I O W C L I C
```

ABBADO	KEMPE
ANCERL	KRAUSS
BARENBOIM	LEVINE
BEECHAM	MOTTL
CONLON	MRAVINSKY
DANON	MUTI
EDWARDS	ORMANDY
EHRLING	RATTLE
GOOSSENS	SALONEN
HOGWOOD	SARGENT
JANSONS	SIMONOV
KARAJAN	TENNSTEDT

Portmanteau Words

```
N J O S N U D G H L G Q V F F
E T D O I R F C K R O P S A T
G A G M E T N S O E O B J N S
A I I G T U C B N L K F E Z T
T U I K R I Y O D K H M D I A
U L G B N C L K M E N E S N G
M F C O S H M V C I P C L E F
E L I M T P K O A A M O T E L
N V O A P F R T C O J N M W A
A G I S A J U P S K O R T E T
M B K P O D C A S T N N A B I
M S I L E G N A V E L E T C O
R E V I E C S N A R T N Y A N
S G V T S O R F A M R E P M K
C D A B V H E S I C R E X O B
```

AVIONICS	MUTAGEN
BIATHLON	PERMAFROST
BOXERCISE	PODCAST
BRUNCH	SITCOM
CARJACK	SKORT
CYBORG	SMOG
EDUTAINMENT	SPORK
FANZINE	STAGFLATION
LIGER	TELEVANGELISM
MOCKNEY	TIGON
MOPED	TRANSCEIVER
MOTEL	WEBCAM

Made of Leather

```
T K F L B E A Y T T E K C A J
S C N C A R S E A T I K E F J
V K V T M F L A E K E Y F O B
Z Z L O N L E H C T A S L S N
P E L L A B T O O F T J P S L
B S R W P S A D D L E E K T L
V G E V X B B U H S V I S T A
E S A P R O N R S P R E R A B
L T S K R K V E A T V M H B Y
Z Y B O X I N G G L O V E S B
Z L I J U R R B E E L Q E O G
U R J H A X Y A V E W O O L U
M G S H O E S N I E R T C S R
T O O R T H L Z V L S W M P Z
S R E S U O R T E L E C A R B
```

APRON	LEASH
BELT	MUZZLE
BOOTS	REINS
BOXING GLOVES	RUGBY BALL
BRACELET	SADDLE
BRIEFCASE	SATCHEL
CAR SEAT	SETTEE
COLLAR	SHOES
FOOTBALL	SKIRT
HARNESS	SOFA
JACKET	TROUSERS
KEY FOB	WALLET

Think About It

```
O L N I A R B E H T K C A R R
I R G A N R M A X T Y R S D E
M N M I P S P R E C A L L W G
U G F Y L P E X P E C T O W A
E N J E T A R T N E C N O C R
S I W Z R Y C A R Y D V F Y D
I J E U N D E A I E R P C R A
R F C G O U I Z R S A T O X S
O Q O K A T V F T E E V N F S
M I Y R N S E K H W C B S Z E
E S N E E O I P O R X U I G S
M S S V V S S V V O R H D D S
U U X I E R E A N S R U E E D
M J U S C N U E E E J B R K D
E A U E B Y T S U R M I S E Y
```

APPRAISE	MEMORISE
ASSESS	MUSE
BROOK	PERCEIVE
CONCENTRATE	RACK THE BRAIN
CONSIDER	REASON
DEDUCE	RECALL
ENVISAGE	REGARD
EXPECT	REVISE
FORESEE	STUDY
INFER	SURMISE
INVENT	SURVEY
JUDGE	WONDER

Punctuation Marks and Signs

```
O N W N Q L I O R G U A D T A
T H O Q Q K B E T A R O N Q E
S S M I R T A N E D L O B T V
U A S G T T H M R K L L W I I
D H D O U A N X A O Y G O L R
I C M N R I C E C C H X R D G
L S N X A C U I C L R S R E U
O B E L I S K Y L R K O A M L
S C G L T D R S U P E Q N L E
W J G F U T L E L L I P S I S
E U R O I A M P P N I T L A G
D O R C U P I I P M O H L X I
A F K Q L L Z E N M A B H U E
S K E U J U M L A U T L J X M
H N S E U Q I L B O S K S R V
```

AMPERSAND	MINUS
ARROW	MULTIPLICATION
CARET	OBELISK
COLON	OBLIQUE
CROSS	PER CENT
DASH	PLUS
DOLLAR	SLASH
ELLIPSIS	SOLIDUS
EQUALS	TICK
EURO	TILDE
HASH	UMLAUT
MACRON	VIRGULE

Ceremonies

```
D I G G B O Z M P B G J M E C
A O N V N L A R E N U F K R I
N H S D A I L F I E S T A U U
O P A E U E D L A D Y H K T V
I A C V H C I D T Z D C C I M
S G V E Z E T N E Y N T H T M
S E M Y V T E I N W U A R S U
E A T N M M I O O C A L I E Y
C N U I A N M M H N M T S V O
O T H R R I U U T P P O T N N
R H C V R M P U U A Z P E I A
P A R T I P A M B Y B M N G H
S P A M A T S U R I Q S I N C
Z M A H G L U S T R U M N A L
W R H I E I R E T P I N G T A
```

AMRIT	MARRIAGE
BAPTISM	MATRIMONY
BAT MITZVAH	MATSURI
CHANOYU	MAUNDY
CHRISTENING	NIPTER
CHUPPAH	PAGEANT
DOSEH	POTLATCH
FIESTA	PROCESSION
FUNERAL	SACRAMENT
INDUCTION	TANGI
INVESTITURE	UNVEILING
LUSTRUM	WEDDING

Fabrics

```
I K A H K R E K C U S R E E S
V G O N I R E M W P O T L I T
V T E R M I N E M N T O L O F
Q Q Z F M T P C T E O K W W L
J F T I D M I M Y N I E X O E
I V N A Q L C E C J L P O T E
S E I E Y C C B G L E W D L C
D H H R G N G G I P M Y L E E
A O C L I M Q N L S B I S A I
M A E W D F G U E R N C A T V
A D Z P S E M Y O E N R E H I
S R I F Y F F C H E O E C E V
K T A A E T A C D G C J N R V
W U B L L D L I N E R A L I Q
X M T Y E P J A C J H W L S L
```

ACRYLIC	LACE
ANGORA	LEATHER
BAIZE	LINEN
BROCADE	MERINO
CHENILLE	PEPLUM
CHINTZ	PLAID
DAMASK	SEERSUCKER
DENIM	SILK
ERMINE	TOILE
FELT	TOWELLING
FLEECE	WINCEYETTE
KHAKI	WOOL

Communication

```
C E L R I L R T E L E G R A M
G T Z E B G E E T Y I O D K K
I E W T G R G T P C U S B S E
E X R T C T A N R O A K T R T
G T Q U E I S I D A R T U E R
L I I E W D S A L Q N T N O N
X N R R A E D T L S S F O G
K G V O W L M E A E E L M O C
K E C E P I A E G E L A L I C
V E P J S D D T M A R B C T T
R C I S D G N B C O Y B H V U
F Z I R T C E J O R P A L H U
M V E Z S S S N D H K O R W A
E S D D Q Q Z L A N G I S P Q
S H C E E P S F D O F D C Y V
```

ADDRESS

BLOG

BRAILLE

CALL FOR

CONTACT

GESTURE

GREET

LISTEN

LOGO

MISSIVE

PLEAD

PRAY

PROJECT

READ

RECORD

REPORT

SEND A MESSAGE

SIGNAL

SPEECH

TELEGRAM

TEXTING

TRANSMIT

UTTER

WRITE

Birthday Party

```
S J E E U Q R A M Z Y S C M X
X N S K N W O L C C Q N V E V
A E I O A N E I I A V O G S W
G S F K U C Q N S N Q I S U A
G I N W P T S D U D C T O R U
L A F V S A D O M L M A N P W
A P M T Q H N O L E Y R G R S
S L A E S T F R O S G O S I T
S H W I S H E S W R S C C S N
E M Z D E H L T R T S E V E E
S T O W T C C E S C C D O M S
P O S R A Z H E E R H W E W E
F G Q R L Y U Z E R W H U Q R
D B D Z P G C A O P T R Z V P
Z S W U K R M B L J S Y J E M
```

CAKE	INDOORS
CANDLES	MARQUEE
CARDS	MUSIC
CLOWN	NAPKINS
DECORATIONS	OUTDOORS
FOOD	PLATES
GAMES	PRESENTS
GIFTS	SONGS
GLASSES	SPEECH
GUESTS	SURPRISE
HATS	THEME
ICE CREAM	WISHES

Elements

```
N E T S G N U T M A D N P T V
N I T F T U F Z W U L O M N E
A H N C D M K B Y E I B O L Q
U M N L N U K P A Z M R E Q E
I Z O M X I B D T M I A T S K
E G J U E N Z H E G U C B T D
S T G I N O H T Y A F I E N Y
E M F L O C K U N L A E M M X
N R Y E N R N M O D M R U S K
A O H B I I O S M U U L G Y O
G G E O O Z D I I H A E I O R
N K K N D M A B T T J N U R N
A R B G I I R L N W B O R O N
M Z U J N E U A A R S E N I C
F L O V E X T M Z O A R W P C
```

ANTIMONY	NEON
ARGON	NOBELIUM
ARSENIC	OSMIUM
BISMUTH	RADON
BORON	RHODIUM
CARBON	TANTALUM
ERBIUM	TIN
GOLD	TUNGSTEN
IODINE	XENON
IRON	YTTRIUM
LEAD	ZINC
MANGANESE	ZIRCONIUM

Fictional Places

```
W L H T A H C Z H G X F F F O
S O H C R A M E L D D I M Z H
D V L P M A F O L I U E E R C
K N E K A H V O L M Z N W I I
C X A O H R D A R O D N O G W
O M W L K A L R L A L B B M D
R G P M R A H A D O Q H U A I
D A I O A E T X I R N V G R M
E T D A M T D U L N O Y T O Z
B L B N S R K N P U T F O L A
E A F A G O I I O A T H W E Y
A N A R N F C U T W L O N E O
D T L N I B M R Q E F X P F N
D I M I K R P M A O Z Z V I Y
Q S E A H T O H I C K H E K A
```

ALALI	KLOW
ATLANTIS	LAPUTA
AVALON	MIDDLEMARCH
BEDROCK	MIDWICH
BUGTOWN	NARNIA
CARCOSA	NEWFORD
EL DORADO	PARLAINTH
FALME	QUIRM
GONDOR	RIGMAROLE
HOTH	UTOPIA
KINGS MARKHAM	WONDERLAND
KITEZH	ZENDA

Gases

```
M B V Z N E F S F P N O N E X
A I N O M M A J H Q R O D A N
X C D Y P G N O T P Y R K N Y
O A E B L M S C P B O X I A B
R Z J A R G A I H N U T T R B
S C O E E M P D E L R T C G N
E C H N H J E G E O O Y A O G
B T E Y E F Y N U K A R L N Q
E E H A D X L S A N O A I O E
D G M Y O R O U O H H H E N N
N T N T L X O G O A T R C V E
O E E Y I E E G H R S E P J T
O Q O D T N N H E L I U M Z E
N D E N R M B E A N M N Y W K
Y P M A D E R I F U R T E D E
```

AMMONIA	HELIUM
ARGON	HYDROGEN
BUTANE	KETENE
CHLORINE	KRYPTON
CHOKEDAMP	METHANE
COAL GAS	NEON
CYANOGEN	NITROUS OXIDE
ETHER	OXYGEN
ETHYLENE	OZONE
FIREDAMP	PHOSGENE
FLUORINE	RADON
HALON	XENON

Moons of the Solar System

```
A G A D M M S E A R H T A E I
I M A L L Y T F Y N N I C A Z
L Q Y D H U O B H W U J W H Z
E A U T N H J E N E L L A P M
H M E C A A N D B A D E L I Q
P T E J U H R H I E Q C I S A
O E N N A D O I C O L G Z A L
E C A F O S F A M C N I T P I
N N T X A H L F X N Q E N H B
E N I L Y Y T M R H E A T D I
R T T C P E D E M Y N A G D A
E A U S A M I M M Q K P H J N
I S O A N O M E D S E D H U C
D E I M O S X N U C L E I R A
W Q Y D W L P M G U Y A E I E
```

ARIEL	METHONE
ATLAS	MIMAS
BELINDA	MIRANDA
BIANCA	MNEME
CALYPSO	NEREID
DEIMOS	OPHELIA
DESDEMONA	PALLENE
DIONE	PASIPHAE
FORNJOT	RHEA
GANYMEDE	SKATHI
LEDA	TETHYS
LUNA	TITAN

New York

```
T E E R T S L L A W X A S C O
I D V C P A R K A V E N U E S
M M N C D K B R K P J I B W N
E S L A A S I N L V Y W G E
S R L N L R T F G E C W A E E
S M A C Y S N R O A U G Y N U
Q K H U C L I E I H P N K M Q
U A Y A Q H K Y G B O P H Y M
A E T L C S I O E I E S L Q E
R S I O I K D N O N E C F E L
E L C A D N Z L A R O H A R R
X E F W F G E H A T B C A U A
T H E A T E R S B R O N X L H
O C S Y N A F F I T E W O R L
E L L I S I S L A N D H N I J
```

BIG APPLE	PARK AVENUE
BRONX	QUEENS
BROOKLYN	SAKS
CARNEGIE HALL	SKYLINE
CHELSEA	SOHO
CHINATOWN	SUBWAY
CITY HALL	THEATERS
CONEY ISLAND	TIFFANY'S
ELLIS ISLAND	TIMES SQUARE
HARLEM	TRIBECA
HERALD SQUARE	UN HQ
MACY'S	WALL STREET

Holes and Spaces

```
M S A X Q N S D T R E T A R C
W O L L O H R E N Q U U W B W
E E J M E T L U G R Z N A C G
O X S E S N R Z F T F N R R B
P W U A I H V E G O D E R S M
E W T O T S Z M N I M L E E Y
N K A E R W Z E E C Z G N N S
I D I V O T Q Y K I H A N R H
N T H U M B H O L E C A B D C
G I L Q U C L E F T R M I I N
K J M N I A R D P C E O Y T V
T N S P A S S A G E V T O F O
H N A W O R R U B T I S S I W
C F E L O S L P U N C T U R E
P P K V B F O F I Q E H P F W
```

BLANK

BURROW

CLEFT

CRANNY

CRATER

CREVICE

DIVOT

DRAIN

GULF

HIATUS

HOLLOW

INLET

MORTISE

OPENING

PASSAGE

PUNCTURE

RIFT

STOMA

THUMB HOLE

TRENCH

TUNNEL

VENT

VOID

WARREN

Machines

```
X M R M E L I M I S C A F U T
G G Q J L R E P Y T E L E T W
G N I D R O C E R B Y E G I J
A E C I T A T S O R T C E L E
M M G N I R U T O L S T I X E
I I L G N I H S E R H T Y V J
N T H Z F X T Q G R H S A U T
G N I L L I M N G O Y W T E E
S C X C U I I N G T Q I X J S
A I E R N K I R F C C T E E G
U Y F C N P A L M K I N W W N
S P I A M P Y K E L I I U N I
A N R A H I Y T E G N C R P T
G F T K N X D T M G W H U D O
E S K G E U K A I A O U X B V
```

ELECTROSTATIC	SAUSAGE
ENIGMA	SEWING
FACSIMILE	SLOT
FLYING	STAMPING
FRANKING	TELETYPE
FRUIT	TEXTILE
GAMING	THRESHING
LITHOGRAPH	TICKET
LOTTERY	TIME
MILLING	TURING
MINCING	VOTING
RECORDING	WAVE

Novelists

```
F F M E L Y B A G N O L D L Q
E I Y A I E I P A B A X B C O
S H G U O R R U B Y G U O Z R
R P X S F O R O Q N I S D E Y
K O B T B C W A A M V E H E Y
I P V E W E Z H B O A C U T N
P X U N N J C Z G P R R T T S
L L E R R U D W R A S W S A G
F E P M B R V M O L H W D H P
A L J S T B K M S E E A I U T
S T O C C O N R A D M X C F W
Q O Y O B Q P T E S A H K N T
B N C T W G L A L S A Y E R S
U B E T Y E L X U H W N N V X
Q Q D T Y A T E S Q L Y S J M
```

ADAMS	DURRELL
ARCHER	ELTON
AUDEN	HUXLEY
AUSTEN	JOYCE
BAGNOLD	LEASOR
BARRIE	MARSH
BOWEN	SAYERS
BUCHAN	SCOTT
BURROUGHS	SWIFT
CONRAD	WHEATLEY
COREY	WOOLF
DICKENS	YATES

Sweet and Sour

```
H M Z S Y E E D R A T S U C N
G A Q U Z L L M R A G U S G O
R R J J K G R C O U Y L Y O M
A Z T C W I E X A L U J R O E
P I I A Q P M S Z E A P U S L
E P B Y M S M C O W R S P E C
F A A B R A B U H R G T S B Z
R N F D R U R G H I C R D E X
U T Q J C E R I J G N U V R S
I N K Z R R T A N Q R G S R H
T A C T Y K T T G D Y O X I E
R D A E J R W W I E E Y S E R
R N N J Z A C C A B N M H S B
H O D D S U G P V O D I V K E
H F Y G S T A U Q M U K V Q T
```

BITTER
CANDY
CUSTARD
FONDANT
GOOSEBERRIES
GRAPEFRUIT
HONEY
KIMCHI
KUMQUATS
LEMON
MARZIPAN
MOLASSES

PICKLE
RHUBARB
SAUERKRAUT
SHERBET
SORGHUM
SUCROSE
SUGAR
SYRUP
TAMARIND
TREACLE
VINEGAR
YOGURT

Roman Deities

```
Z L S A E S C U L A P I U S Z
P N E P T U N E D E X A L T S
M O R P H E U S I N R U T A S
S A P R O S E R P I N E I F L
W A T I U H M O U X M S S I M
S P L S J Y A F C Z E D B G K
M U G U E B R E L R E I N A D
R M N U S V S X E O T C R U H
M O S U N E V C F I R E H R M
E T T P A D I A N A T A V O S
R C E P P F L A T I M U R R K
C B P L O L F G P Q L L O A G
U U M B L L H U Q C D M Y E F
R B K F L U J K A H Y M E N G
Y T I A O M S N L U Z C Y G D
```

AESCULAPIUS	MARS
APOLLO	MERCURY
AURORA	MORPHEUS
CERES	MORS
CUPID	NEPTUNE
DIANA	PROSERPINE
FAUNUS	SALUS
FLORA	SATURN
HYMEN	TELLUS
JUNO	VENUS
JUPITER	VESTA
LIBITINA	VULCAN

Straits

```
M M O M X Q M V I J Q N R K G
N A W E L L I V N I A G U O B
V C V D X T G P V W R C G O K
L A P E R O U S E I W V O C L
B S C V I B R H A I N A N M A
T S D C I A A K A N M O N E P
O A W O A C T M A M K J H S R
R R I I V L L P B A S S Q S K
R A Y W F E A R V N U G A I R
E H R G A P R M H N N N U N A
S D O A W N B S W I D M K A M
P H I R K W I K R N A S M E N
O H L Q M V G E D G G K N G E
P C A R A U B R R A T A T S D
Q I B D D O Z H R K I Y G B W
```

BASS
BERING
BOUGAINVILLE
CABOT
COOK
DAVIS
DENMARK
DOVER
GIBRALTAR
HAINAN
HORMUZ
KANMON

KARA
LA PEROUSE
MACASSAR
MALACCA
MANNING
MENAI
MESSINA
PALK
SUNDA
TAIWAN
TATAR
TORRES

Things We Love

```
S G U Y V N S L Z U C V Z S I
B P Y W L L S U R P R I S E S
S A W E O L S T E E W S S R V
R H P R E S E N T S O E Z U P
A W A W R C F J G L I Q O O M
E C S R E W O L F R O J E S W
B H H J A E E Y O P A T I E A
Y O O G N Y D T E B R N D I E
D C T R V N S N S Y C D D P S
D O D R A H F E I E I A J P E
E L O C O I A J N N N R S U A
T A G R R S A S G C D O L P F
J T S E I O E S I F W S C E O
V E S D S O W N N U Y E U S O
S G E A S A G M G R W S Z B D
```

CANDYFLOSS   POETRY
CAROLS   PRESENTS
CHOCOLATE   PUPPIES
DANCING   ROSES
FLOWERS   SEAFOOD
GRANDPA   SEASIDE
HORSES   SINGING
HOT DOGS   STORIES
INCENSE   SURPRISES
JELLY   SWEETS
MUSIC   TEDDY BEARS
OPEN FIRES   WEDDINGS

TV Quiz Show

```
S U U S J T V Y S N P E V T J
J C M F S B S P J S S Z E H Q
Y R E Z Z U B O S F E I C G I
V I C T O R P M H P M R N I S
R L E S U A L P P A E P E R S
S E D M S K Q B O I H E I K E
Y T C I P O T U N R T Q D R N
H W N A Q P L S I S T U U O S
A I D I L A S C L Z S E A W U
O N O Q O L O R W A S S R S O
G N O R W P X K E D V T T S V
M E M O R Y G K N W G I R E R
D R N X U Z S U X H S O R U E
E G D E L W O N K G J N F G N
F S S P G R U V Q Z R S A L I
```

ANSWERS

APPLAUSE

AUDIENCE

BUZZER

GUESSWORK

HOST

KNOWLEDGE

MEMORY

NERVOUSNESS

POINTS

PRIZE

QUESTIONS

QUIZ

RECALL

RIGHT

RIVALS

ROUNDS

SPEED

SUPPORTERS

THEMES

TOPIC

VICTOR

WINNER

WRONG

Musical Instruments

```
G W I V E N O H P O L Y X R O
A I I E R Y L U K U C R R E K
I O C A R I N A D E C I T C T
G U I T A R E E Y Z B R G O T
T T R O M B O N E A O N N R B
E U A K E B B V S F I T U D A
N K I E Y Q O S O L O M L E L
R E R T E N O N O N P G K R A
O L R T X O A I T E R C G O L
C E U L N I V O T H X A N Y A
V L D E P R A H S R O U A D I
F E N D U L C I M E R R V D K
L H A R M O N I C A E S N P A
E L B U C S T E N A T S A C H
C T A M B O U R I N E Z L A X
```

ANGKLUNG	KETTLEDRUM
BALALAIKA	LYRE
BANDURRIA	OBOE
BASSOON	OCARINA
CASTANETS	PIANOFORTE
CORNET	RECORDER
DULCIMER	TAMBOURINE
FLUTE	TROMBONE
GUITAR	TRUMPET
HARMONICA	UKELELE
HARP	VIOLIN
HORN	XYLOPHONE

Perfect

```
E X C E T N E L L E C X E R E
N R A B S O L U T E L A E D I
R T U H E L B A C C E P M I D
L C L P G L R E S I C E R P K
U E T P N U R B M B L H G D R
F R I B C W O M Q U P F R E A
H R M C L R A R F U S Z E R E
T O A M V C K R O K W H A R E
I C T T U I E O I H S N I A T
A G E L R D S L O I T T Y M E
F L A Q N E F U L B N A D N L
G T E O A U P U P E T N K U P
E C W D L E B X V E D X C G M
F A A C O V S S E L R E E P O
D E H S I M E L B N U B E T C
```

ABSOLUTE	PEERLESS
ACCURATE	PRECISE
COMPLETE	PURE
CORRECT	SHEER
ENTIRE	SKILFUL
EXCELLENT	SUPERB
EXPERT	TEXTBOOK
FAITHFUL	THOROUGH
IDEAL	ULTIMATE
IMMACULATE	UNBLEMISHED
IMPECCABLE	UNMARRED
MODEL	WONDERFUL

E Words

```
E D C M P H E I A D A S E Y E
E S T E E M E D E Q U A L S C
N T S A I S U H T N E E G G B
G S L I E C N E D I V E A L Y
E P E I Y D Z C E Y K E E D V
G R X F W E U X E F O F M Q D
G E G Q Z T Y T I U Q E F N Q
E S G O R C H Z E E X P E L Y
S C T E T E A M E C H M U A N
Q K D I P J B R U R E M T V O
U L L P X E L S E W H E R E B
E Q J E R E E V I T C E F F E
L Q X H E M J S P Y S A E Z Y
F N O I S L U M E E T A T S E
E T A Q F A E F P E X P E C T
```

EAGLE	EPEES
EASTER	EQUALS
EBONY	EQUITY
EFFECTIVE	ERGOT
EJECTED	ESTATE
ELDER	ESTEEMED
ELKS	ETUDE
ELSEWHERE	EVIDENCE
EMBER	EXCUSE
EMEND	EXITS
EMULSION	EXPECT
ENTHUSIAST	EXPEL

Bridges

```
G Q S R U H T O K K S E R E V
L G R E A T B E L T Y F I X I
R F H M V U F M Y N O D N O L
O I C F R E M O N T U L A Y E
T E A H G Y R T R P M A W I D
H T N L Q O W N G T I D E S N
N L H Y T W L N M N H C S O A
Y E U L T O A D N R U T T J R
L A M T R Y Q A E Z B F M V G
K B B Y S M T W B N I X I M O
O E E X I I O X I L G G N M I
O R R N R T N F C H K A S U R
R O A B T H O G A K U S T E N
B T W Z C A L B M E P C E E J
O S C B Q O Y N N A M T R O P
```

BRITANNIA	PORT MANN
BROOKLYN	RIALTO
CLIFTON	RIO GRANDE
FORTH	SEVERN
FREMONT	STOREBAELT
GOLDEN GATE	TAY
GREAT BELT	TOWER
HOGA KUSTEN	TSING MA
HUMBER	TYNE
KOTHUR	VERESK
LONDON	WESTMINSTER
MINATO	YANGPU

EARTH Words

```
N X F N D Z R E H T O M O R T
A Z U U O Q U A K E E S H B R
X W D E W L I G W C J H T O M
V V B G H O L A N T L A K U N
R E V O M I R E R T R K J N N
P V B D I D I M H G O I X D T
Z N W D S C T N S N M N L R R
J U R E S R U M G I E G O T X
P T E S O L C I E R R Z X L F
L C F S L W S L O E T U K L L
W M Z W T H H T B T T V L Y C
N R O S I B N P U T J I E N E
W R T N R W U Y C A G N R O B
K A E E O R A R E H E K I P S
R D D D S E U G T S I A V W Z
```

BORN	RARE
BOUND	SCIENCE
BRED	SHAKING
CLOSET	SHATTERING
DOWN TO	SHINE
GODDESS	SIGN
HELL ON	SPIKE
LIGHT	STAR
MOTHER	TREMOR
MOVER	WARDS
NUTS	WORK
QUAKE	WORMS

Islands of the Cyclades

```
T S C H O I N O U S S A H K X
K B R S F C O H A M M Y I L M
W A T A O X S N V O Z M R S P
Y J N K F G T E R D O T O O D
N A S D O O R G R L E R K W S
S E I J R U S O O I E L N F O
Y O D I K O F S M K F P O Y N
S S N O R I S O P A H O E S F
R I O H N A S O N I T I S F I
J U L X T O K N B I M I L O S
P Q V F A Y U L I Q S F L F S
A D I S D N K S E K R I A B M
R S I K I N O S S I E W A Z J
O S O N O K Y M N A A A S P G
S I J S O R D N A G E L O F E
```

AMORGOS	KYTHNOS
ANAFI	MILOS
ANDROS	MYKONOS
DELOS	NAXOS
DONOUSSA	PAROS
FOLEGANDROS	SANTORINI
IOS	SCHOINOUSSA
IRAKLEIA	SERIFOS
KEA	SIFNOS
KEROS	SIKINOS
KIMOLOS	SYROS
KOUFONISIA	TINOS

Mountain Ranges

```
B Y V A H C U A G A R R E S K
Z Y M V M L B S S X O O N K N
H I E C X Y S P A C U O D I Q
B O U L D E R F K R C I T F G
F Q O J G I I Y A A C S O A A
I J N S N L N L E K R X R M Q
F I O G A C I B S A U K N C K
N V A H I C N O S G B R G N O
T B A U D O N N A M A J A E K
H C O O C O A R E N O F T Y A
F P M E A R F R Y L X K Y M N
K I R L E I R B N E S A Y K E
J B T K E M E C G N K O V K E
J A U L U B A G E C H U N A D
I B D S A L T A M W C G T Y L
```

ALTAI	KRAG
ATLAS	KURAY
BAUDO	MCKAY
BOULDER	NELSON
BRECON BEACONS	OCOOCH
BYNAR	ROCKY
DICKSON	SERRA GAUCHA
FANNIN	SMOKY
GARFIELD	SPRING
HALIFAX	TORNGAT
HOOSAC	URAL
KOKANEE	VOSGES

In the Shed

```
G L R X M X N C L Z R R J F M
C H J H E O Y J S A E D A P S
G S E Y A M D K A B D R N D T
N U N N Y M C Z B J E D U R W
I R E N H A M I F W O V E H I
R B K K S L D E O T G D E R N
T T G R A V E L R A I E U I E
S N V L O R B T B P L H N T S
O I P Y U F E W S B O A R C S
B A K B A K O T A S C E V S A
O P S E C R R R E L S N H C J
W N L U G E R P I T R O W E L
S I B K F O I O L N V B Z J M
A I C L W P C E Q E H U O O J
W C N J E Z M A L T E L L A M
```

BOWSAW	PAINTBRUSH
BUCKET	RAKE
DIBBER	SACKS
FORK	SHOVEL
GRAVEL	SIEVE
GROWBAG	SPADE
HAMMER	SPIDER
HOSEPIPE	STRING
LADDER	TRESTLE
LEAF BLOWER	TROWEL
MALLET	TWINE
OILCAN	WHEELBARROW

Narrow Things

```
M B D H D R T Z M X R J P K C
A X G X D E P R E Q E E U C T
E E K S H T T L Q R I D R S K
B P R W L N K P J U P A T J E
M I U P W I R E M T C A B C M
D R O J F L V Q R K V O I R C
E T P W T P F E P E T V N O C
Y S R R G S P E R T E W R R V
M N G D E A P E L R B R E H C
S I A E T T M E C L I A R Y M
A P I I T Z N R T D S W D G Y
H N S O L E T P O E V S O K Y
C C L I C A Y R L U I E N I L
X Q E K M I N T O L S N I O C
D I T C H E R E L O W W F N Q
```

AISLE	LINE
BEAM	PIER
BOTTLENECK	PIN STRIPE
CHASM	RAIL
COIN SLOT	RUT
CORRIDOR	SILL
CRACK	SLIVER
CREASE	SPLINTER
CREVICE	STAVE
DITCH	TAPER
FJORD	VEIN
LANE	WIRE

Silent H

```
H Q R E M Y H T M S G Y Z T I
K C M D M G S R C H L G E M W
R L O W W S O R E C O N I H R
J H H L S H O U R L Y I I V W
C A O A I Q O C C W E N Q H P
M H R D S A F O I I E E X Y L
O A O C O F T G P L M T L M G
H K L I H D P X H A I S S E M
N A E C R Z E H E I D I A U Z
V D D T R P W N U O U R X H H
W V T K I B L N D X H H O K C
W A W J C H G U O R S C N H A
C A Z U X R W Y P I O A E U C
D I H C R O F A K K E N X K A
P Y P R H Y T H M A F G H A N
```

AFGHAN	RHINOCEROS
ANKH	RHODODENDRON
CHASMIC	RHYTHM
CHOIR	ROUGH
CHORD	SARAH
CHRISTENING	SIKH
CIRRHOSIS	THYME
ECHO	WHAM
HOURLY	WHEY
LOCH	WHINE
MESSIAH	WHITE
ORCHID	WHOOP

SET Inside

```
S T C T U O T E S W S E T E S
E U E R A U Q S T E S E H L I
T O T D S T E T E S S S E H C
T B C E B E T N T D D K M T M
E A L Z S S T E A S E T E F I
T T O F G S S E E J E S N J N
T E S D N A H T A S E H J F D
E S E I E B A I O G T E V T S
S A S T E S N I A R T L O E E
S H E I I L D T O D E T F S T
E J T D L A S F O S O T F R E
N S E Z R L T R L D E E S O S
K S E T T E S O L C L S E C T
O T E S S E G U S S E T T E E
G N I T T E S P U D W L S E T
```

BASSET

CHESS SET

CLOSE-SET

CLOSET

CORSET

DORSET

GUSSET

HANDSET

HEADSET

KNESSET

MINDSET

OFFSETS

RADIO SET

SET ABOUT

SET ASIDE

SET FORTH

SET OUT

SET SQUARE

SETTEE

SETTLE

STAGE SET

TEA SETS

TRAIN SETS

UPSETTING

Vitamins and Minerals

```
F Q N I M A L A B O C L Y N A
L O R E H P O C O T D M I D Q
E M F L U O R I D E B V I D H
C A M P T E R O I C A C I D E
N G U X N W V G P L A O E N E
E N I D O I H B F C N H I M E
M E S S I N C O I O C L I U T
U S S C K I B L V O O Q Z I H
I I A H T I O A P H T W K C I
N U T R R F L P C D W I U L A
E M O O Z F E S E N A G N A M
L U P M O R N I R T I C Q C I
E E N I X O D I R Y P K N J N
S Q B U R E T I N O L V M I E
H K N M O L Y B D E N U M O Z
```

BIOFLAVONOID	MAGNESIUM
BIOTIN	MANGANESE
CALCIUM	MOLYBDENUM
CHOLINE	POTASSIUM
CHROMIUM	PTEROIC ACID
CITRIN	PYRIDOXINE
COBALAMIN	RETINOL
COPPER	RIBOFLAVIN
FLUORIDE	SELENIUM
FOLIC ACID	THIAMINE
IODINE	TOCOPHEROL
IRON	ZINC

Strong Smells

```
D G P R S S A R F A S S A S Y
Q A S X A W U A Y A Y N L I E
O I W F U G M L W H C I R F E
X N P O Y M E D S A I E M N G
V E T E O R U N M A B X I G V
F D N N C S A P I B G P Y A A
M R I I T I H M U V C E N R N
Y A A I L O U R E I D I A C A
R G P I R O G J L S L Z T L N
R J L O E N S R E L O O E O A
H A I O I A A A A L A R R V B
C Q O N C G M G G L P C U E P
J Q R F T I X U R R A P N S N
C U K V F R E E S I A U A G E
B R E V I T E V E K V J M F J
```

AMMONIA

APPLE JUICE

BANANA

BURNING RUBBER

CAMPHOR

CLOVES

FREESIA

GARDENIA

GARLIC

GASOLINE

LILAC

MANURE

MUSK

MYRRH

NEROLI

OIL PAINT

PINE

ROSEMARY

SAGE

SASSAFRAS

SAWDUST

VANILLA

VETIVER

VINEGAR

Tools

```
E Q U Q D X A E E S J C O L D
J F O R E Y K F H R R O T U R
K E I G E A I S P E C R O F P
A L U N R N U L G I F K P E Z
L O N Y K E N U O L L S I S W
G E A N G G A A I P H C N U P
S H E A R S N S P V P R C Z Y
B P R A I W T I E S I E E G T
L W J S P A R E N G U W R P S
E W H P P L K O L U U W S S A
S M B L E R E Q T M R N J S K
I G E A R Z A V K A I P V V C
H R P N I K J Y O L T G V J I
C G Y E X E Q Z E H U O P B P
I N V W F N V K S R S Z R D L
```

AUGER	PICK
CHISEL	PINCERS
CORKSCREW	PLANE
DRILL	PLIERS
FORCEPS	PRUNING KNIFE
GIMLET	PUNCH
GOUGE	ROTATOR
GREASE GUN	SHEARS
GRIPPER	SHOVEL
HAY RAKE	SPANNER
LOPPERS	SPRAYER
PENKNIFE	STAPLER

US Presidents

```
R O L Y A T R S N L O C N I L
E K T N P W E Z O T R U M A N
R F E M O Y A M A B O E V I V
O O U I A S R U K M O K L O P
M U S H S L N W X R S V V D T
L C W T F E I H N K E R A F T
L E X A T L N O O D V F A T E
I R N H S N M H R J E T R N C
F E A O X H O I O E L A U A R
W A N H X O I S D W T C S R E
T G D S E I W N I X E R M G I
Y A R U X G N K G R W R A E P
L N W B G Y M H H T R F D C X
E D L E I F R A G I O A A D M
R P X J O M N B G P L N H N C
```

ADAMS	NIXON
BUSH	OBAMA
CARTER	PIERCE
EISENHOWER	POLK
FILLMORE	REAGAN
GARFIELD	ROOSEVELT
GRANT	TAFT
HARRISON	TAYLOR
HAYES	TRUMAN
JOHNSON	TYLER
LINCOLN	WASHINGTON
MONROE	WILSON

Plain and Simple

```
A K V T J A I C Y T V T C U U
U R K C L E A R V D S S N U P
N A N E H A I Q M B F E B N H
D T A R O V E R T D M D N L N
E S R I F B A O X B O O S O M
R L F D L Q O P E V C M P V H
S W U U Y U E L P M I S A E Y
T U N F A C L O E A T Q R L K
A T O T H I A R Z N R E T Y C
N J T I S T E Z E R R E A A B
D O N H V T U D S E M K N A C
A W E C S B I R C U Y D S T C
B D T U V V O N T Y I I L W M
L M A X E H I E U D C H P V F
E V P L H S D O W N R I G H T
```

APPARENT

AUSTERE

BASIC

BLUNT

CANDID

CLEAR

DIRECT

DOWNRIGHT

EVIDENT

FRANK

HONEST

MODEST

MUTED

OBVIOUS

OVERT

PATENT

SIMPLE

SINCERE

SPARTAN

STARK

TRUTHFUL

UNDERSTANDABLE

UNEMBELLISHED

UNLOVELY

Nuts and Seeds

```
W E H S A C C D T L D H V A Z
G V U D T E A Y L N E S I N A
L J W V U M R I R L I Z A R B
P E C A N A D J R E E M E Y E
T R N T T S A S Y K L D U F T
H A Q N S E M N U A N E P C E
A A P H E S O J N A W I C G L
Z B U J H F M V I A S A M O P
E X M B C C E R X T T W R E P
L Y P P O P O C A D U T A A E
N S K B X C A C O L N N O G C
U J I J B A H N E N U U B L P
T F N I F I L A W T K X C O F
L H A I O K E F B I G E B N C
Z P T R E B L I F R E K R O C
```

ANISE	CUMIN
ANNATTO	DILL
BETEL	FENNEL
BRAZIL	FILBERT
CARAWAY	FLAX
CARDAMOM	HAZELNUT
CASHEW	PEANUT
CELERY	PECAN
CHESTNUT	PISTACHIO
COBNUT	POPPY
CONKER	PUMPKIN
CORIANDER	SESAME

Shades of Blue

```
Z N J L U T V V D U E I M I V
I D N O B L Q I L U U A F T X
U E C I L A J P R E J R J T R
A S S S Z B K T E O E R U Z A
U Y T A D O K G R N E T T L E
F N F O D C D E C W R H S T C
L Q U Q W I L H O E G P E R H
X A T P R L B L D I U F L C Y
R P Y B E U F W L R Y A S F W
A P M O N N O H P I L F S K X
N A V Y R P B L U E N B A B Y
C A N O D T E A L A D D L D B
N F C G Y D J Z Y E C A I H W
B B H U P E A C O C K N R G D
W V J Y E E J D E N I M C K O
```

ALICE	LIGHT
AZURE	MAJORELLE
BABY	NAVY
BONDI	PEACOCK
CAMBRIDGE	POWDER
COBALT	PURPLE
CORNFLOWER	ROYAL
CYAN	SKY
DARK	STEEL
DENIM	TEAL
FRENCH	TRUE
INDIGO	TUFTS

All Alone

```
D E T A L O S I D D O T X L D
T N E D E T R E S E D N Y C E
F E U N N R L M N E E L S V
T K I E E I V G A O T D E S O
R R D U T K A N G O N N N E L
R E E E Q N A I V R A E O L N
E J R V D M D S R A W P L N U
M E U Q I N U E R M N E R O H
O C X W S S A U D O U D T I N
T T X Q T R U R F I F N J N R
E E Y G A K O L T A A I Q A O
O D A T N M W L C S C N F P L
Z N L H T E Y K O X T S U M R
S O L I T U D E F S E Y D O O
B C R Y N W A R D H T I W C F
```

COMPANIONLESS
DESERTED
DISTANT
EXCLUSIVE
FORLORN
FORSAKEN
INDEPENDENT
ISOLATED
LONELY
MAROONED
ONLY
QUIET

REJECTED
REMOTE
RETIRED
SINGLE
SOLITUDE
SOLO
STRANDED
UNAIDED
UNIQUE
UNLOVED
UNWANTED
WITHDRAWN

```
S T R E B I C P L S X K I N S
E L L U K S B T A A T F B E U
V E U W Z C R E T H E U R S I
R Q Y I O E D K A K R N A N N
E Q J R P I P L S V U F I O E
N R T X O L A N S N M R N P G
B E E A L M O M S E I E Y S T
X N N T U I E B V Z N A R E E
N R O S T S T M E Z A S N R V
J G E O K A V A T S T O E N I
A O M V A D M B X S E N T O E
B E Y C E Q P Y M O D S I W C
J Y U E T L K E E N N E S S R
N T I H M E C W U R I S C N E
E T A L U C E P S Q G V B I P
```

ACUTE

AXONS

BRAINY

CLEVER

CORTEX

EMOTIONS

EXPERT

GENIUS

GREY MATTER

IDEAS

KEENNESS

LOBES

MEMORY

NERVES

PERCEIVE

PINEAL

REASON

RESPONSE

RUMINATE

SENSE

SKULL

SPECULATE

THALAMUS

WISDOM

Fonts and Typefaces

```
T B X C R E P O O C N S M I J
R O C K W E L L R E U A B Y S
E D I N G B A T S H X J O R N
B O P I B O O K A N T I Q U A
U N I V E R S H A R I A L T S
C I C I H T O G L L E B C N C
H A F F R A N K L I N L C E I
E G G L L H P J Z Z O L Y C M
T A G B A O A I L B Q I S N O
A R J K V M I V M N I V E H C
R A R Z I A A Y X J G L A L Z
U L S T R O S E P Y T O N O M
T O P G L O I H F O N U E V A
U O N A M O R W E N S E M I T
F J M S G N I D G N I W U H Z
```

ARIAL	FUTURA
BAUER	MONOTYPE SORTS
BELL GOTHIC	NIAGARA
BODONI	NUEVA
BOOK ANTIQUA	OPTIMA
CENTURY	ROCKWELL
CHEVIN	SYMBOL
COMIC SANS	TAHOMA
COOPER	TIMES NEW ROMAN
DINGBATS	TREBUCHET
FLAMA	UNIVERS
FRANKLIN	WINGDINGS

Coal Mining

```
M R A L A X W S M A E S C Y R
Q M X Z S S W Y U C G S S T M
E G A C B E E A N S S G E S H
E P L Z K H L E I U T R V U U
C C E W C V U D O N O O R D B
K H U F E T I N N O Z T E R D
T O F I O F I H F A E C S S C
Y I N G M M Z B T U C E E H O
S S C R U Y E T C H N P R I D
G T R T T A U S C A N S J F M
S D I E M N E Q H T U N S T T
N B F J N R E T S A S I D S F
N A F E X I E Q I M Q K P N A
S A L D X M M E X D B E N C H
Z E T I C A R H T N A Y D J S
```

ADIT
ALARM
ANTHRACITE
BENCH
BITUMINOUS
CAGE
CANDLES
DISASTER
DUSTY
FUEL
HOIST
INSPECTOR

METHANE
MINERS
RESCUE
RESERVES
ROOF BEAM
SAFETY
SEAMS
SHAFT
SHIFTS
TUNNEL
UNION
VEINS

Dictators and Despots

```
V D C G A I P A X M A D D A S
O C N A R F I P E R O N F I N
O A T N I J U H Q N B A X I M
C U C E K I M J O N G I L J B
C L S L W A M T A E S A I I Z
E C F C R H O K I W T I O L V
W E A I E P S R R S N M U O D
H M L S L M O T X I P K M B U
S A Q O T N Y T E A A I O W V
N R P I I R M M R S R K X O A
A C T C H U O A H A A V Z C L
H O M P G H W E K S H A X G I
T S Q A K C N S S J Y U F Q E
J B B N S K W A M I N P S W R
C E U S O Y M T N M Q H K D P
```

AMIN

ARAP MOI

BOKASSA

CASTRO

DUVALIER

FRANCO

HITLER

HU JINTAO

KARIMOV

KHOMEINI

KIM JONG IL

LUKASHENKO

MARCOS

MUGABE

NIYAZOV

NORIEGA

PERON

POL POT

SADDAM

SHWE

STALIN

SUHARTO

THAN SHWE

TITO

Double O

```
M O O K L L A B T O O F Q J N
F O H M O V G M W P R O O F A
O B O C S O V O O D O O O L I
O X B L O S T F N O O L L A B
A S O A G O H S A J R Y F A Z
F R O N M X L L I O C L N U M
T R T O B B O E O M O D L N H
E F E O K O O B D P I C M A C
R B D T F O Q O L C E O K E B
N P J S O H G Z O O V O O I A
O O N E K O L O M B O K H K S
O S S F O O T L X L O T V O S
N O F D U B O H V O R O Q O O
O M Y M O O R B Y O G O Z P O
U Y M A N H O O D D T T L S N
```

AFTERNOON	FOOTBALL
ALOOF	GLOOM
BALLOON	GOOD
BALLROOM	GROOVE
BAMBOO	MANHOOD
BANDICOOT	MISTOOK
BASSOON	PROOF
BLOOD	ROOMY
BOOKS	SPOOK
BOOTED	TOOLBOX
COOLED	TOOTHY
FESTOON	VOODOO

Full of Beans

```
A A S I D Y C R K P Q E C H Z
U K V J Z A V P X K U X Q O X
L S N A V O O A L R B L A H W
L D D O F N W R N C N D S F R
B L J G T T T J B Q Z J J E S
E S L U V A W A U U O L O T T
A L N Z L F G X K R N I R A E
N E R A H W J I G V X I K Y L
S G D H P O H B A G N U M O O
P U E A B R O C R G Q A Y S E
R M D D M R D L B G X J E X G
O E I E A A A R A L I P N H A
U E A C K M M I N H A W D M L
T B Y H U A X E Z X D C I M F
R A G U S I B M O J J L K L Y
```

ADZUKI	LEGUME
BAKED	LIMA
BEAN SPROUT	MARROWFAT
BLACK	MUNG
BROAD	NAVY
CAROB	PULSE
DHAL	SNAP
EDAMAME	SOYA
FAVA	STRING
FLAGEOLET	SUGAR
GARBANZO	TONKA
KIDNEY	WAX

Floral Clock

```
S S A R G W G H J O P R T R X
E A L B I N P U P V L C E O X
F G S F I X A L F A G D I G Y
S W A G S L F P D S N Y A B R
R U D S Y O A X E E Q Y E K S
U E R S R G I I V P U G X S P
O V S M T N V A Y T O S I J I
H U A C O I L A L N R L G S L
M L Q H G D A F I E A N S R U
I R H A N D S A W X I U E E T
E M I T C E Q O O T L M D D C
D N L T T B L V N M X B U R D
H D U I L F R A O H Z E M O N
S B R E H I L S B V R R Y B H
D E X V M P S X J H A S S J X
```

ALYSSUM	LAVENDER
BEDDING	MCHATTIE
BEGONIA	MOSS
BORDERS	NUMBERS
EDGING	OXALIS
FLAX	PLANTING
FLOWERS	SAGE
FORMAL	SALVIA
GRASS	SEDUM
HANDS	SLOPE
HERBS	TIME
HOURS	TULIPS

Coughs and Sneezes

```
Q A K T S E B B T C L S H H C
W L S X I K Y N S U R I V M H
H L E H H O J T U S S I S E S
E E Y S F M A M D K D D L D I
E R A R O S Q L T V K T L I T
Z G C D N N O G O R A C I C I
I Y D A A C D Y N Z O R H I N
N N O I T C A E R I E C C N I
G F F G P A H J R K H N H E H
Z U Q U N O R E M A Y G G E R
G A R S T I L R T I S S U E S
C Y E B F O K L H R P T N O S
S E T A R O T C E P X E H U C
V K M U A H Z K A N Y P O M D
O O Q A Z Y R O C H V E O C A
```

ALLERGY

ASTHMA

CATARRH

CHILL

COLD

CORYZA

COUGHING

DUST

EXPECTORATE

HACKING

HEADACHE

LOZENGES

MEDICINE

POLLEN

REACTION

RED NOSE

RHINITIS

SMOKE

SYRUP

TISSUES

TROCHE

TUSSIS

VIRUS

WHEEZING

F Words

```
G N I T N E M R E F T F P T F
F N C Z G F W T C N A F F N U
O X D A E S E F A E R R F I N
S K W E C F L F N E O I M A E
R F N F U O R L R T L S L E Y
E Y O A O G T U U F A K I R R
N G P R R D I T F I F Y M F A
G G T B G F W T W F F U E F I
I O F O T E C E A F V C F L R
E F V S J M R R Q F U D R U F
R C R E V U K Y X N F A E S L
O I F P T R B B D F R O S T Y
F Y T I L E D I F F R W H E G
Y B B A L F T F E W E S T R J
F E B K W Y F T N D T F I D F
```

FAKIR	FLOOR
FARMER	FLUSTER
FATIGUED	FLUTTER
FECUNDITY	FOGGY
FEMUR	FOREIGNER
FERMENTING	FORGERY
FEWEST	FRANK
FEZ	FRESH
FIDELITY	FRIARY
FIFTEEN	FRISKY
FIRST	FROSTY
FLABBY	FURNACE

Nobel Peace Prize Winners

```
E L B M I R T R M B L E S T Q
Z M I C T D I G E B B I H S K
N A N N A O A A P T R S C T N
A N C H E Q K B M T R H T E D
B A K G G O L L E K W A E S C
Y T W C A R T R R E D I C J S
L R C A P A E Z I A I P O E U
L O A Z L M P T S R O B B C N
A H U B U E Z L A Y O U G A U
H S T H I E S A S A N C N M Y
S O K H R N S A I C P I U A U
R M U F M I J X H E I O J B N
A A L T T H U E R Z C P E O A
M R Z H U I B E G I N Z A E S
I G A S L T S U B R A N D T K
```

AHTISAARI	MARSHALL
ANNAN	OBAMA
BEGIN	PERES
BRANDT	RABIN
BUNCHE	RAMOS-HORTA
CARTER	ROTBLAT
CECIL	SADAT
DAE-JUNG	SCHWEITZER
EBADI	TRIMBLE
HUME	TUTU
KELLOGG	WALESA
LIU XIAOBO	YUNUS

Inventions

```
E P O C S I R E P G T C T M G
R S E Y E S T A C T S S C M Z
O D E P R O T B T I W A Z R M
E A S P I R I N D O M H E V U
M Y F K S C V T L E M V E A G
D F Q M Y S C I R X O B X E E
Y E O C D A N A O L W L O V L
N R L Z P O U H V W A I E M B
A E T M L S O E O S M H N K B
M F O E A E R C E L C X E C U
O C U Q S H C R E R O R L O B
A M Y F T C L P O M H G Y L T
C O R D I T E T X M E R R C M
B Q I C C A V F A H D N E A U
M W F O A M R U B B E R T I M
```

ASPIRIN	HOLOGRAM
ATOM BOMB	LASER
BICYCLE	LINOLEUM
BUBBLE GUM	MATCHES
CAMERA	PERISCOPE
CAT'S-EYES	PLASTIC
CEMENT	REVOLVER
CLOCK	TERYLENE
COMPACT DISC	TORCH
CORDITE	TORPEDO
DYNAMO	VELCRO
FOAM RUBBER	WHEEL

Relax

```
G T H W R E B M U L S E R X E
A N A E E Q Z S I T B A C K O
A Z Z K P H L A U D N E B N U
P T E K E S I O G O G G L F J
B P S P L I L B O R F C M F C
L O V E H L T N E S A M V O B
N I E X I Y X E E R E T M D T
X P E H E S U J A K N N S O K
X C C D S R N N E S C A U N S
T A E Z O D E O W S Y A T P H
E T L X P W A K O I W A L E U
B N L E E L N Z S Z N O A S T
D A Y D R E A M D Y E D R E E
Q P I M A G E N I G A M I D Y
S K N I W Y T R O F T H C L E
```

CATNAP	REPOSE
CHILL OUT	SHUT-EYE
DAYDREAM	SIESTA
DOZE	SIT BACK
DROWSE	SLACKEN
FORTY WINKS	SLEEP
HIBERNATE	SLUMBER
IMAGINE	SNOOZE
LIE DOWN	STARGAZE
LOOSEN UP	TAKE IT EASY
NOD OFF	UNBEND
RELAX	UNWIND

NATO Members

```
L N N O I W X Y A W R O N P A
A N E T H E R L A N D S O V I
G U M K R A M N E D P L B C L
U N E O I L I T H U A N I A A
T S V D D W O Y H N O L M I N
R L Y M E G T U D M B T V N D
O O V U O D N N U U T S A D
P V B E S G A I P R A I L M A
N E F P A L G E K L C H O O I
S N A R E L R E A D J Y V R N
Z I Y C E H Y A W B E I A C O
N A I B C A N A D A T T K B T
G R E E C E E C N A R F I P S
H A Z A I R A G L U B H A N E
Z C E S L L Q Y N A M R E G U
```

BELGIUM	LATVIA
BULGARIA	LITHUANIA
CANADA	NETHERLANDS
CZECH REPUBLIC	NORWAY
DENMARK	POLAND
ESTONIA	PORTUGAL
FRANCE	ROMANIA
GERMANY	SLOVAKIA
GREECE	SLOVENIA
HUNGARY	SPAIN
ICELAND	TURKEY
ITALY	UNITED KINGDOM

Sculptors

```
W T S B R E D L A C A Y R Q A
J R T P I G A L L E S E E N W
O K U U Q C R A G G B L O U I
A F A H C C N I L M D M N D L
N H R W M R V I O O E R A O D
O I T V C W S C V V N O S N I
N O D L E W A Z E A H G I A N
N I Q O H L M N N V D Q P T G
K E E R R O I O L I G Y V E H
E P R X O K S B B G E E B L G
M S L R D N L S N E R U A L N
P T E A A O V A G L A K G O X
F E Z H Y A E S O A C Z C F F
S I Q E P H D L N N I A V P B
U N L P H P W N B D B B B S D
```

BACON	LAURENS
BLOYE	LONG
CALDER	MOORE
CRAGG	PIGALLE
DA VINCI	PISANO
DONATELLO	PYE
EPSTEIN	RODIN
GERACI	STUART
GORMLEY	VIGELAND
HANSON	WELDON
KEMPF	WILDING
LACOMBE	ZADKINE

Sports and Games

```
C N L O N P Q H S A U Q S H O
G D L G N I V I D G L N D D Y
N F A G R O W I N G O Y U A C
I I B N Q J D I R W B L L A Z
R S Y I U I C J B G R E R D V
E H E Y N N O U M R D Q R T
E I L L E G A R N C S U T A S
N N L F Q R O O Y D I S C U S
I G O O D I T C X Z T D E G B
A R V I R A L S Z R J U N H I
T W N N B I P E A S L F M T C
N G D M N G S D P I G O K S C
U K O G R L O O J E H N T Q G
O J W X S M O L X A I C S T A
M V U Q V L G Z F B Y B Y O O
```

BATON	GOLF
BINGO	LOTTO
CARDS	LUDO
CHESS	MOUNTAINEERING
CYCLING	POOL
DARTS	QUIZZES
DISCUS	RELAY
DIVING	ROWING
DRAUGHTS	RUGBY
FENCING	SNOWBOARDING
FISHING	SQUASH
FLYING	VOLLEYBALL

Wedding Anniversaries

```
Y R E T T O P M S X S R N I S
V X Q Q K B J A Z I E Y K I D
Y W E N C Y C G Z P L E B E T
I G O C A M S S A C R V M U W
B D C O B K C P I I H Z E Q R
L H N I L O Z R H L F I Z R M
A L Z O T B E P I Q K D N P V
R N F T M H P U L E F L O A L
O K O L T A P N A P E A R L G
C N B A S Y I E T E V R B Q I
R N E C K E R D S C I E O B V
L L U E D W O L Y R L M C H O
A X I D O C N O R L E E T S R
S C G O O X Z G C N G M J U Y
V A D L F I V R S N E N I L O
```

BRONZE	LINEN
CHINA	PAPER
CORAL	PEARL
COTTON	POTTERY
CRYSTAL	RUBY
DIAMOND	SAPPHIRE
EMERALD	SILK
GOLDEN	SILVER
IRON	STEEL
IVORY	TIN
LACE	WOOD
LEATHER	WOOL

Words Derived from German

```
J C C D D N A L R E T N I H R
N O O D L E W U S X I G B O V
N B D B X P X C A I W W A N D
I Y D X A L A G E R B S G E I
D E O V V L M K B R T T L T Z
N L P D E U T W L O S I I E B
U E I C E B E R G I C E I X Y
H S Z S X L C T E A H T T J D
S E L G P R A G T N G D C P H
H I S I U B R E E E Z T I L G
C D X S S E S R I I Z L C U A
A F H E T S H S T T S Z C N X
D A I L E A T H L N Z O G D Y
S L O N F D E A E Y O S H E F
G P M P G R W R Y Z T A S R E
```

ABSEIL	LAGER
ANGST	MUESLI
COBALT	NOODLE
CRUSH	PILSNER
DACHSHUND	PLUNDER
DELICATESSEN	POLTERGEIST
DIESEL	ROAST
ERSATZ	SCALE
FAHRENHEIT	WALTZ
GLITZ	YODEL
HINTERLAND	ZEITGEIST
ICEBERG	ZITHER

TOP Words

```
Y U G R N H A N G T N S A B T
K F I E E I P O T T N V A P N
Q O D E Z S D Q S S A L C I A
V I S H D P Y T F O C S S E L
S L A O J A J V W M C R C H L
O L U L I Q R E A F A C V X A
F I K E V L H G Z E Y Y X V G
T B X D Y S S E G T H F D N M
H E X H U C A S I J C L A F U
E H A S P N Q R W O W D X L S
F T Q S A F O S A N S C R I K
O K U N Q I H T N H E I S G R
R I A B R S M O X W S C L H A
M B R P X U K N D I O Z A T M
L T K M O I U E J U N D B T J
```

BANANA	HOLE
CAT	LESS
CLASS	MARKS
COAT	MOST
DOG	OF THE FORM
DOWN	PRIORITY
FLIGHT	QUARK
GALLANT	SAIL
GEAR	SIDE
GRADE	SOIL
HAT	STONE
HEAVY	THE BILL

Places That Start and End the Same

```
X C L E W E R L A R R O D N A
O R X N E A O F Q Z L O G R N
G W H L P S S C A S M A R A W
K A I D O K I R O P O R T O O
J H D X B W R R A N D Z O A T
G B J J B R E U P W I Y Z N W
K E S W I C K L H R A R E A E
O F T D I C Y O L R E K O T N
A E Y T A C U P A X H T C S Z
L N P N Y W K B H S H O N A B
Q M G O P S I L A V T I B E E
U O F O R A B T O O D E I V O
C Z D D L U Q U H W W J B E F
N N U D T A E I R M H S W I H
O D N A L R O F H G V S X G T
```

ANDORRA	NEWTOWN
ANGOLA	OHIO
ARABIA	OPORTO
ASMARA	ORINOCO
ASTANA	ORLANDO
COGNAC	OSLO
ENTERPRISE	OVIEDO
EUROPE	RUHR
GETTYSBURG	TASHKENT
KESWICK	TIBET
KODIAK	WARSAW
LOWELL	WICKLOW

Scottish Islands

```
W Y B G A Y Q B Y B N N C T D
M H A G H H L A M B A W R N Z
S G N I U L R L Y O D S A W E
O C R E W H N E C K U L M J M
U S E I L Z L E M N S S J L E
T A W L M L F F K I P O A G L
H N D E A S A L E A R R A N S
W S J A L I A V O D A X X C I
A E U N R V L Y L D Y B A I R
L S R S X A E T A U A L R T E
L D A H C F Y H O L P I Z Y H
S J D O U F K H X A U K G A T
Y O H N N F S G Y V S O S H O
V N S A H T I W S K X T F A R
E A R B M U C E L T T I L T B
```

ARRAN	LUING
BROTHER ISLE	MOUSA
CALVE ISLAND	SCALPAY
EIGG	SEIL
EILEAN SHONA	SKYE
FLODAIGH	SOUTH WALLS
FOULA	SWITHA
GRIMSAY	TAHAY
HOY	ULVA
JURA	VAILA
LAMBA	WIAY
LITTLE CUMBRAE	YELL

All Together

```
R R H A V V Z E K H C N U B J
G K T I H H U W U B T X S D K
T F U T Z G C L U T C H E C T
L O V H P A R T N E R S H I P
D R E H H H A K A U N Y E X I
K U S A F M A S S B H M E S D
B U L C R P P N D E P P H B W
H I P D K Z K A A V U M D L O
M V B W E C H P C O C S U O R
T E E U O L A O R K X V Y L C
Y R L L N O I T C N U J N O C
C T F D Z D N P S T R I N G B
W E K J D M L G C Z K Z M N A
X A T F U U Z E S J T D Z A N
I M T D L R H I Z S W J A G D
```

BAND	HEAP
BATCH	HERD
BUNCH	HUDDLE
BUNDLE	MASS
CLUB	PACK
CLUMP	PARTNERSHIP
CLUTCH	PILE
CONJUNCTION	STACK
CREW	STRING
CROWD	TEAM
FLOCK	TROUPE
GANG	TUFT

Climbing

```
T T N E M P R A C S E H W E B
N C U G Y B Q V J Z X U R F Z
E F R Q O K I L R H L H W P E
C C F A D J E L E V A T I O N
S A I I G N Y U L P L E Z Z I
E E E V L S K A E P T G A L F
D S U E E C R X O H I D J N I
D K D N G R Q A G G T I R X V
Y U N L Y D C I P Y U R V T Z
M V S L O P E Z A P D F A C E
P F O O T H I L L S E E R Q T
I R G U I D E M Y Y T L W F E
T R O P S B R O C K S M E H P
O P N E H H N V T V B L R N G
N N V S L J C N K X C D T R Q
```

ALTITUDE	FOOTHILLS
APEX	GUIDE
BELAY	HEIGHT
CLEFT	LEDGE
CLIFF	PEAKS
CRAGS	PITON
CREVICE	RAPPEL
DESCENT	RIDGE
ELEVATION	ROCKS
ESCARPMENT	SLOPE
FACE	SPORT
FLAG	TOEHOLDS

Hot Stuff

```
W O L A K I R P A P S T E A M
E R Y P J K E C A N R U F S N
Y T C H S I D A R E S R O H H
K M L T R O P I C S G V R T S
L L O S N L U R Q F E S G T G
Q U L I C S J K G N B R E Z N
K R O W E R I F R P G E I C O
Q N E H A L O L E X A D K S T
Q G S V N V L I E A Z N J R G
E A R Z E E A M N Z C I E E N
P M E E H F Q L H D D C H B I
S L A O C S D L O I R H E M L
J P Z L D K H L U P E P P E R
I A V J F L L M S J N L A O U
I O N A C L O V E V O T S L C
```

ASHES	HORSERADISH
CINDERS	KILN
COALS	LAVA
CURLING TONGS	ONION
EMBERS	OVEN
FEVER	PAPRIKA
FIREWORK	PEPPER
FLAME	PYRE
FORGE	STEAM
FURNACE	STOVE
GREENHOUSE	TROPICS
HELL	VOLCANO

G Words

```
D E L R A N G N R G L M K G G
G G S K Y C G L O M O S J A D
R R H M L G I R U O A G V G U
I X G J O Z G V L T Y W N G G
E P G E V E O G G J T I I L L
F S G K C R T U E D H O C E Z
E N M V G K I N E S G I N N O
G B O D A L O T U G N A T O M
X M O U T T A G N D N M G T Y
G M R E G L K N R E H M U S N
E U G T U G U M D U W A F L F
G J I N Q C Z L Q P F G F L H
H S A N G J O G F G Q F A A O
G R X H E G V F W G A X W G H
G H G I Y A Y D E E R G S F G
```

GAGGLE

GALLSTONE

GAMMA

GECKO

GERM

GIGOT

GLAND

GLOOM

GLUTTON

GNARLED

GNASH

GNAT

GOLDEN

GORGE

GRANULATED

GREEDY

GRIEF

GROOM

GRUFF

GUFFAW

GUILT

GUINEA

GURU

GUSHING

Landlocked Countries

```
B O X M P L A I K A V O L S L
E N S O U T H S U D A N M G A
L I E C H T E N S T E I N A P
A G S A D T A I B M A Z N A E
R E T V V N O K I U F A I I N
U R R S D O N S O W W V H Z G
S Q D O G C D E E S I U S M Z
T O R H S B T L T L O A C I T
E R T W H H Y O O J N V M Z D
A P F U I R B B A M V B O Q S
U P T O A M B D A E A I Y E U
O A P G A L N R O B E L R Y C
N I N L U A I T W J A B A H C
A U I A W N B E T O I H A W Y
H W W R O V Y R S A O D X W I
```

ANDORRA	MALAWI
BELARUS	MALI
BHUTAN	MOLDOVA
BOLIVIA	NEPAL
BOTSWANA	NIGER
CHAD	RWANDA
ETHIOPIA	SAN MARINO
HUNGARY	SERBIA
KOSOVO	SLOVAKIA
LAOS	SOUTH SUDAN
LESOTHO	ZAMBIA
LIECHTENSTEIN	ZIMBABWE

```
T W N M J W D M T J L A U J N
X L O O P S L E P D E O O C I
S N B K B K R A I R E U Z I U
L M B X J B A Q Y D H K S W Q
A E V I K Q E T I H W J F P E
B L E R E H P S S Z P T E V S
M D C K U T H E L C O N O M G
Y R S E E A G S S C N B B L R
C I J L L M K V M Y C U O I P
D G E Q E G O T O C A B T F T
T Y S T L N N L A D E M G E K
E K E G S M S A R B A I L B Z
K C U P Q Z A C B P L L T E L
A L T W H F I H A R E E H L J
P L E T T E R O A P Q J T T X
```

BANGLE	PEARL
CYMBALS	PELLET
DISH	PENNY
DISK	PLUG
EYELET	PUCK
GIRDLE	SEQUIN
GLOBE	SPHERE
LENS CAP	SPOOL
LETTER 'O'	TABLET
LIFEBELT	TYRE
MEDAL	WHEEL
MONOCLE	WOK

Baseball Players

```
E  T  I  H  W  K  N  A  R  F  T  E  B  F  J
P  H  I  L  R  I  Z  Z  U  T  O  I  H  O  Y
T  N  E  K  F  F  E  J  O  J  D  L  E  U  E
Y  X  M  N  B  P  A  L  C  M  M  R  N  X  X
E  Z  N  A  O  A  E  J  C  F  A  S  R  O  I
F  K  A  L  Z  M  B  P  G  N  S  N  Y  F  R
A  L  L  P  Z  T  H  E  D  X  T  F  A  E  A
H  A  O  E  I  E  X  A  R  Y  F  J  A  I  P
K  L  N  I  E  L  K  K  C  U  H  C  R  L  P
C  K  Y  D  S  I  U  O  D  L  T  O  O  L  E
I  A  R  D  M  N  B  H  O  H  D  H  N  E  V
H  L  A  E  I  B  G  N  U  O  Y  Y  C  N  G
C  I  G  J  T  U  M  D  E  C  I  R  M  I  J
B  N  E  D  H  A  N  L  O  N  K  M  U  I  S
P  E  T  E  R  O  S  E  D  D  R  O  U  S  H
```

AL KALINE	HENRY AARON
AL LOPEZ	HUGH DUFFY
BABE RUTH	JEFF KENT
BID MCPHEE	JIM RICE
CHICK HAFEY	JOE RANDA
CHUCK KLEIN	MEL OTT
CY YOUNG	NED HANLON
EDD ROUSH	NELLIE FOX
EDDIE PLANK	OZZIE SMITH
EPPA RIXEY	PETE ROSE
FRANK WHITE	PHIL RIZZUTO
GARY NOLAN	TY COBB

Canadian Lakes

```
T G K B Z W C R O S S A L F K
B G M E A E X T M O Q M T R A
M N A N H K D U Z U H A Z E N
P O L Y Q E E O S T T D D B I
W S A W L I T R L H N J Z Y M
R U C L N M T T L E I U F A A
Y G D E D A E I C R O A A E K
X R E S N Y N R E N P K N X D
E E S C A A Q E D I B N L Y N
O F B Y L M D R A N A A F X D
N G O H S N Y C R D M G N P P
B X I Q I T M U A I K A S B A
V K S E W I P I S A B R T V S
E E R C J W Y K W N E R A I D
K R A E B T A E R G Y Y N U F
```

AMADJUAK   ISLAND
AMISK   KAMINAK
AYLMER   KASBA
BAKER   LAC DES BOIS
CEDAR   POINT
CREE   REINDEER
CROSS   SELWYN
ENNADAI   SIPIWESK
FERGUSON   SOUTHERN INDIAN
GARRY   TATHLINA
GREAT BEAR   TEHEK
HAZEN   TROUT

HARD to Start

```
S G G J Z C K Q N M G S D R S
L N F E S G N I L E E F N U E
I I R R B U G W W M J Z V R E
A K F T E K H H I A A R O S U
N R Q R C D S T M I T C E M L
S O Y M Q I L P D R T E L B L
A W H C G D X U O R H U R Y E
X Z Q E N Y E C O C I X D D S
H G H R I E K P Z H A N E A B
L S E A R E R L Z T S S K N F
I O A W A C V R I P O N R D R
Q L D C E A L I U N O G E F B
U J E Y H H J T R C E U V A H
O K D K F S Y P K D N S O S C
R N K P O N W S K S I D C T P
```

AND FAST	KNOCKS
AS NAILS	LINES
CASH	LIQUOR
CHEESE	NOSED
CORE	OF HEARING
COVER	ROCK
CURRENCY	SELL
DISK	SHOULDER
DRINK	TIMES
DRIVE	WARE
FEELINGS	WATER
HEADED	WORKING

News

```
T D X C M S E N I L D A E H R
E Q F J Y O C D R X W O R L D
T L C E U G M I W O S J F E C
O E V E N T S E T A D P U J P
U F L D N V L I I I L J O D H
Q S A U R P I D S A L U D R O
W U B C E P E R C Y R O Y F T
E W U A H M I O O N L R P L O
I H L T T S L C A N A A P E G
V E L I A L C L T D M O N V R
R A E O E E I I I U O E M A A
E L T N W S F O E C R L N R P
T T I K T F S Z S N E E R T H
N H N I K M N N P T C C S O E
I M O O R S W E N C L E B F R
```

ANALYSIS	PHOTOGRAPHER
BULLETIN	PICTURES
EDUCATION	POLITICS
ENVIRONMENT	QUOTE
EVENTS	RADIO
HEADLINES	SCIENCE
HEALTH	SCOOP
INTERVIEW	SPORT
JOURNALIST	TRAVEL
LOCAL	UPDATE
MEDIA	WEATHER
NEWSROOM	WORLD

Weapons

```
N P P R L D E Z S A G R A E T
T V M C A T A P U L T F W Z L
A E V A Y E E Z I V Y O Y O P
B R C L C O P A C P X U T C F
Q M A O D H D S I Z W S X A W
S G O P X A I G Z R I O S W X
H W U B I E G N T P G S L O T
I K O B H E C G E E E U F B E
L V P R A Z R Z E G K X N S L
L C H B R Z F N A R U C T S L
E L F I R A O I A H O N O O U
L Y C C Z D R O W S D A O R B
A V P B O W I E K N I F E C O
G E C N A L B K W A H A M O T
H N U O O D E P R O T D M G D
```

AIRGUN	H-BOMB
ARROW	LANCE
ASSEGAI	MACHINE GUN
BAZOOKA	PISTOL
BLOWPIPE	RAPIER
BOWIE KNIFE	RIFLE
BROADSWORD	ROCKET
BULLET	SHILLELAGH
CATAPULT	SPEAR
CROSSBOW	TEAR GAS
DAGGER	TOMAHAWK
EXOCET	TORPEDO

Things That Can Be Driven

```
I T G V T P E J T I R H L I R
S Z R R T K R E C A T T L E E
L D U R A Q S R C V Q D H C T
Q C U T W H T R E E J E J A N
K C S O E O O E H H O N E R I
E N D E L T N D C I T I R R R
V E P S O C J S A C N G O I P
I G J M R O O R O L P N T A N
T N I O P P F M C E N E C G B
O A J H M L D D N A O W A E L
M H U O O R E I I I E Q R W N
O C R R X S O L S D B X T I D
C F Y Y I E A F G H M U A Q C
O U L R J U N E E U X R S K A
L R E O S E G D I R T R A P F
```

CARRIAGE
CATTLE
CHANGE
CLOUDS
COACH
DESIRE
ENGINE
IRON NAIL
LOCOMOTIVE
MOTOR CAR
OMNIBUS
OXEN

PARTRIDGES
POINT
PRINTER
REFORM
SHEEP
SNOW
STAKE
TRACTOR
TRAIN
TRUCK
VEHICLE
WEDGE

Tunnels

```
V D E K C U R S O B E O G I H
T R H R R R T U A L A P O F R
W O O A D H S R H G X T A E Q
F F N M H A R U N A U D D X N
R T I I Y A M A Z K O N T G E
E R H O I T V K A K A R F U G
J A C L A D E K K F O L R N N
U D I U U N K A P P I Z U Z E
S C E G A V H W M V Q U D V R
S R T S R E N O A A A V A J T
N I A E L R S E B G N G L H S
R N W I B E C H A N N E L W Z
W B I K E I S I M P L O N I K
Q F H A R N D O K K O R P B A
Z N U N G A B Y F D T J S D P
```

ARLBERG	IWATE-ICHINOHE
BOSRUCK	KAKUTO
CHANNEL	PFANDER
DARTFORD	ROKKO
ENASAN	SCILIAR
FREJUS	SEIKAN
FRUDAL	SIMPLON
GUDVANGA	SOMPORT
HAKKODA	STRENGEN
HARUNA	TAUERN
HIGO	VAGLIA
IIYAMA	VEREINA

Fractions

```
H Q D C H R H T E I T X I S Q
T R D B A T T Z O S Y O V U A
N N G N M H N R P G P T A K N
I M E F O Q E E E E H R W H Q
N Y P L N C V R T D T T T G I
F M U L A C E M A E R H X M M
D L I C W V S S R P G O P I B
E I A X O U I D Y I M R I T S
C H V H E M M U E T O O I V H
I D N I G D P C Q P R Q C T F
M L O V D O L L E E L I F J A
A V M I H E E R E D R I H T C
L G M J P B D S Q X F L V T T
T H O U S A N D T H H E S K O
P C C H T E I T N E W T T Q R
```

COMMON	NINTH
COMPARE	ORDER
COMPLEX	QUARTER
DECIMAL	SEVENTH
DIVIDED	SIMPLE
EIGHTH	SIXTH
EQUIVALENT	SIXTIETH
FACTOR	TENTH
FIFTH	THIRD
HALF	THIRTY-SECOND
IMPROPER	THOUSANDTH
MIXED	TWENTIETH

Gym Workout

```
I  A  Q  S  T  H  G  I  E  W  P  M  E  C  T
Z  C  P  D  R  B  A  R  B  E  L  L  S  M  M
C  R  B  U  H  I  W  S  S  E  N  T  I  F  B
G  B  O  H  L  E  V  E  R  A  G  E  C  D  O
A  N  Y  W  O  L  U  J  X  B  C  E  R  G  D
N  Y  I  W  I  R  E  W  O  H  S  N  E  N  Y
U  K  O  P  W  N  D  Y  D  U  E  J  X  I  B
A  H  E  G  M  R  G  Z  S  X  Y  C  E  N  U
S  E  S  J  A  U  E  M  C  I  S  V  N  I  I
E  G  R  T  S  T  J  G  A  B  C  M  L  A  L
T  O  O  O  M  U  D  P  A  C  K  K  X  R  D
A  E  H  G  B  A  B  N  T  S  H  T  X  T  I
L  W  A  R  M  I  N  G  U  P  S  I  F  J  N
I  N  S  T  R  U  C  T  O  R  S  A  N  U  G
P  H  C  N  E  B  N  S  P  E  T  S  M  E  H
```

AEROBICS	MASSAGE
BARBELL	MUDPACK
BENCH	PILATES
BODY-BUILDING	PULLEYS
DANCE	ROWING MACHINE
EXERCISE	SAUNA
FITNESS	SHOWER
HORSE	STEPS
INSTRUCTOR	TRAINING
JUMPING	WARMING UP
LEOTARD	WEIGHTS
LEVERAGE	YOGA

Camping

```
V G S E L O P T T R E R D L N
B J C W Z J C V R Z Y J O H F
F L Y S H E E T B A F I O G V
S A U C I D F E G N I N W A Y
Q T W S S T A K E S H N C B T
D R F B A C K P A C K I N G Y
W I Y Z H E I S T R E A M N K
T N S T A T C J H N K Y G I S
O E V B C I Y U S E E R L P Q
R S Q H B S I F T C I T P E O
C U G S T O P T L L Y F L E C
H T E E J Q L S L A E Q U L R
U X W C P E H K T P M R W S L
A J A Z T E H C T A H E Y C T
U B Q N U V I N K H M W V A E
```

AWNING	PEGS
AXES	PITCH
BACKPACKING	POLES
BEACH	POTS
CUTLERY	RAIN
FLAME	SITE
FLYSHEET	SLEEPING BAG
GRILL	STAKES
HATCHET	STREAM
KETTLE	TENT
LATRINE	TORCH
MATS	WOOD

Occupational Names

```
D K R H Y N A M T I P R Q U G
K Z N P T T Y L E R U J E Q G
R E P I P I H A R P E R W Y O
E R R R O J M G R E K R A B D
T R E H S I F S I T R F N C D
R B R P I R E D I R G E P V A
O R A Q O V Q W V K W C E F R
P D E R P R R N S W T N O V D
C H A M B E R L A I N S I O E
X V D W A E P C K N T H E A K
M L N E Z S R I F E Z L Q S W
C I K K A P O C R Z Z H M B Z
W P K Y M C E N D R E P A R D
R E K A M E O H S T E W A R D
O Z N J O R E N E D R A G C A
```

BARBER	MASON
BARKER	PIPER
CHAMBERLAIN	PITMAN
COOK	PORTER
DEACON	REEVE
DRAPER	RIDER
DYER	ROPER
FISHER	SHOEMAKER
FOSTER	SMITH
GARDENER	STEWARD
GODDARD	TYLER
HARPER	WAINWRIGHT

Dams

```
C I P A S A N G I L L F V L S
R T T E N N E B C A W T E K E
G M N A S H V F U V S J I R G
A L G N L M T W A C E K K V R
A Q B A T G E A E I S N K G O
D T S M B R N L R N U R E K G
S K J A S I L A I B U B A K E
A B A Z N I B T M T E K Y S E
R N E N V L A O A M H L A V R
A E N O E R U T R O O E A B H
T O R H A V A I V U B S M L T
O O S B Q B P K S E C E U G N
V F M X I T A P Y J K A H L J
N A W S A H G I H P C O A A E
K T U C U R U I N U G O R P O
```

ATATURK	NUREK
BEAS	OAHE
BORUCA	OROVILLE
CIPASANG	PATI
HIGH ASWAN	ROGUN
KAKHOVKA	SAN LUIS
KAMBARATINSK	SARATOV
KANEV	TABQA
KIEV	TARBELA
LAUWERSZEE	THREE GORGES
MANGLA	TUCURUI
MOSUL	WAC BENNETT

Punctuation Marks and Signs

```
I S V H D N A S R E P M A J R
H Q X T F H W A M M O C F S E
N Y F O T Q I B J S N O O I D
D D P L R D K P S O R L C S N
N M S H O H V Z I L M O U E U
C J Y L E I W T F M A N V H O
L R L B R N A T W W I U O T P
A A O G J M S N M M O M Q N H
R T U S A I T E N I E R Z E A
H L O L S S E C R U C C R R S
E S C Y U E R R R P A D A A H
P X A L D E I E B F R T A P U
E M P L B U S P Z E B L O S F
K C I T S R K X R E L G J M H
P T T A H O B L I Q U E J D E
```

AMPERSAND

ARROW

ASTERISK

BRACE

COLON

COMMA

CROSS

DASH

DOLLAR

EQUALS

EURO

EXCLAMATION

HASH

HYPHEN

MINUS

OBLIQUE

PARENTHESIS

PER CENT

PLUS

POUND

SLASH

TICK

TILDE

VIRGULE

```
P S A L C B T T E L K N A N C
R G N I R G N I D D E W T S U
P O R D R A E L A W R A H K F
S I G M A W O B Z R B T K X F
N D H A S C R V V A A C C T L
W F A D K P I Y N S J H W T I
O I M E E N D G S S A N G N N
R W T A B I L U P R C M H I K
C V R B A E N B M P N A P E S
Q L T D D B R Q E I C T M S J
S N E B U O S N P Y S L U E J
L M G R O K D E P A O C I N O
H D S C H A I N E D S F B P Z
B T H N N T Q R R E K O H C P
Q I U T T T B R A L L O C Y R
```

ANKLET

BANGLE

BEADS

BREASTPIN

BROOCH

CAMEO

CHAIN

CHARM

CHOKER

CLASP

CLIP

COLLAR

CROWN

CUFFLINKS

DIADEM

EARDROP

LOCKET

PEARLS

PENDANT

SUNBURST

TIARA

TIEPIN

WATCH

WEDDING RING

Orienteering

```
E T U O R B L N T B W I L P G
D S F O R E S T A Q N W O O N
I E E G N E L L A H C H R R I
S E C R S L S P I D E I T I K
Y R E W U I L S L R D S N E L
R T T L K N G O A E N T O N A
T S A Q A E X N C P R L C T W
N Y R F R C X L P A M E I E S
U M A H O S I M P O T O R E R
O B P T N N S U E S E C R E
C O E M A P P E Y U L T L I N
B L S T N N E J N H O A E N I
Q S I D W V T Y K T P D C G A
P O B A C K R E A D I N G S R
N E C P N H S I N I F F R T
```

ANORAK

BACK-READING

BEELINE

CHALLENGE

CIRCLE

COMPASS

CONTROL

COUNTRYSIDE

DECLINATION

FINISH

FITNESS

FOREST

LOCATE

ORIENTEERING

PHYSICAL

ROUTE

SCALE

SEPARATE

SIGNPOST

SYMBOLS

TRAINERS

TREES

WALKING

WHISTLE

Poets

```
T N E U I D N U Z Y E O D Z D
V O R S I A T D J V H R O W E
M R E H P O T S I R H C D V H
S T D I I E Q B A D O V E G X
Q J L L J H N C K G E N T P D
Q E E T U B S X A R S A Y L
C N N B O V Q M E Q O A A E H
D E S O U Z A N A R W W Y D A
O A A L T R O E F L L C I D E
X H R Z O L R W O W I Z J A D
Q S V L R M I O J R Y G A N K
K T D U E U A M U I E P E T L
D S I Z Y Y D S I G R E Y E Q
T B S R U B L I W H H F R Z M
B X D M E P R O H T N S C J X
```

BURROUGHS	GREY
CHRISTOPHER	LAMB
DANTE	LOMAS
DARLEY	MILTON
DE SADE	NORTJE
DE SOUZA	OWEN
DEAHL	PYE
DOVE	ROWE
ELDER	SPENSER
ELIOT	THORPE
FROST	WILBUR
GRAY	WRIGHT

University Challenge

```
V G H Z G L L E N R O C E L K
N E W C A S T L E L L I L P I
L O M P D I S T U T T G A R T
F M D E O I V X I U G V E I F
P N E N Z R C C B B J L Q N L
G L B F O C T I J A A F B C P
B R U N E L N O W N O Z H E S
F U E Y B G H W D G X U A T L
R J R B E E G E A O F R R O E
E B A N L E R Z A R O I V N I
I P P J N E B K A L R C A N P
B L A E W O D X E X D H R F Z
U L V D N P I I J L Y W D X I
R A K N U J B R E M E N F Q G
G F E R R A R A Q H D Y H I K
```

BANGOR	LEEDS
BERKELEY	LEIPZIG
BONN	LILLE
BREMEN	LONDON
BRUNEL	NEWCASTLE
CORNELL	OXFORD
FERRARA	PADUA
FREIBURG	PORTO
GENEVA	PRINCETON
HARVARD	STUTTGART
HEIDELBERG	TUBINGEN
IRELAND	ZURICH

Wild West USA

```
A O M W T L B U K G S I B C P
X S M D T W B O N S P U R S R
T S A T E W Y A E P U G E K A
A A R R K V G R U D P O S S E
I L S U C N C Y L Y O F R M T
R Z H S O P A T G A R R E T T
A F A T R T I S Z V V G Q B A
L U L L C O W P O K E A H X Y
Y A R E Y M S S T E E R C H W
D H A R V H H S U R D L O G B
W O N R A O X C O R R A L O A
O R C H D R E L B M A G U X W
H S H J Q N J V R O U N D U P
B E I K C J P J Y H T F X H Y
R S S S A B M A S Y B R H C D
```

BOUNTY	MARSHAL
CAVALRY	PAT GARRETT
CORRAL	POSSE
COWPOKE	RANCH
DALTON GANG	RODEO
DAVY CROCKETT	ROUND-UP
GAMBLER	RUSTLER
GOLD RUSH	SAM BASS
HORSES	SPURS
HOWDY	STEER
LARIAT	TOM HORN
LASSO	WYATT EARP

UK Prime Ministers

```
C P E P G N O T G N I D D A V
R N E Y E M O H S A L G U O D
B R O W N G L A D S T O N E F
O C V G B C S I R W N J N W K
N H P V S Q S U G O I I B A B
A U I F U R S A R N A L B L P
R R T I A S T E R L A A S P C
L C T E E T M C R I L H G O A
A H L L L A P E R F X E D L N
W I L E C E B J O A L A W E N
L L E E L M A U J N N T C K I
P L Z H A A R P A B P H U H N
E U A H G O S W M H N E D E G
E M C A L L A G H A N D B R S
L J F P J Q D R D K H Z M L U
```

ADDINGTON

ASQUITH

ATTLEE

BALFOUR

BLAIR

BONAR LAW

BROWN

CALLAGHAN

CAMERON

CANNING

CHAMBERLAIN

CHURCHILL

DISRAELI

DOUGLAS-HOME

EDEN

GLADSTONE

HEATH

MAJOR

PEEL

PELHAM

PITT

RUSSELL

WALPOLE

WILSON

Trees and Shrubs

```
I U A M E B P W E M D J Y R J
H W X P A T L R R T D L Z E E
F K V L C A A B E L E U E L W
B S M X U J L D H L Q S I D E
F R E R N U M T X O R E B E L
H C E E B H O P V O S I E R P
N L N A X T N F G A B J S U P
P R H K D I D G A R D E N I A
I J O E O F L W Y M P F D C X
W U L H A B R A Y V S B E U L
J D A O T A X U S C I R D W V
W A D S U W E P I Y H G Q P M
N S B P L M A Z O T X E G U S
J K G M I C E H T T A B L K W
U L Y L P X D N A C E P K M G
```

ABELE	JUDAS
ACER	LAUREL
ALMOND	LIME
APPLE	OSIER
BALM	PECAN
BEECH	PLUM
BREADFRUIT	SALIX
DATE	TAXUS
ELDER	THUJA
GARDENIA	TULIP
GORSE	WYCH-ELM
HAWTHORN	YEW

Pairs of Things

```
Q E Q P L P C S D E H M N F C
N U S O R Z U O G B I O P M R
J P R S K C O S M N R L T L F
L Q E J I E S I A P I A Q I T
F J K M P Y T N S E A G C I F
F W A Z P T O S R U P S G E C
O O E S E H O S A W W H S E S
R X P N R I B E E Z T B R E L
C D S I S U N Y H S S R E R S
E X D W P S E W S E S E N L I
P X U U O A H T V Y K E I U B
S R O N A L N O A S A C A N T
U W L D Q M L T R C T H R G Y
S N A E J G S E S T E E T S C
K Q I Y W X X Y B K S S W Y Y
```

BELLOWS	MITTENS
BOOTS	PANTS
BRACES	PLIERS
BREECHES	SECATEURS
COMPASSES	SHEARS
FORCEPS	SHORTS
GLOVES	SKATES
JEANS	SOCKS
KIPPERS	SPURS
LEGGINGS	STAYS
LOUDSPEAKERS	TIGHTS
LUNGS	TRAINERS

Hard

```
T U G N I D L E I Y N U U M E
D O N Z O V I E E Q U Q E A R
I Y U C K U Y A R A M S I S E
G L W G O O N O M Y B N W U V
I E H F H M N B E O S E S O E
R E V A R B P R E E N U T I S
E T U L O S E R N A D O R O
R S P N N T I S O M R B N O O
O M H C S G I M E M D A Y B O
C M C U O T M R A U I J B A Q
K O A R I S C Z R S S S V L D
Y H O V T I I A T O Q H I C E
F U E O F Y T I L Z M Y X N R
S Z U U O E F I E T I N A R G
F T L L O F D S U O U D R A Z
```

ARDUOUS	ROCKY
AUSTERE	SEVERE
BRAVE	SOLID
DIAMOND	STEELY
GRANITE	STIFF
INSENSITIVE	STONY
LABORIOUS	STOUT
NUMB	TOUGH
OBDURATE	UNBEARABLE
RESOLUTE	UNCOMPROMISING
RIGID	UNMERCIFUL
RIGOROUS	UNYIELDING

Hairstyles

```
W W D I Z X E N A C I H O M D
D Q S C R I M P E D V P I E W
I D G H T M U R A T E L L U M
B A C K C O M B E D T R N D W
Z Y W Z T R R E B P U Q T E E
D T O M P A E O O C C D X R A
R O V B I L B D U L R F Q E V
E N N D E N B W F I E Z N Y E
A S H I N G L E F A D L E A A
D U I K Z J A T A T N B G L Q
L R H E A O P P N Y U K N U F
O E A R C R L B T N N W I U G
C G D C R F A Z R O U F R D H
K E Q U O A I T A P F S F F U
S I N B P K T C H I G N O N C
```

AFRO	LAYERED
BACK-COMBED	MOHICAN
BOB	MULLET
BOUFFANT	PAGEBOY
BRAID	PERM
BUN	PLAIT
CHIGNON	PONYTAIL
CRIMPED	QUIFF
CROP	SHINGLE
CURLED	TONSURE
DREADLOCKS	UNDERCUT
FRINGE	WEAVE

Birthday Party

```
O S Y S N U Y V S G N O S A B
L A E P T P R E S E N T S G F
T A S T L A M A R Q U E E A B
Q V U Y A N H D I A J X M M O
H O K G P L X D M C L I L E M
S C X O H P P F A A L M H S N
I L E V Q T A D E Y E O S L H
S S F E H X E H R Q Z D W E I
E R D T P C R R C W R N O N S
H E G U E S T S E A V M Q D E
S N O I T A R O C E D W B D S
I N M A C V L O I N D O O R S
W A K A R I I X K E P O P H E
F B K C I S U M S T F I G D R
R E N I A T R E T N E R A J D
```

BANNERS	HAPPY
CAKE	HATS
CARDS	ICE CREAM
CLOWN	INDOORS
DECORATIONS	LAUGHTER
DRESSES	MARQUEE
ENTERTAINER	MUSIC
FAMILY	PLATES
FOOD	PRESENTS
GAMES	SONGS
GIFTS	SPEECH
GUESTS	WISHES

Tropical Fish

```
S U S U L C N I C O T O I B G
C R A D H N S E V E R U M A R
I I G I I X I C L O S C A R E
S H U I M A R U O G L R S R E
L C P U I P S Q Q F T N O A N
I I P C L H Z O O E P Y R C S
A B Y A Y R O C T P L B A U C
T N T P A O L N U N E R B D A
R Y D D N I O F S Z O D A A T
O X I E N E F X D B V R B H J
S V S R N E L E S A X J F U B
S Q C S R L R A G B N N L R D
I B U T T E R F L Y F I S H F
C F S O C E L P Y T E F O Q L
S Y R O S Y B A R B L H Z R F
```

BARRACUDA

BICHIR

BUTTERFLY FISH

CORY

DANIO

DISCUS

FRONTOSA

GOURAMI

GREEN SCAT

GUPPY

HARLEQUIN

JULIE

NEON TETRA

OSCAR

OTOCINCLUS

PLATY

PLECO

PUFFER

RASBORA

RED PACU

RED ZEBRA

ROSY BARB

SCISSORTAIL

SEVERUM

Coins

```
S K S K N O O L B U O D P I U
R A L L O D Q E C R E T S E S
Y J D M U S U I R A N E D O C
X G D U C A T V I A E X Y O U
P J Y R A I C T C L U N P G N
M O O A Y J N L A N B P I G B
I W U L R D X O L O E Q E U N
N Y Z N M A S B E R R U F S G
E R P F D N S O G L N G B I I
M W E N F D T U N M O J E X E
F Y N A F I A F A V B P Z P R
D J N W L P T G Q V L X A E E
N I Y V L R E B X E E Z N N V
Y X M D F A R T H I N G T C O
U F M E Z T S C W G U F T E S
```

ANGEL	GUINEA
BEZANT	NAPOLEON
COPPER	NOBLE
CROWN	OBOL
DANDIPRAT	PENNY
DENARIUS	POUND
DIME	REAL
DOLLAR	SESTERCE
DOUBLOON	SIXPENCE
DUCAT	SOU
FARTHING	SOVEREIGN
GROAT	STATER

Money

```
H M E R L W R Y D B S B T Y T
S E R A I L Y U J B X N F N O
A A A R E D N E T L A G E L L
C N N H Z Z L B C R P M X T C
P S T Q T I U H G N Y Z D A U
E C N E U L F F A A A T I X P
N W I W L C A U P R F T R A R
S Y C I L Y H E E J K S T T O
I C O N O E D A W D N A Y I S
O N T T R N X I N O H V M O P
N E U E K N S C S G B I O N E
Y R D R N Z B L I B E N N Y R
L R W E A S S E T S U G E T I
O U Z S B J R I C H E S Y U T
V C D T I P A V Q L E M S D Y
```

AFFLUENCE	LEGAL TENDER
ASSETS	MEANS
BANKROLL	ORDER
BULLION	PAYMENT
CASH	PENSION
CHANGE	PITTANCE
CURRENCY	PROSPERITY
DIRTY MONEY	RICHES
DUTY	SAVINGS
EXCISE	SUBSIDY
GRANT	TAXATION
INTEREST	WEALTH

Nuts and Seeds

```
L X Q D Z T C Q W N X H T R Y
L X X T U N E N I P E U E G N
F I C N P B L X T X N K T E I
P H B X R K E Q L O N G R F M
M O Y A W A R A C O L R Q I U
C B Z P J D Y O C T B E V L C
K I P R P F C C X W G W T B I
L H I C K O R Y H X A L F E N
P N M G N H P D Q E E I W R B
E O I H C A T S I P S C A T F
A N I S E D N O M L A T L E E
N N V Y P E C A N S L X N M N
U E M A S E S M H E L N U U S
T H S U F B V E C K E Z T W T
X H D P N D W M Q L K M S Z Z
```

ALMOND	DILL
ANISE	FENNEL
BETEL	FILBERT
BRAZIL	FLAX
CARAWAY	HICKORY
CASHEW	PEANUT
CELERY	PECAN
CHESTNUT	PINE NUT
COBNUT	PISTACHIO
COCONUT	POPPY
CONKER	SESAME
CUMIN	WALNUT

Baby Words

```
L L A T A N E T N A F N I I M
E W O Q A R E H T O M U R Y I
I C A E S A R E A N N O S R D
R Z A H E W W G H R T C N C W
M J P U S H N Y O C A I D T I
O G Z B F I R B O N N N Y S F
N B R T H E W D S E A E C R E
I T F S V E W F M T R Q N I T
T U U I N U A O U A F M A F T
O P L Y T I N R E T A M N H E
R E L E J T A C T J T V G P Y
D L T P H L D E U B H I E C A
K W E S K B W P W C E L R H L
B I R T H U U S M W R A P W Z
F R M Q T H G S V F R I T T W
```

ANTENATAL	MATERNITY
BIRTH	MIDWIFE
CAESAREAN	MONITOR
DELIVERY	MOTHER
DOCTOR	NATURAL
FATHER	NEWBORN
FIRST CRY	NINE MONTHS
FORCEPS	PREGNANCY
FULL-TERM	PUSHING
HEARTBEAT	SCAN
INFANT	SHAWL
LAYETTE	WEIGHT

Electrical Appliances

```
P N P G R R N O R I X S R R X
S B X E E E O G A E S E E O R
W Q W T F T D S Z L N C G N E
F O A R T I P G O A I N R E D
M E Q Q R R E J R U Q Z A P N
H A T G A W J L J Z N S H C A
L W J Y T E F I K C O L C H S
R L G C I P R I N T E R A R U
G U I F U Y E N V L J B E M A
N R V R G T E A T Z R L W B P
Y E U H D T Z T E J I A N A S
G V C O F F E E P O T N D Z T
M A L X I K R Q B N J K C I O
X H Q U R D C T M C U E X I O
G S C I E B E R D O Q T I H F
```

BLANKET	JUICER
BOILER	KETTLE
CHARGER	LAMP
CLOCK	MOWER
COFFEE POT	PRINTER
DRILL	RADIO
FIRE	RAZOR
FOOT SPA	SANDER
FREEZER	SCANNER
GUITAR	SHAVER
HEATER	SPRAY GUN
IRON	TYPEWRITER

Transport

```
Z Y H G T W T S S T X Y R Z P
R V G S F R A E L P G G Q E Y W
E R T R A I N I L W X L T S T
D A D V R R O T J C I O O U S
I I E Q C F M Y W M Y G O R A
L L F E O K A A O H A C C F L
G W S R H C M U D L I U S B O
V A D U H V S H L A Q E W O O
E Y J T B I C E C M Q G W A N
H K A V N R O O C T K D B R T
I Z L E T N I K A K E E A D E
C C O N V E Y A N C E K N R Q
L U P F L G N Y O D H E G P J
E K Y H V Q Q A E M F J E A O
N L F P W W D K L X N T R K Y
```

AIRBUS	KAYAK
ARMADA	KEDGE
BANGER	KETCH
CANOE	LIMOUSINE
COACH	RAILWAY
CONVEYANCE	SALOON
CRAFT	SCOOTER
CYCLE	SURFBOARD
GALLEON	TRAIN
GLIDER	TRAVEL
HYDROFOIL	VEHICLE
JALOPY	YACHT

Volcanoes

```
K P A X Q I R O I O X H I H S
X A Y E G A N N K G A N T E M
G O M O M E I O I W J T U E O
I L F B K R K O S Q A E O L U
P A I I O S L O L O R U B E N
N N M T G Y V M Y P I Y B P T
B U N T U M A E V P G L F X S
D A V A A Z R Z H Q A W O S T
S M O B G K E I A C R G J J H
O I I N U S W U X H U T A A E
W H N V A N A R S O M Y R N L
K S O H U C R K J P A G L R E
E O O S Z B A Y A A Y O S K N
N E T I O Z T A A L N Q X D S
B E Z E N N Y O E A D M F M K
```

AMBOY	OPALA
ETNA	OSHIMA
GUAGUA	PAGAN
HARGY	PELEE
KATMAI	RUIZ
KLYUCHEVSKOY	SANTORINI
KOKO	TAAL
LOLORU	TARAWERA
MAUNA LOA	TOON
MIKENO	UZON
MOUNT ST HELENS	VOON
NYAMURAGIRA	YEGA

Astrology

```
R J F Z J E D M T M E D Q I X
J E O N O I L M C A A R C X G
Q P T H G D P S R B G K I S Y
A O M A R J I I A C A V E F M
S C F K W A E A B R U H E S E
T S M A U S H E C U S S C A M
Z O J I Q O G H T I P O P G L
O R T R U Q E W F L R U S I K
S O R S V R Y B E P O L N T V
T H E I J N T O I Z Q I G T L
H I R G U S M O E H M B Y A E
P G L N L N O F L E Y R U R E
O H O I I I O W G L M A S I H
T C S A A W N U M A U C K U W
H T S M T T P O K I M B Y S U
```

AIR SIGN	LEO
ARCHER	LIBRA
ARIES	LION
BULL	MOON
CRAB	RAM
CUSP	SAGITTARIUS
FIRE	SCORPIO
FISHES	TWINS
GEMINI	VIRGO
GOAT	WATER
HOROSCOPE	WHEEL
HOUSE	ZODIAC

Desert Island

```
P O R D Z B N D K E S J Y A B
T Q E F M I A N D E R C H S Y
F Z T L M A U A B U K I E U D
A E A E E A F S P Z N E V B N
R S W Z C S E V A C R E E E E
S T E O K N F F M T I A S F R
D C T V C C E F M Z C W E N R
R E V K A E E L I H Z F N W A
I S T G G W A R I L I K I Q B
B N L R R P U N W S C X H S Z
A I A R E S C U E P D N S R H
L C G R K S W V C M I E N P X
N F O C A A E V J Y R H U O M
J S O L I T U D E T W Z S K S
R R N Q X Q Y M O U N T A I N
```

BARREN
BEACH
BIRDS
CAVES
CLIFFS
DESERTED
DUNES
FISH
INSECTS
LAGOON
MOUNTAIN
OCEAN

PALM TREES
RAFT
RESCUE
RIVER
ROCKS
SAND
SHIPWRECK
SILENCE
SOLITUDE
SUNSHINE
WATER
WAVES

U Words

```
U V P N A I N I A R K U A G U
M Z R U C A T N E G R U Y N Z
B I U R B F E N B U P O U I A
U R S R E X U N F A I R Y T W
T R U H N U D U B I Q U I T Y
U Q L L Q U N W U T S O U E R
N W A T C Q A U Z P E R N S E
U K U G W E H F J R S E I P H
U S Q U M B R A G E S T L U S
G U E Z U I E N U D Y S A T U
L T N F H C D G D D L L T R G
I O U S U Y N W A U U U E E T
E P Q S Q L U Y I L A M R C V
R I U N A B L E U B L N A H Y
U A A V R R I Y F M S U L T U
```

UBIQUITY	UNFAIR
UDDER	UNHURT
UGLIER	UNILATERAL
UKRAINIAN	UPSETTING
ULCER	UPSTART
ULLAGE	URBAN
ULSTER	URGENT
ULYSSES	USEFULLY
UMBRAGE	USHER
UNABLE	USURP
UNDERHAND	UTOPIA
UNEQUAL	UTRECHT

Herbal Remedies

```
N I N P V E Q G N E S N I G L
O O G K N I G W R J A A K B A
R G F U O R O S E M A R Y Y E
F T U R E V O L C D E R C E H
F N R K C O L M E H N H D R F
A I X H N B B I E T Q U P F L
S M S E Q P Y L G C X Q S M E
E R C G I U E L A I A F V O S
K E P A N R I H V L E E A C L
A P A R R S A A O R A V L M U
R P R O A L H N L A Z E E Z F
D E S B O A G I N G E R R K Z
N P L J Q N U A W E W F I X R
A P E N U E N M Y O S E A H J
M F Y J J C W X V K Z W N N X
```

BASIL	PARSLEY
BORAGE	PEPPERMINT
COMFREY	PURSLANE
FEVERFEW	RED CLOVER
GARLIC	ROSEMARY
GINGER	SAFFRON
GINKGO	SELF-HEAL
GINSENG	SENNA
HEMLOCK	SORREL
LOVAGE	SUNDEW
MANDRAKE	VALERIAN
ORRIS	VIOLET

Sports and Games

```
H G B V X L L B G T O B P T S
B W D Q G O L F P T R O W Q V
C H A S I N G U T E L L U G R
B G P O O L C O R E L A Y Y D
I B N W S R L L V B S O A M R
N Z C I I C G A S H N X T N A
G C L C K L U F L Y I N G A U
O H K A B L Q B S X H E W S G
J E S S T O A E J D S T Y T H
T S S I T T W W P O R B L I T
F S N F O R U L C E V A W C S
J G V N P R A C I N G L C S P
O D U L Y O E D A N Q L H A D
G W K Z O R J M L M G R V J U
B V P T H G I E W Y L F X T S
```

BATON	GYMNASTICS
BINGO	LOTTO
BOWLING	LUDO
CARDS	NETBALL
CHASING	PELOTA
CHESS	POLE-VAULTING
CRICKET	POOL
DARTS	RACING
DRAUGHTS	RELAY
FLYING	SOCCER
FLYWEIGHT	SQUASH
GOLF	WALKING

Snakes

```
B S M A M U S H I A B H R A E
A O T Y I E P B M N N G O N L
A T U K D K Y A R A R A T F C
R A C E R A M Z L R O K C E A
U P A Q M N P T I U C M I N S
S T U P W S Z F T S T R R I C
O W U P Y T H O N S S E T R A
M W K W C O B R A U O P S B B
N A T I A R K G C M H I N U E
A Y M Z B R P S Q B G V O L L
P Y D B C A O Z A A R P C O U
I N S T A P C L D G V S A C R
A E T I G U D D E F I A O C U
T G L A N C E H E A D O B K T
E N W N A R O N O S R N B P U
```

ADDER
ASP VIPER
BOA CONSTRICTOR
BOIGA
CANTIL
CASCABEL
COBRA
COLUBRINE
DUGITE
GHOST CORN
KRAIT
LANCEHEAD

LORA
MAMBA
MAMUSHI
MUSSURANA
PARROT SNAKE
PYTHON
RACER
SONORAN
TAIPAN
URUTU
WUTU
YARARA

Box of Chocolate

```
C F Y E E E F E U I W H I T E
O M F D K V U U V X R R H R D
O K R A D D I O D N I I X E M
K F C I N T C T P G K A J T Y
I E H O C A E M S A E L P T B
E W F D N H S G G E T C N I A
N L N D I J A F A Z G E I B R
O B Y G C Z S H V R U I E K S
B S I B A Q F N C W E Y D W J
R M P S L G X H I O Q V Y G S
U U J I C E C R E A M G E N E
O M J J H U Q O J M L B B B S
B I I O Y C I W C H V P C V S
S J E L N D S T P O A R C N I
Z I I B K U P C D H A C Y Z K
```

BARS	ECLAIR
BEVERAGE	EGGS
BISCUIT	FONDUE
BITTER	FUDGE
BOURBON	ICE CREAM
CAKE	KISSES
CANDY	MILK
CHIPS	MOCHA
COCOA	PLAIN
COOKIE	RICH
DARK	SWEET
DIGESTIVE	WHITE

Plumbing

```
G N I B M U L P L N L R T R E
H O P B U O B E N D E Q N R K
E Q E K Y N T G R T X P A M C
A O B T Y S G S L T X W L X O
T U H Y A U P I Z Z H G A F C
I P Y W W N F N O T N U E L P
N E R N A P W K A I B L S U O
G X L I K O G B R E I P S X T
X J T B A V P O R K D A O L S
T N Y Q O Y W U Y I E V L A V
A J J X S W S Y T R T F D D L
O X G P G S Z P Z Q F W E U L
L S K A E L K N A T F O R C E
F Y B R Q U S R E L I O B W X
J W P T U F G H X O K Y J W Y
```

BATHWARE	PLUG
BEND	PLUMBING
BIDET	PRESSURE
BOILER	SEALANT
ELBOW	SINK
FILTER	SOAKAWAY
FLOAT	SOLDER
FLUX	STOPCOCK
FORCE	TANK
HEATING	TRAP
LEAKS	VALVE
O-RING	WASTE

Auction

```
M E X H M U R S M J R R E R Y
M L N X D E R T H R P Q W E C
V Y A O Y N M O O E R L E V S
C T U U I Y C O S M O G I L F
O S B E K T W L R M X F V I Y
L C A H I N A N E A Y E E S T
L T X C E B Q T C H B D R K I
E S K R Y D V E I S F I P V R
C E M S T O L C R M G U L S A
T H K E W U A A P E I G W I R
I C R I T N J C N H G S X W A
B W E D I I F U R N I T U R E
L P L H N O I S S I M M O C P
E E C X Z N I K W K Y N U A T
A J I F E O Z R E F S N A R T
```

BUYER	JARS
CHEST	LOTS
CHINA	MEMORABILIA
CLERK	OWNER
COLLECTIBLE	PREVIEW
COMMISSION	PRICE
FURNITURE	PROXY
GENUINE	RARITY
GUIDE	SILVER
HAMMER	STYLE
IMITATION	TICKET
ITEMS	TRANSFER

Architecture

```
Y P E U C J H V N Q F Q T N Y
X V M I M M O S N A R T F A J
H V N P Y T T O A H S L A O O
H O P O G X N D J N C U H N N
I S I S A T N E A F O A S I I
S R J L E L J R M D Y V E M C
G U T C V M S E V T O T P U H
J S N R G W O R V Z U O J X E
A A E I A F C L Y L S B M A J
L I C N H B L Q O T U B A W I
K H Z O R C E V I T H T H M H
K G S A B E E A R D O R I C Z
A F I C R E I W T L T O R U S
Z Y R E M L A L S E D A C R A
A P A U M N I N X D D I Z K K
```

ABUTMENT	LANCET
ALMERY	LIERNE
ARCADE	MINOAN
ARCH	NICHE
DADO	REREDOS
DORIC	SHAFT
ECHINUS	SOCLE
ENTASIS	TORUS
IMPOST	TRABEATED
IONIC	TRANSOM
JACOBEAN	VAULT
JAMB	VOLUTE

Fruits

```
H T A P G O Y I E R D O G C U
B B V E O L S Z T A A D R B P
C Z A L J E E J A M Y E A A L
Y C U C O M M M D J E B P W R
R I G H T O G N O N B A E R J
R M W A G P D N I N Y N G Q B
E H T I A N E R I A A A K E E
B E N A K V A U Y A T N F E M
W L H V M T O G J P T A V F A
A I C C A C C T G J N X B N
R P H E Y U R B A Q C O A E G
T A N G E L O I Q D E V I L O
S X F J D M J Y N F O M F P P
O O J I Y M I M N D A L H P Z
P H N L G R A L D E M Q L A U
```

AKEE	MANGO
APPLE	MEDLAR
AVOCADO	NECTARINE
BANANA	OLIVE
DATE	PAPAYA
FIG	PEAR
GRAPE	PLANTAIN
GUAVA	POMELO
KIWI	SLOE
LEMON	STRAWBERRY
LIME	TAMARIND
LYCHEE	TANGELO

Holes and Spaces

```
E W E J X T L Z Z G D M Z D Q
F L U G O Y N G R E I E J R S
V P O V D J S O I G O K A N S
F X I H I A T U S A V Z R C J
X D Y Z M T I R G S S M Z L A
M R V W O R R U B S E Z E E J
P I Q H M E A N T A F C R F V
O F E R U T C N U P I Y E T W
Y T G W S O E X I F Y T T R V
P E R F O R A T I O N I A K C
N P L J R L U R R I A V R N K
Z D R A I N O H F E A A C A G
C Y W I N L E T S D N C U L F
T T N E V H O L L O W C L B Q
U A L Z N R E H W F F J H I U
```

ARMHOLE	INLET
BLANK	ORIFICE
BURROW	PASSAGE
CAVITY	PERFORATION
CLEFT	PUNCTURE
CRATER	RECESS
DIVOT	RIFT
DRAIN	TRENCH
GROTTO	TUNNEL
GULF	VENT
HIATUS	VOID
HOLLOW	WARREN

Motoring

```
C W E R H T V C O E M S N Y E
J H W S R D H P W S E N R G B
W P A S E O X K F A E O A P D
H R L S K N O O T E B R A K E
C I U E S M I U O R A V S E E
O I G U M I D G W G X E X T H
R K K H B L S S N V D H A P P
N B L Z W E D F S E Y C C T A
E W H I Y A W E G A I R R A C
R S H R C G Y E X R P A C S B
S M P E T E J C B H F Y D D U
V O X E E V N U O F A A B R H
T T R B E L L C I D O U R X W
K O F D S D S C E R E T S P N
E R E B M A O G N I N R U T G
```

AMBER	GREASE
BATTERY	HEADLAMPS
BRAKE	HUB-CAP
CHASSIS	LUBRICATE
CHEVRONS	MOTOR
CHOKE	RADIATOR
CORNER	ROADS
CRASH	ROUNDABOUT
DEFROST	SPEEDO
DIESEL	TRAFFIC
DRIVER	VENTILATOR
EXHAUST	WHEELS

Sixties Musicians

```
Y D X S Q F D Z C L R E H C O
T E S M D O H F S A U O R H C
B H O A N R O I S K L L W R R
I A E O N U Y S K L N M U I F
Z L V M R T O B I O A I C S L
A A K T O R A E K H N H K F E
N N O S A V S N S W I T O A E
D P K N E S E R A E M I S R T
S R A W I L E R H H A A M L W
A I Z V R M T A T T L F O O O
D C L L A T V A R V S M N W O
C E V E S E E K E R S A K E D
D E R F N H O J V B G D E T M
R D I S Z C J O A N B A E Z A
G H L Y F V G X G S N I S P C
```

ADAM FAITH	FOUR TOPS
ALAN PRICE	HOLLIES
ANIMALS	JOAN BAEZ
BEATLES	JOHN FRED
BYRDS	KINKS
CHER	LULU
CHRIS FARLOWE	MONKEES
DIANA ROSS	RICHIE HAVENS
DONOVAN	SANTANA
DREAMERS	SEEKERS
ELVIS	THE MOVE
FLEETWOOD MAC	THE WHO

Stitches

```
S L F X J I K N T F A Y F A N
S I O K I H S A S D V K T U P
O D Z N H J C S L I P N K I B
R U S C G K A O S L E K H A D
C D T I I T S B V T O W C U N
C A R N I G G H G E R K Y O I
C H G N V N E J L N R E X N L
B G A V K I S O J K I C T X B
L X D I Q N H L P J D T A C X
A J N C N N G P A M C P S S H
N L F M O U Z I G Z A G K A T
K C K T Y R E D I O R B M E B
E F T S A I L M A K E R S L H
T U H J B N U K N K Q C C B A
B U X Y G N I M M E H B C B U
```

BACK	LONG
BASTING	OVERCAST
BLANKET	RUNNING
BLIND	SAILMAKER'S
BUTTONHOLE	SASHIKO
CATCH	SATIN
CHAIN	SLIP
CROSS	STRETCH
EMBROIDERY	TACKING
FAN	TENT
HEMMING	WHIP
LOCK	ZIGZAG

Financial

```
C L Q H Q U Q S R C J Z P P H
B A N K I N G H E T H X A E E
V O G S B I B T J F I A K R P
Q V S V K U L Y S E A W R O B
P E W T R U S U R E R S U G B
V R U S A S X U Q E R N P Z E
A D A V D T T Z E F D E H H T
S R E N D N E Y A U D I T K I
M A U M E N I M Y L N Z A N C
X F L B O E O K E N J A F B I
H T E A L C V R Q N O C O K F
B D K D R D N E P S T T I L E
T T E N A Y H I J P D M I T D
T H Y R A T E A B L E A E C Y
E X U O I Y R E G R O F I J E
```

AUDIT	NETT
BANKING	NOTICE
BURSAR	OVERDRAFT
CHARGE	POUND
CITY	RATEABLE
DEBENTURE	SAFES
DEFICIT	SALARY
FORGERY	SPEND
FUNDS	STATEMENT
INCOME	USURER
INTEREST	VAULT
LOAN	YIELD

Authors

```
D Z A L C O T T T M B M R T O
N C C R Z J F E F T K C R E A
G A L P G Z I I A T F E H N U
I E Y A O R W D R X S W E R N
S Z R N R P S O C S S A Q E E
D B N A U K E L E R V N V V T
R L B E F B E L N E M G U E S
A A E F C P L O O I R N G N U
W C V A L N Y C T T Z I Y O A
D K L E I O I F S F L L T S G
E M E B X R O V L K J P S N I
Z O R O E R E W L D I I I I F
F R F M D A M B O W M K M K Q
J E O E V Q F Q W M Q S O T D
Y H H W D N Y E L X U H N A Z
```

ALCOTT	KING
ATKINSON	KIPLING
AUSTEN	MCEWAN
BARRIE	MITFORD
BLACKMORE	POPE
BUNYAN	SIMON
CLARKE	SWIFT
COLLODI	TRESSELL
DEFOE	VERNE
EDWARDS	VINCENZI
HOMER	WOLLSTONECRAFT
HUXLEY	WOOLF

Flowers

```
R C U B G X Q F N R K P P Z A
J A P O N I C A A G S C X N I
U L U R S J L S I U W C R S L
H I D L P L I P T B E N B I H
M L R I E V E G N P E A L R A
U P B G E V Z P E R T Y G I D
I F I A D R X O G Y W B R X Z
N N G F W A N U Y S I A D U E
A N O T E Y S P Z N L S D N B
R N D I L P P O P A L T I N L
E Q E S L O H C M P I A H B I
G N T B P T H L B I A T C Y T
U A I T R Y E S O R M I R P S
W G A K R E P I L X O C O R A
D L L D Q C V L L E B E U L B
```

ASTILBE	NIGELLA
BLUEBELL	ORCHID
DAHLIA	OXLIP
DAISY	PANSY
GENTIAN	PEONY
GERANIUM	PHLOX
GODETIA	POPPY
IRIS	PRIMROSE
JAPONICA	SPEEDWELL
LILAC	STATICE
LILY	SWEET WILLIAM
MIMOSA	VERBENA

Your Face

```
U E E N O B K E E H C Z Y S B
V Y W T D A D E Y E L I D S N
C E Y E S R R D U L F F M K R
U B P F B D I P X K Q I W I M
C R S K O M X M G C L C K N O
H O R M P R O P O E S O N S Y
I W A L U V E U E R Z O L E V
N S E Q I S W H T F B E I L Q
K S R S L F C E E H B B R K R
Z T A I N S C L K A M E T N Y
M G U L Q A C F E S D A S I F
E V R U M H Y X C D Q R O R R
D X I I F R I N G E M D N W O
H N R X D B T B V S L I P S W
T G C C N O I S S E R P X E N
```

BEARD	FROWN
CHEEKBONE	GRIMACE
CHIN	LIPS
DIMPLES	MOUTH
EARS	MUSCLE
EXPRESSION	NOSE
EYEBROWS	NOSTRIL
EYELIDS	SKIN
EYES	SMILE
FOREHEAD	SQUINT
FRECKLE	VISAGE
FRINGE	WRINKLES

129

Summer

V	U	S	M	P	E	Z	X	T	M	I	W	S	H	C
A	E	H	V	N	I	Z	H	F	L	I	G	H	T	S
D	P	O	N	M	O	C	T	N	E	L	L	O	P	T
S	R	R	N	O	A	L	N	C	O	P	I	R	O	E
W	J	T	Z	Y	S	T	E	I	L	L	V	O	B	N
C	Y	S	F	A	S	Z	S	M	C	A	J	S	W	N
H	F	Q	L	U	Z	R	A	G	R	Y	Z	E	E	I
E	E	A	G	E	L	W	N	O	F	E	U	S	U	S
N	D	U	S	U	N	T	A	N	L	O	T	I	O	N
T	A	N	C	T	A	N	N	I	N	G	O	A	N	E
U	N	V	A	E	X	O	E	D	C	P	H	F	W	Z
R	Q	E	A	S	B	H	C	A	E	B	S	A	Z	E
K	H	W	T	R	Q	R	R	C	K	U	E	S	T	I
Y	L	U	J	P	A	R	A	S	O	L	Q	E	A	X
E	N	U	J	T	D	C	H	B	N	R	F	G	L	Z

AUGUST
BARBECUE
BEACH
CARAVAN
FETE
FLIGHT
HEAT
JULY
JUNE
PARASOL
PICNIC
PLAY
POLLEN
ROSES
SALAD
SAND
SHORTS
SUNTAN LOTION
SWIM
TANNING
TENNIS
TENT
WATERMELON
YACHT

Internet

```
Q W Q B H H T J E U E Z E C D
W E P W E H M N C P H X Q V N
E B N M V M I E O D C G X O X
C C H U P L O A D R A P C T E
R R G Y N V S S E O C O G C R
U A E O P E V Q S W M P N N A
O W C T R E D I P S E U I I W
S L M V S B R A A S P L F U E
K E E B L A C T G A W A R P E
C R W O V K M A E P S R U H R
I H G L E S T B S X F I S R F
L S K T U E C P E I T T M A M
C N C R W I Q W E W F Y R S Q
E N I A H O F L X N W B E E X
Q V Y L C V D D R E D A E H W
```

BLOGS	PAGES
CACHE	PASSWORD
CLICK	PHRASE
CODES	POPULARITY
FIELD	SERVER
FREEWARE	SOURCE
GATEWAY	SPIDER
HEADER	SURFING
HYPERTEXT	UPLOAD
MODEM	VIRUS
ONLINE	WEB CRAWLER
PACKET	WEBMASTER

Astronomy

```
Z P O V K O M E T E O R I T E
R F V Z U A C P U W E U E D A
C E N V P F T H H T Q D Q E M
S B L O E O O Q T A E F E P G
B W R P I H I A W M S A R O F
E U O P E R M F Y W R E T C I
E C P Q O K O N S T T E S E
H Q D L R U A J H S Y E M E A
V N U A Q G P L U T O N O L U
T C D A Z C P L I T V A C E N
K S P A S W C B W O E L F T K
M R B I N A R Y M Z N P X K S
M A A C T O R O I O U N P S U
T T R A A C O S M O S V C J N
R S M S M N A V O N R E P U S
```

BINARY

CLUSTER

COMET

COSMOS

DARK MATTER

EARTH

EPOCH

EUROPA

GANYMEDE

KEPLER

MARS

METEORITE

MOON

ORBIT

ORION

PHASE

PLANET

PLUTO

QUASAR

STARS

SUNS

SUPERNOVA

TELESCOPE

VENUS

T Words

```
T C N A T C R E N R U T N Z T
A I S T G A S O T A T Q A F E
V X D Z U T I E T A Y P T W R
E O U R E T L T U E O G T V U
R T G S I E R G A T S K Y F T
N O T D P H H A C L K T P Y X
A U A H F T T A N G E R I N E
T R O J A N E T M C T N S N T
T N I H R L J X D H E G T Y G
E I T D B T K E T I D B K E F
E Q H A P A K T H D P C T V D
T U T A L C U M O K A E V T H
H E M S U V X Q R T H G T D P
I T V T A S S E N R E D N E T
T O Y T L T D V Y K T U Y H T
```

TABLE	THIRD
TACKY	THORNY
TALCUM	TOPAZ
TALENTED	TOURNIQUET
TANGERINE	TOXIC
TAUGHT	TRADITION
TAVERN	TRANCE
TELEPHONE	TROJAN
TENDERNESS	TSETSE
TEPID	TUCKED
TESTING	TURNER
TEXTURE	TYPIST

Nautical Terms

```
R A T H O M T S M O H T A F U
G J B F M I X E W L T O L I P
E L K C A T Y L V I Y Z A Q O
B D M T T H A L M L N M Y B F
S T I V A D M O W I F G B S B
W O N V D F B A B Y J R S P I
N E S E B V Y U C D W B T T L
H C R E U S W L L R T S H B G
N O N C H R Q O P K T S C G E
Y J F I K C E D R E H T A E W
X M P F F G J W W P X E Y M R
I B E P I P E A S R Q P A K F
J N O S R C R S Q P G W F D H
F R O W S D E D O L D R U M S
T N W L S N M R A V Z O Y Y I
```

AFT	OFFICER
BILGE	PILOT
BOAT	PORT
BOWS	PROW
BULKHEAD	SHIP
CREW	SOS
DAVITS	STEWARD
DOLDRUMS	TACKLE
FATHOMS	WEATHER DECK
LADDER	WINGS
MAST	YACHT
MESS	YAWL

Buildings

```
T O P E D T F A M E N I C D A
Y R F A C T O R Y J V H E A K
T L E T S O H S P Y F S B C E
I L E S Q E M U E S U M A Q H
S P Y W S F E K Y O F H V L O
R U Y U U N R L P R S A B M D
E T O R J E E A T W I U J A X
V H S A L P L M Y C L A T N D
I G X T A A M U M E M E D S D
N M S H C I N I L C B M T I S
U A C E C I A R L B K B F O C
C Z E U G O G A N Y S G A N H
N M A P Q E C L T O W E R P O
A L L I V L J O O K S O I K O
N W C K Q E G S M O S Q U E L
```

ABBEY	KIOSK
CASTLE	MANSION
CHAPEL	MOSQUE
CINEMA	MUSEUM
CLINIC	PALACE
DAIRY	SCHOOL
DEPOT	SHACK
FACTORY	SOLARIUM
HOSTEL	SYNAGOGUE
HOTEL	TOWER
HOUSE	UNIVERSITY
IGLOO	VILLA

Operas

```
G Z I E F H A R N P C Y O E A
R F N T A O W C Q M V M A C M
I L N S L I I L S W N M L I R
U R A E S E R S E O P E Y D O
J N V C T Z V F O Z T D A I N
R A O L A D T E V S Z E I R I
E B I A F R N Q Z K I E D U C
H U G C F E M S P A N A A E C
T C N E M X Q E A I N Q H O A
R C O O E W S B N L U I F T I
E O D O N C A R L O O A C Z L
W I O I L E D I F M U M V L G
X E X U O A K L A S U R E K A
C W L U O L L E T O N Y P D P
K U D L E S H U G U E N O T S
```

AIDA	LULU
ALCESTE	MEDEE
ALCINA	NABUCCO
CARMEN	NORMA
DON CARLO	OTELLO
DON GIOVANNI	PAGLIACCI
EURIDICE	RUSALKA
FALSTAFF	SALOME
FAUST	SERSE
FIDELIO	THAIS
IDOMENEO	TOSCA
LES HUGUENOTS	WERTHER

Rivers of the World

```
O E N O S R K G C F W R V R G
S E N I L E C O O E V V N H X
M C B V G R T D B D O O M Y W
R S O L U E E A R K L J Z W R
J N Y H E R R U R K G N J H L
T S R E D N I L F H A B S I K
B A N R E V E S D P P Z D T D
N Q Y H Y G N S O A M U D E E
S I Q R N Q S A Q M N B E R L
N U A A A M X I D X M U W I A
O Q R G N D U D R R W E B V W
Z O Q S A E R R O G O I V E A
A E N O H R L Y R U I J I R R
M F A I D D A G S A R T G Q E
A N A R A P B D E K Y O U V H
```

AMAZON	NILE
DANUBE	ODER
DELAWARE	ORANGE
DOURO	PARANA
ELBE	RHONE
EUPHRATES	RUHR
FLINDERS	SEVERN
JORDAN	SOMME
LENA	SYR DARYA
MURRAY	TIGRIS
NIAGARA	VOLGA
NIGER	WHITE RIVER

Weights and Measures

```
O J O A H Z Q E C M E F E N S
D A T H D W W J R V A U Y M P
R O H E H A W H L C G R R Y O
A E G C T Q A K O A A E D Z O
Y F I T C N J I E V H Z Y Y N
Z D E A D J K L K T Z V B E F
O A W R N E L O N T G I L L U
C E D E Q F E M I L E I P Y L
L H E G X U T A Q K N R O B Q
F S R A C R A C D C F K U A C
I G D L A L Z R H A T S N Y J
R O N L W O U O T L H T D F J
K H U O I N J H T E U O N Z Z
I Z H N U G O J L O U N C E S
N M V H O M V G K N Q E B J U
```

ACRE	INCH
BUSHEL	KILO
DRAM	LEAGUE
FATHOM	MILE
FIRKIN	OUNCE
FURLONG	POUND
GALLON	QUART
GILL	SPOONFUL
HAND	STONE
HECTARE	THERM
HOGSHEAD	WATT
HUNDREDWEIGHT	YARD

Getting Married

```
S N A L P A G P U K O V R R F
J G A X F B M Z K T T E T U Z
E A V E F E Q M O I D R E S S
T R E L S I A H U I F I R D B
A L D J S R P S R R R V T Y D
R A E I R E G B T A A E K J Q
B N H Y D N S E G A P C H B Y
E D T O I G H O G T U I I S F
L O O N N W R H R L L Q O V U
E L R Y P E C O G D F P R H Y
C O T D R R Y S M N S O A E D
M V E R U L R M M O W F T T O
F E B H A K E C O I O E L D O
A R C I B I B D F O L R A S A
F S S B X A N E D R N E G N O
```

AISLE
ALTAR
BETROTHED
BRIDE
CELEBRATE
CHURCH
DRESS
FEAST
GARLAND
GROOM
HONEYMOON
LOVERS

LUCKY
MARRY
MORNING SUIT
PAGES
PHOTO
PLANS
POSY
ROSES
SMILE
TRAIN
USHER
VICAR

Countries of the World

```
V M E T G B R A Z I L Y S M A
Z S A S S D S T S U W B E I L
X O A U R U A N R W A Q L L G
U U T K G I R U J I E O A U E
R O K Z W K G P N W G D W W R
B U L A V U T O Y N I G E R I
W G N J A I D Q O C K W Q N A
E I A Y L E N M W L W Q A S G
T Q Z B C D N A L I Z A W S M
H H U A O X L I T H U A N I A
I K M C X N Z J O S L I A V S
O W Z P Y G G S T D A Q L Q R
P X W E C E E R G D P B R A A
I S Y R I A I C Q X E V I Q M
A V I U Q A S W U H N Q O V F
```

ALGERIA	NAURU
AUSTRIA	NEPAL
BRAZIL	NIGER
CYPRUS	PERU
ETHIOPIA	SWAZILAND
GABON	SWEDEN
GREECE	SYRIA
GUAM	TAIWAN
LITHUANIA	TUVALU
MACEDONIA	URUGUAY
MALI	USA
MONGOLIA	WALES

Hues

```
L B R R E T I H W Z L T E F Q
W E D N E Z S O H J J G P J K
X N L S N P D A T E N V E D A
I I O X S A F Y P A I T Z Q X
Y R G E C U P T R P J T U G E
A A V O A Z I O P T H A Y Z N
I M V N A I M Y R O V I D A I
H A S P A U L F T T J O R E G
C R O L D Y G O I D W G Z E R
A T H S G U C F N E B D S T E
E L S E T R E I O G L Y A E B
P U E S Q G J D C H A P V F U
A H L C A W E N M J P M R A A
Q Z F S R D R V K L A E T U N
E G I E B U Y W E H O V K F P
```

APPLE	ORANGE
AUBERGINE	PEACH
AVOCADO	PUCE
BEIGE	PURPLE
ECRU	RED
FLESH	ROSE
GOLD	SAGE
IVORY	SAPPHIRE
JADE	TEAL
JET	TOPAZ
MAGNOLIA	ULTRAMARINE
NAVY	WHITE

Indoor Games

```
O L D M A I D A R T S E A S X
B R O U L E T T E R D S T W D
M O N O P O L Y X V R C S O R
W N P P P Y O S E D A R A H C
L A O E F A D R P E I A N P H
M B F S E N I W O C L B A T E
F I V E S P K H P X L B C I C
S E R I A T I L O S I L S D K
E V T X E G A N Y J B E O F E
L M A H J O N G G S A M S E R
B P S S E H C B N P I C N D S
R E G D I R B E E N O Z K M Y
A B K M T S V R O T T N R S E
M K A U N E P E L O T A G B A
W A J L S K S Y G M B C X F T
```

AIKIDO	JACKS
BILLIARDS	MAH-JONGG
BO-PEEP	MARBLES
BRIDGE	MONOPOLY
CANASTA	OLD MAID
CHARADES	PELOTA
CHECKERS	PING-PONG
CHESS	POOL
DARTS	ROULETTE
DOMINOES	SCRABBLE
FIVES	SEVENS
I SPY	SOLITAIRE

Furnishings

```
R I A H C G N I K C O R W O E
F U L R A W E S G B O I N P L
D B M M Q E E C I U C M W A B
I N L B T D S R A J E D T X A
S A G T R T W E C L O S E T T
H X E D O E R E O T B Y L O G
W S U O N U L N C A R P E T N
A B L E B T A L L B O Y V R I
S O V C H S V P A K G U I E S
H O R A C E R Y V S O P S S S
E K O B U H N E J H T H I S E
R C R I O C M Q V X N A O E R
X A R N C N R H U R F F N R D
T S I E W O A B P I A N O D I
I E M T O N T A H W L C S E S
```

BOOKCASE	MIRROR
BUREAU	OVEN
CABINET	PIANO
CARPET	ROCKING CHAIR
CARVER	SCREEN
CHEST	SETTEE
CLOSET	SOFA
COUCH	STOOL
DESK	TALLBOY
DISHWASHER	TELEVISION
DRESSER	UMBRELLA STAND
DRESSING-TABLE	WHATNOT

Social Media

```
S D E E F I Q S U T A T S L F
C I Y T K M Q S L U G U E D A
Y T A I E R K C I L F K B T C
R G W E J T T Q O A Y R U W E
S V T E P F S N O I I O T I B
C U K R E K D A E F I G U T O
P D H F A T J E C M Y U O T O
G G I D D T S T L D M L Y E K
S H I S P S A I I I O O S R P
J D D Z T E K V Q R C P C U V
T F N E L Y Y N A B B I O B R
D Y X E C O T I I G P R O B U
P O S T I N G M X L G O C U U
O D Q F L R F O L L O W E R S
N S N A F V F P U H S A M S Q
```

AVATAR	LINKS
COMMENT	MASHUP
DELICIOUS	MEETUP
DIGG	ORKUT
FACEBOOK	PODCAST
FANS	POSTING
FEEDS	STATUS
FLICKR	TAGS
FOLLOWERS	TWEETS
FRIENDS	TWITTER
GROUP	WIKI
INVITE	YOUTUBE

Sharp Objects

```
V X E L T S I H T T I H R G R
B N R O H T I U E A C H F G V
E T E H C A M C G B L A D E X
C R Y R B Q N S C I M I T A R
A J X E U A O P W I V U J V B
C T D C L F S K K S G D L O T
T K Q L G D S C A L P E L U B
U I X E D S E V I I W U I A K
S Q P A X C T E O S A R R O W
N S X V S Y H I N S S B D S A
R W F E P T O I L H V O T E H
A A T R I H Q I S E D Q R N A
Z L E Y N E A U D E T S C S M
O C T P E N T Q N X L T F N O
R Q J F S O J G E V V S O M T
```

ARROW	RAZOR
BARB	SCALPEL
BLADE	SCIMITAR
CACTUS	SCISSORS
CHISEL	SCYTHE
CLAWS	SPEAR
CLEAVER	SPINES
DRILL	SPURS
LANCET	STILETTO
MACHETE	THISTLE
NAILS	THORN
NEEDLE	TOMAHAWK

Wild Flowers

```
H U K E Y B Y V S F R X R C U
G N N L A S T E R N F L A X S
I F I P I B G O L D E N R O D
L L P A C O N I T E A V L G T
L Y D T P E R H H R K R A W F
E A O D T U S C Y X O V U P I
W B R T E U R E O S S N B M R
D M L K R B N S G W N F B Y H
E E H X S A M J L O S A G K T
E H U D B P W B J A A L T D N
P U E N W C U C I D N T I J C
S O E M F N F R I F A E K P J
F H H Y P P O P K R P G M W S
I U Y I G K F Q E C I Q B Z J
P J R X C D Q P K I K S S Z K
```

ACONITE	LARKSPUR
ARUM	LILY
ASTER	NETTLE
AVENS	PINK
COWSLIP	POPPY
DAISY	PURSLANE
FLAX	RUSH
GOLDENROD	SPEEDWELL
HEMP	TANSY
HENBANE	TARE
HOP	THRIFT
IRIS	WOAD

Inventors

```
F L D A V I N C I O R I B S C
T K Y W E S T I N G H O U S E
Z B S C D Y A D A R A F R X D
T E O N R D V O N H E E Q E G
J L N H O V I E S N K A S Y G
T L O D F N D S E S G E K H K
K J T V H O K K Q L V J L A X
C P A O N S T F R E E A G D F
I Y B L O L M S R E C D I E S
H N R T S W E S I S T K N H E
C T U A I E K B A Y I H W E M
S L N B D Y T P O P L A C X M
L T E P E R R Y C N T D T I A
R M L W G N O I B T B V H S R
B M W T L W Z R A E Y D O O G
```

BELL	GRAMME
BENZ	MENDELEEV
BIRO	NOBEL
BRUNEL	PASCAL
COLT	PERRY
DA VINCI	RICHTER
DE SEVERSKY	SCHICK
DYSON	TESLA
EDISON	TULL
FARADAY	VOLTA
FORD	WATT
GOODYEAR	WESTINGHOUSE

Languages

```
N E Q V I I P C G J F O R G U
Q Z F A H O E C R G R I Y M C
V M H H L A O G A E L I C R R
C T T I R R E Z B Y W C O P E
Z K S A I R A W P N L A C I O
G H B Y M H A U S A T I J R L
G I A A T I H T Y I K T C E E
C R N J E J L H A N Z A M Z V
V Y G D L A Y N A I T L A A K
Q A O L U V S M X A H I L D K
K J L X G A F E L R C A A A G
V O A G U N C A U K T N G N X
P N G F L E N K R U U T A N L
E D A N I S H A D I D I S A W
U D T E S E M R U B X D Y K E
```

ARABIC	JAVANESE
AZERI	KANNADA
BURMESE	MALAGASY
CATALAN	ORIYA
CREOLE	POLISH
CROATIAN	TAGALOG
DANISH	TAMIL
DUTCH	TELUGU
GAELIC	THAI
GERMAN	UKRAINIAN
HAUSA	URDU
ITALIAN	XIANG

Historical Dig

```
I Y Q Y Q F Y M M U M F Y R N
T V A X N L I K O S O O T E M
I X S L Q O X W T U S V I B U
I I C V W V N U U L N P U M L
Q L E G N E H B X G M D Q A O
V B U J S N G S R J F G I H C
D V F M X I K A E X B Y T C G
M Y L P U O T H E V P A N L T
S W I O S T C E S Z A X A A P
S T N J O T X U S I N R U I G
S C T I I H R N O I S O G R N
P E R D I V F E H N A G R U K
M I D D E N O P I L W O B B Z
N W A Y R Y S O H W U D S C R
E O E F G F C S C I M A R E C
```

ANTIQUITY   HUTS
BOWL   KILN
BRONZE AGE   KURGAN
BURIAL CHAMBER   MIDDEN
CERAMICS   MOUND
COINS   MUMMY
COLUMN   OVEN
DITCH   PITS
FLINT   SITES
GRATTOIR   SPHINX
GRAVES   SURVEY
HENGE   TUMULI

Accounting

```
G D N T T Z Q N O K Q W D T A
N H T E R U S U L A T I P A C
I E D N E T A P I T A L N Y T
N R Q T N M U S S O L J U I O
O E Z R E Z G T S N L M F Z B
K C B Y Q M G W X O Y O T P J
C O M P T R O L L E R N U R O
E R E G D E L C B P E G S E U
R D E M G L X D N M N E T B R
X V C F I K N V E I G N R M N
N T I B E D H T M R H B O U A
T R O P E R A M A J J T W N L
O H V H R T U H Q Q H S R E W
S A N W S S C T I D E R C O Q
U C I E T A L U C L A C E S W
```

BILL

CALCULATE

CAPITAL

CHARGE

COMPTROLLER

CREDIT

DEBIT

ENTRY

GROSS

INCOME

INVOICE

JOURNAL

LEDGER

LOSS

NETT

NUMBER

PROFIT

RECKONING

RECORD

REPORT

STATEMENT

SUMMING UP

TALLY

WORTH

Words Derived from Italian

```
C A V P T T J Y M A D O N N A
V I S T A D M N N G C P A Y E
E C T M L U O F F A C A D E I
R S U X S O I M P G Z I E E M
U A D L T Y C Y E H P E S Z R
T F I N D A Q P D K N K O R G
A N O I M A G A Z I N E P O R
C P B E Z E R O L H B O J V A
I E O I U N I O C Q R K A X F
R R V N H U P T J C P O M L F
A G O F L M E P E S Y H V N I
C O L E A K O L H E T C M Q T
R L O R S N A E J P D K J J I
T A T N F I G U R I N E B E A
V P X O N W O U I A B X H D V
```

CAMEO

CARICATURE

DOME

FACADE

FASCIA

FIGURINE

GRAFFITI

INFERNO

JEANS

MADONNA

MAGAZINE

MUSLIN

OVOLO

PERGOLA

PONTOON

PORCELAIN

SEDAN

SEPIA

SKETCH

STUDIO

TRAMPOLINE

VISTA

ZANY

ZERO

Ancient Writers

```
V O Q K S L O K Y E A O A L S
N O H P O N E X Y A B G H S S
Y N I L P O S E C X H S E U S
Y P E Q V P T E Y E S L L C E
O R E C I C N A S U C I B A T
P U E N F E H I L O H O R R A
E N D A S O O L M P M C A Y R
T A I D M D I E I A H G T S C
R I G E I T D D E I A A P T O
O C R D S V W S M L C H R I S
N U K I Q Y O E L I V Y J U K
I L R G U P D I T G X F V S W
U A Q C T E S U G E M I N U S
S B C P S S S H Y U L F T N G
A R Q X U V V V L S O T I O N
```

AESOP	LUCIAN
AGALLIS	MOSES
ARCHIMEDES	OVID
ARISTILLUS	PETRONIUS
CARYSTIUS	PINDAR
CICERO	PLATO
DEMOCLES	PLINY
DIPHILUS	SENECA
GEMINUS	SOCRATES
HESIOD	SOTION
HOMER	TACITUS
LIVY	XENOPHON

Building a House

```
J Z B I H L X Y T A N N E Q V
I H I S E P E G N U O L H C D
Q I I N I Y N Q T E R H I A Z
E T A P L D E P I T U T D H Y
E P E G A O H L L B T O S Y E
U S U H L O C B E A M S K J H
T N O T Q R T A S O N G S L I
R M N C T S I M O H B S E I V
E U H T E Y K R M X T D A L S
N L F Z Y I G L S X G A I F R
C O G B N N W O S E E U L I O
H C B C I T J G U X G M B P O
Q O V N D X R G R Z B H C M L
L B I J S N O I T A D N U O F
N D E W P X C A C V S Y S S S
```

ATTIC	LOBBY
BEAMS	LOGGIA
COLUMN	LOUNGE
DADO	PANEL
DINING ROOM	PIPES
DOORS	PLANS
FLOORS	PUTTY
FOUNDATIONS	SITE
HOME	STRUT
KITCHEN	TILES
LATH	TRENCH
LEDGE	TRUSS

Dressmaking

```
G N I T T I F H A M S T Z E W
M L G C Y V S K D N M L V G I
M E N P H P U L N G E Q E D V
U D I E J C H I O R E E Z E E
D O W V S R O S S I C S D V R
N M E T K S T I T C H E S L Y
X R S L N S V F K B C K Q E E
N N A F B E T A O T G N S S S
W H T Y U U M B H E G T C S K
C N O T T U B R P Z Z A N K O
T P A X R I E I A S C I N J O
L Y A C N A I C L G P L P A H
M D Q E D G I N G A Q O M E N
T A C K I N G F P V C R O T M
B F D S N R E T T A P E R L V
```

BOBBIN
BUTTON
CHALK
EDGING
FABRIC
FITTING
GARMENT
HOOKS
LACE
MODEL
NEEDLE
PATTERNS

PINS
REELS
SCISSORS
SELVEDGE
SEWING
SILK
SPOOL
STITCHES
TACKING
TAILOR
THREAD
YARN

Ancient Egypt

```
L A U T I R C Q S B U C G A K
G R I S U B A I K F T R W A N
G A G C H Z B N S I R I S O P
J W D S A U I I A S P H I N X
S A E S N R Q L M E Z J I S G
C H L A N W T E C B O H R I G
R I P Y G O L O T P Y G E S N
I T M Y I L F N U M D G I I D
B U E H L O F R B C O V T Z D
E H T S O G P I U L H W K M A
U H Y D L U O W D G T E T U S
B K A H D A E R D H T D B F H
T H E B E S V G E Z O C G D U
S B M O T G K E I I K H M E R
M S S B A R A C S G H A E E Y
```

ABUSIR	NILE
ANUBIS	OSIRIS
CARTOUCHE	RITUAL
DASHUR	SCARABS
EDFU	SCRIBE
EGYPTOLOGY	SHADOOF
GIZA	SLAVES
GOLD	SNOFRU
HAWARA	SPHINX
HIEROGLYPHS	TEMPLE
ISIS	THEBES
MASKS	TOMBS

Boats

```
F E F A D R E L W A R T Y L O
Y T T E D M T T G A U A P I X
E T H S R P A E H G W K W N A
Q E C E G R A B K L W N D E M
H V A B A X Y V I C B U N R P
Y R Y C L I P P E R A J A F V
O O D M I N E S W E E P E R J
G C S H O D W S M G S M Z Y I
A C T Q H R T C N E P E S U
L S U H A S T Z R I T K Y C M
L G U L W R N F O W A N J O W
E Q E R V S K D A O L F U W Z
O R T A O B P M I R H S F P H
N W R E G G I R T U O F J D S
B A D S E I R E L C A R O C T
```

ARK
BARGE
BIREME
CLIPPER
CORACLE
CORVETTE
FERRY
GALIOT
GALLEON
JUNK
LINER
MINESWEEPER

OUTRIGGER
PACKET
PUNT
RAFT
ROWING
SCOW
SHRIMP BOAT
TRAWLER
TUG
WHALER
YACHT
YAWL

That's Clear

```
T E B R F W Q P E L L U C I D
N D R F D E V Q D Y S S A L G
E N P U C S S E L D U O L C X
R I A E P J G M F G P R A H S
A A K K R R Z S D A N A E L C
P L H A U C D I P M I L P U F
S P C P D Z E A M D E R O G I
N U Z L O I T P E D E G S N L
A N O L A E S F T V K X I A T
R M S N N R I T I I X A T A E
T I L T I N I D I H B S I S R
N X I A I M E F O N Y L V L E
T E A T C N U K I R C S E W D
S D E C T W R L C E R T A I N
U T H G I R B Q I T D O L P C
```

BRIGHT	LIMPID
CERTAIN	LUMINOUS
CLARIFIED	PATENT
CLEAN	PELLUCID
CLOUDLESS	PERCEPTIBLE
CRYSTAL	PLAIN
DEFINITE	POSITIVE
DISTINCT	PURE
EVIDENT	PURGED
FAIR	SHARP
FILTERED	TRANSPARENT
GLASSY	UNMIXED

Happy

```
X E T A N U T R O F D M K P H
F O E J T T Y K R E P R K T H
M J J O N M D C O N T E N T T
F E O V A E E N T Q D S Y O E
D Y L I I R T J E E U U F N D
E G L A D R A U N N G R C E
L F Y L A Y L R N W A Y I L I
B A X U R D E Y O J R E V O F
U W U P P C U R I O P H O U I
O D Y G N B R Z O C L T L D T
R F K O H I E H H U E I O N A
T S C Z E I W A U N A L U I R
N N U D X B N R T D S B S N G
U E L D E L I G H T E D J E J
I F S C O S C N O Y D H N E B
```

BLITHE	LUCKY
CONTENT	MERRY
DELIGHTED	ON CLOUD NINE
ELATED	OVERJOYED
FORTUNATE	PERKY
FRIVOLOUS	PLEASED
GLAD	RADIANT
GRATIFIED	SUNNY
JOCUND	UNCONCERNED
JOLLY	UNTROUBLED
JOVIAL	UNWORRIED
LAUGHING	UPBEAT

Security

```
F H K Z Y N E R I S I Z N E X
D V C A M E R A W Y P S A F E
T R W W D C I S E C G J X G L
R I A O L G W D K V V T C C F
U S C C L T D D U C I D O G S
O K B D D K E P A A O R M O L
M Y T I L I B A R E N L U V S
T R O B B E R Y E G D J H S T
H E A H O S A J K M N X S B R
E W E L H L B N C B P Y R S O
F A E I A O T N A M R O O D N
T H E A K E G S H M X S S M G
U L F W A B U R G L A R N R B
D K T X K E N M U O J N E O O
S G N I N E E R C S H X S Y X
```

ALARM	RISK
BARBED WIRE	ROBBERY
BOLTS	SAFE
BURGLAR	SCREENING
CAMERA	SENSOR
CCTV	SHIELD
CODE	SIREN
DOGS	SPYWARE
DOORMAN	STRONGBOX
HACKER	THEFT
ID CARD	VIRUS
LOCKS	VULNERABILITY

Ready

```
H T X X X X N X G R V A U P O
N D I N R E D R O N I U C G A
Z E D J E D P T E C T O T S P
D X W K T I E U G V M R H I E
V I R N P S W O U P E A G E R
B F P S M P A D L L R L T N C
R Z B A O O I E A P C E C Q E
A Z U C R S T G E A R E D U P
C R T B P E I G S F B X R I T
E E R F D D N I G A M R G C I
D R T A I Z G R R R T S J K V
S V I U N W I M M E D I A T E
P Y S U T G S P E E D Y L H U
S E A L L S E T W I L L I N G
S T J S C W A D P Z H R D B X
```

ALERT	IN ORDER
ALL SET	KEEN
ARRANGED	PERCEPTIVE
ASTUTE	PROMPT
BRACED	QUICK
CLEVER	RAPID
COMPLETED	RIGGED OUT
DISPOSED	SHARP
EAGER	SPEEDY
FIXED	SWIFT
GEARED UP	WAITING
IMMEDIATE	WILLING

Bodies of Water

```
P A L A N A C A M A N A P N C
E I N A E S E T I H W A M A I
H S A R G A S S O S E A G T T
S O E U Y A B N O S D U H C A
U U H P L A K E E R I E A A I
R T L L A L J Y Y Z O S H E R
O H A R A L S E A Y P K B S D
P P K B Z K K W A I K N A R A
S A E L A K E B A I K A L O I
O C H B R S L N A T C K T M A
B I U W J E S C Y Y E P I I T
W F R U I E D S T A R R C T I
J I O K A R A S E A S P S I C
A C N O R T H S E A E A E R P
L A K D A H C E K A L V A A G
```

ADRIATIC	LAKE ERIE
ARAL SEA	LAKE HURON
BALTIC SEA	LAKE NYASA
BASS SEA	NORTH SEA
BOSPORUS	PALK BAY
CASPIAN SEA	PANAMA CANAL
HUDSON BAY	RED SEA
KARA SEA	SARGASSO SEA
KIEL BAY	SOUTH PACIFIC
KORO SEA	TIMOR SEA
LAKE BAIKAL	ULLSWATER
LAKE CHAD	WHITE SEA

Art Words

```
F H T I A R T R O P P E L V Y
Y T C Q T B C D G S S H Z E R
W N S T E G A L L O C G H P A
N G B I E B Y R P P I P F A N
B I L M T K L A O H J L O C I
E S R E I R S E V Q N P S S M
R E C A N V A S A I U L U A I
U D E O H S H J W O E E A E L
G Z I O E E F I L L L I T S E
I Y A L R E V O R A A O V Z R
F M S A Y X X H S Y C I A R P
F O I R W P X P S S X L B E Z
Q D M U I D E M E A G X X P C
J E Q M R C B R W N W E U A Z
I L R D T U F H S U R B T P E
```

ARTIST	MODEL
ASPECT	MURAL
BAROQUE	OILS
BRUSH	OVERLAY
CANVAS	PAPER
COLLAGE	PORTRAIT
DESIGN	POSE
EASEL	PRELIMINARY
FIGURE	SEASCAPE
FRESCO	SKETCH
GLAZE	STILL LIFE
MEDIUM	WASH

Literature Types

```
H E L T S I P E V B G B N C T
P U Y K H L E V O N T N V R O
O A T T R E A T I S E I I C P
E S R E V E S M Q X X A R F Y
T C A Y U B R I P T D I K G K
R D G I J O I I S O M T O U K
Y F E E D A Q O T E O L L W S
F U D J P P E Y G A I N C L N
A H Y V A Y R D P R S S I S L
F V U M D A P O T I A B H I X
C I A E M R L R S Y R P T Y M
I R M D J O U A K E C S H D N
D O N H G M P P T I O C A Y Y
C T C U R A N T P P N X C G Z
N A E V K N O E E K T B G E A
```

APOLOGUE	POSTIL
BIOGRAPHY	PROSE
COMEDY	PULP
CRIME	ROMAN
DRAMA	SAGA
EPIC	SATIRE
EPISTLE	THESIS
LAMPOON	TRAGEDY
LIBRETTO	TREATISE
NOVEL	TRIAD
PARODY	TRILOGY
POETRY	VERSE

Eight-letter Words

```
O K M U H C O D E L L I R H T
R E T N I L P S E R X V D N R
D E P L I N T E R Y A E Q N W
E J L U F E T A R G G J X R I
M D I L P A B R E A K A G E L
P E T P M U E A V Q M N J N U
O D U I O B C L L C I G E N F
R O T C L A A C O T X D H I T
I L Q I D S I R S Q T E T G S
U P B E A M O R S M U F A E A
M M M Z H N U K I Q R E B B O
W I B T A B E R D E E N N V B
C V Y R E H C T U B S D U T B
Y H Y M S O M E T I M E S W N
R E G I S T R Y Z K J R Y O X
```

ABERDEEN	EMPORIUM
ACADEMIC	GRATEFUL
BEGINNER	IMPLODED
BILBERRY	MIXTURES
BOASTFUL	REGISTRY
BREAKAGE	RHYTHMIC
BURSTING	SALVAGED
BUTCHERY	SOMETIME
CORONARY	SPLINTER
DEFENDER	SUNBATHE
DISSOLVE	THRILLED
ELOQUENT	ULTIMATE

Hot, Hot, Hot

```
E V O T S V B H S P A Q K Q Y
H P Z D F E S E M U S T A R D
N E V O Y U H T K U K Y O E N
S A E I M C G S E D I G C P E
N R A M T R C W A A M F S M N
A U E A I O N I O N M H A E I
B R M D P C H Q J Z R S B T G
S E D E N E I N G E H I A J N
O L A G A I Z K P T N D T P E
E K C R H P C P N F L A Y L E
P D T O E T E X E T Q R I O R
J H N F A P E R L L E H K L I
M F B V T L N X C D X P I A F
D J P P E O S P E U U H L V B
Z X C F R U A V L G P X N A E
```

ASHES	MATCHES
CINDERS	MUSTARD
COALS	ONION
FIRE ENGINE	OVEN
FORGE	PEPPER
GRIDDLE	PYRE
HEARTH	RADISH
HEATER	STEAM
HELL	STOVE
INFERNO	SUMMER
KILN	TABASCO
LAVA	TEMPER

Various Moods

```
Y D E S S E R P E D L F K L D
T Q J D V B N S N A M G A E M
B E O X A D J U V I V M L O O
W W I J T E T C H Y S T O U U
N G S U B D U E D I N D D Z M
B L U C Q G W T D U Y L L O J
A O M A R E H F R I E N D L Y
R O R G D O U G G Y T S E T H
E M F E P L S R B A S X J Z S
S Y T E D I L S U P U O E G I
U P F X D D X A C V O J C G K
L U N Y A C P J Z M I L T F W
L U F T E R G E R Y X C E N A
E H M J Q A L A U G N B D D M
N W V Q H F W J M H A P P Y A
```

ANXIOUS	HOPEFUL
BORED	JOLLY
CROSS	LAZY
DEJECTED	MAWKISH
DEPRESSED	MOODY
DISGRUNTLED	QUIET
DISMAL	REGRETFUL
DOWN	SUBDUED
FRIENDLY	SULLEN
GLOOMY	TESTY
GLUM	TETCHY
HAPPY	WARM

Lightweight

```
E T I H P O M T Y T U D D Y J
S L I N S C N D P U M O U W P
D S I R S A U P E J K W X O O
I L U G Y U N K T K Y E E D T
L T P O A R B D T C A S U A L
A J U R R I S Y E O Q Y H K
E B F U E O F A T O P S I S T
R G Y G O S P G L A M E N Y R
E O E H L Z N J L I N I M R I
H Y N I T I Q T L L H T Q E V
T K G I L O R F Y T T Q I P I
E H F F M Y R X Y G N R L A A
T Q I T Z B Z F L O A T Y P L
Y R E T A C I L E D F O D J H
T Y X O A M Y A Y T N A C S K
```

AIRY	PALTRY
BUOYANT	PAPERY
CASUAL	PETTY
DELICATE	POROUS
ETHEREAL	SANDY
FLIMSY	SCANTY
FLOATY	SHADOWY
FRAGILE	SLIGHT
FROTHY	THIN
INSUBSTANTIAL	TRIFLING
LOOSE	TRIVIAL
MINOR	WEAK

Ball Games

```
L L V V O U C N Y Q V S L G P
L Q I F O U U B P I P E N N B
A B Y S L L G A H O R V K O N
B Y A A X U O H Y A O D W P E
T B M G R S R B U P V L R G T
O A A D A E E Q I E S O A N I
O N X C R T S L U R U U C I N
F D I A W R E Q T N I H Q P I
C Y F T U M N L D T O B U B M
F R C O M A O E L C I Q E O R
I I F L T L R O K E G K T U F
V N P E O S R E C C O S S L F
E G P P L Y Y O Z H L J O E H
S O I H N A D X V G F O F S Z
I J G X L L A B T E K S A B W
```

BAGATELLE	PELOTA
BANDY	PETANQUE
BASKETBALL	PING-PONG
BIRIBOL	POLO
BOULES	POOL
BOWLS	RACQUETS
CRICKET	RINGO
FIVES	ROUNDERS
FOUR SQUARE	RUGBY
GOLF	SKITTLES
HOCKEY	SOCCER
MINITEN	ULAMA

```
A Z L P K T S M B K R B M O P
A S E K V Q H T P A N R E B R
X O S D F O R M S A F E G N E
A E S E A G H R E E R T E I C
E B O Q M Y U D L O T S L R E
Y N N T H B S N T Z D E L E P
G E W U I C L C T K I M O T T
S K C O M A E Y H G P E C S O
M Z L C D R J G R O L S B A R
X N A S J D F A M E O W V M E
O Y S G D O N S V P M L R S T
D D S V O T T E R R A A W E U
S C O A C H L E S R U O C M T
B V N D B A T Q O Q E P U A O
O A D U L T L E A R N I N G R
```

ADULT LEARNING	FORMS
A-LEVEL	GAMES MASTER
ASSEMBLY	GRANT
BURSAR	LESSON
CLASS	MOCKS
COACH	PRECEPTOR
COLLEGE	RECTOR
COURSE	SCOUT
DAY SCHOOL	SEMESTER
DEAN	SEND DOWN
DIPLOMA	TESTS
DONS	TUTOR

Clothing

```
U L I T S C E N I U R B I S R
R W S X R S N J R N S H M R V
A E S A R I E W O E T H I E E
F P V N H E K R O D T K I M S
D R A O U P P S D G H A G R T
N U O C L A W M V L T P E A T
E O N C L L I A U E H H U W G
D S G G K L U I I J O V G R S
R O S A A B U P A S C M I I S
A C H C L R J K M S T D D E N
B K R O J O E N S T T C I Y N
A S U N E D S E Y R A Q O J L
T S H Q A X T H S O H X J A T
E D Z K N W O A E H P C S R T
O Q Y A S H M A K S E O H S V
```

APRON	SHIRT
BLOUSE	SHOES
DRESS	SHORTS
DUNGAREES	SKIRT
FROCK	SKULLCAP
GALOSHES	SOCKS
JEANS	SWEATER
JODHPURS	TABARD
JUMPER	VEST
NIGHTGOWN	WAISTCOAT
PULLOVER	WARMERS
SARI	YASHMAK

In Our Dreams

```
S S S E N D E K A N W Y W Y S
D S Y Q E X J Q I E L N G T F
W E V V A Q H G F I W N A H R
O S S W R C H S M L I R O E E
R A S E L T S A C L D L T E C
C H N O M E F G R O I S M H O
A C U A C F R I M D O O I Y G
R D R C P I H B A L H L R E N
S E U E K W Q Y G K D O O F I
S S E A E E X N G H S S N N T
P H L A P H I N O C X N I C I
S S L W Q T I O H N K E N E O
I T O D T Y D O V B V I G E N
H R H E L K O L Y A B L Y E Z
K V G F R L L H A Q G A O L V
```

ALIENS
CASTLES
CHASES
CHILDHOOD
CLOUDS
CROWDS
FAMILY
FLYING
FOOD
GETTING LOST
HOLIDAY
HOME

IRONING
NAKEDNESS
NIGHTMARES
RECOGNITION
SCHOOL
SHEEP
STARDOM
SUCCESS
THE WIFE
WEALTH
WHIRLING
WORK

Magical

```
D Y R A D N E G E L E I P F Y
N B A P P A R I T I O N A L M
E L I S O R C E R O U S R F A
T A H V G K S E L N Y Y B A E
E N G C H H E B E A N L P N R
R E L V T I O A O N E D H C D
P M H A D I R S A P U R A I C
S O I R R T R C T C P A N F R
G N I D H T N D I L A Z T U E
I E B L E U C T L E Y I A L A
W H Y W L A N E E E X W S G T
S P W D E A L A P L E I M D I
Y Q G X M D Y X Y S F Q A E V
W Y R O S U L L I E E I L C E
L A R U T A N N U W F V N K U
```

APPARITIONAL	PHANTASMAL
CREATIVE	PHENOMENAL
DREAMY	PRETEND
EERIE	ROMANTIC
ELDRITCH	SORCEROUS
ELFIN	SPECTRAL
FANCIFUL	UNCANNY
FEY	UNEARTHLY
GHOSTLY	UNNATURAL
IDEAL	UNREAL
ILLUSORY	WEIRD
LEGENDARY	WIZARDLY

Silent H

```
O Y E K S I H W N R L C H W Q
T S L U R Z V A H O A H H R Y
T Y R O H C N A R E V E N E G
E W P R I O H C A E A G L U O
H H H E U K G Z H R L T M D L
G I Y W R P L E H W S O H M O
M T H S H Z M O H I N O H C N
C E A E I E Z Y H A U L O C H
Y P F L N C B W R R N H L H C
H K G T O E J C L R W Z H H E
G H H H C A H Y L C E S E L T
H A A A E S T O M A C H P X O
Q K N R R Z Y W H U Y L W H I
E I I A O W H E E Z E U C Y M
E L X S S P B H L S K E W Y E
```

AFGHAN	SIKH
ANCHOR	STOMACH
CHOIR	TECHNOLOGY
CHOLERA	VEHEMENT
ECHO	WHEAT
GHETTO	WHEEZE
HOURLY	WHELP
KHAKI	WHERRY
LOCH	WHEY
MONARCH	WHISKEY
RHINOCEROS	WHISTLE
SARAH	WHITE

Crime

```
Y Q I M R Y T L U A S S A W Y
K L Q M I E Y L M E T R G A C
Z C H R P S D N P C I O N D A
M B A A F E D R Y I S B I P R
C Q U T C T R E U V A B V H I
A K G R T K W S E M B E I I P
R X M U G A I U O D O R R S E
S M U G G L I N G N T Y D H R
O K G J Y I A T G N A Y K I J
N C N O S A E R T Z G T N N U
D F E L O N Y T Y J E N I G R
Z U Y R E G R O F M T O R O Y
B L A C K M A I L E V S D T N
G K Y R R C N G N I H C A O P
R X O D F G N I K L A T S A T
```

ARSON	MURDER
ASSAULT	PERJURY
ATTACK	PHISHING
BLACKMAIL	PIRACY
BURGLARY	POACHING
DRINK-DRIVING	ROBBERY
FELONY	SABOTAGE
FORGERY	SMUGGLING
FRAUD	STALKING
HACKING	THEFT
IMPERSONATION	TREASON
MISDEED	VICE

Horses

```
T L O C T Q F J X M T T W W X
Y R F K N H Y Y G L I V S R M
E H G M U T P Z A A B A K E B
S H N A O R C A H B X D E T S
A T L E M I L O P P X K W N H
H H A G L G E Z T C O S B A I
C G O L R B G N I N A L A C R
E I F N L O A X A D I L L I E
L E C D I I Y T D M F P D A F
P N Q U P H O L S R J Z A I G
E O S U R F E N H Z Q P L B A
E M U H I D L X Y Y P L O A I
T A E A O N G T Q Q Y O U N N
S R O N T E E X U W M E N Y Y
T E G T E I S D L A B E I P S
```

BAY	NEIGH
BIT	PIEBALD
CANTER	PINTO
COLT	PONY
EQUINE	ROAN
FILLY	SADDLE
FOAL	SHIRE
GALLOP	SHOES
GIRTH	SKEWBALD
MANE	STABLE
MARE	STALLION
MOUNT	STEEPLECHASE

```
G I L L S A N S R J K A T I F
J O N B M A A M U E R E U A B
S U U O A I N Z K T I O D V E
L N H D R S X A E D R R N U A
B A A B Y S K H D P A O U M B
T O M S M O C E L R D I A O A
W A D I C U L A R N E L R S C
C Y Y O B I R D E V F V B Y A
L K A E N R M R S B I O W Y M
W A R C A I A O X T O L G S I
M T I P O L O M C K Y N L X T
C M A R C O F X M W U L H E P
Q H O C A A P A H E I G E G O
C M B A B P N E V F U T U R A
O F F I C I N A R N O P R O H
```

ARIAL

ARNO PRO

BASKERVILLE

BAUER

BODONI

BOOKMAN

CAMBRIA

CHAPARRAL PRO

CLARENDON

COMIC SANS

COOPER

COURIER

FLAMA

FUTURA

GILL SANS

GOUDY OLD STYLE

LUCIDA

MYRIAD

NUEVA

OFFICINA

OPTIMA

TAHOMA

TREBUCHET

VERDANA

Paper Types

```
N C O U D M Z X M U L L E V L
R W A B L O T T I N G D R Q F
J G O R B I P I L I T M U S E
N R N R B F H A S L U J J U S
G E C K B O Q U L S A B S N T
R E H H H A N W I I U W K J O
E N I C E K C C A F N E P C L
A B E J T P V K T N F A A B L
S A D W I I E F R W G R M R A
E K E H S W K R A G T C O O B
P I X E D H R X C R L X M M T
R N A O L I M D I A N E N I L
O G W R V T I D N P T R L D P
O P B I T E G M G H O S I E L
F E T O R E C Y C L E D F U T
```

BAKING	LINEN
BALLOT	LITMUS
BLOTTING	MANILA
BROMIDE	MUSIC
BROWN	NEWS
CARBON	RECYCLED
CARTRIDGE	TISSUE
CREPE	TRACING
GRAPH	VELLUM
GREASEPROOF	WALL
GREEN	WAXED
KITCHEN	WHITE

Harvest Time

```
C E S D X K E E O K D N I N V
E N P B M J G G E V O E C L H
G R A I N A R L S I N O I R C
I O C M R A R E F M N N T A A
E C S O F O J A K A U H U S J
O J T N T X K N W C R L A P Y
U S A C K B Z L D E I M P O S
A R A A M Y G G S F A P N E F
B R V D H O J H L Z S I L O H
T P E B D L I O P C O A W J O
O S A X A N W V Y N B Q I F N
O C T E G E F T S T U B B L E
F W R A R M H L I O T Z D K Y
G E R J L E F J H C R O P S E
C M W P V X E C N A D N R A B
```

BALES	PICKER
BARN DANCE	PLUMS
BRAN	REAP
CAULIFLOWER	RIPE
CEREAL	SCYTHE
CORN	SILO
CROPS	STOOK
FARM	STORAGE
GLEAN	STUBBLE
GRAIN	THRESHING
HONEY	TOIL
ONIONS	TRACTOR

Five-letter Words

```
T K Q F T N A E M D E L V E A
T Z Y F Y H O Z Y K K W N D W
N W X J X T L J D P N Q P A H
R G O L H Q O U U T R K B S H
U X U C M Y O U W L I A U Q U
B C A V S R L O Q R S R B Y O
L Y L J P A K J E H C S X M M
W Q Q T T E R D L H V H A I K
A R C A N S I B W H E E L L H
E R N C T R Z K M O P E R A G
Y R B A A O R V X U S U A R T
T M I E N I A E C I U J N F U
N N Z E Z A N R M F N E E S A
T Y S V Y O U V S W G M Y K O
D F M L N H L H T X I S H V R
```

ABASH	PROUD
BURNT	QUAIL
CRUSH	RIDER
DELVE	SIXTH
GLASS	STAIN
HYENA	UMBRA
JUICE	WHEEL
LUNAR	WOKEN
MEANT	XENON
MILES	YACHT
NATAL	ZEBRA
OPERA	ZONES

Gulfs

```
E S F B A I N R O F I L A C N
S U E Z D A G N U J E A T E S
O C Y T N Z R A J A H B D W T
M H A N A E E M S S C A G G L
A E E D L N O E O T E Q A P A
N T K A I T S L R P P A L B W
A S S U A Z O H A A M C A B R
N E G O H M T T S N A Z S K E
A I R A T N E P R A C X K A N
K R B M I P I O S M A M A R C
S T X R A M F G X A S I A D E
N B O H J N A Z S Z S I H I R
A C E P E T N A U H E T L S S
D O N Y L Y A A A F W Y C F T
G V V Q C W S A R T A P V Q L
```

ADEN	OMAN
ALASKA	PANAMA
AQABA	PATRAS
CADIZ	SALERNO
CALIFORNIA	SAROS
CAMPECHE	SIAM
CARPENTARIA	SIDRA
CORINTH	ST LAWRENCE
GDANSK	SUEZ
GUINEA	TEHUANTEPEC
MANNAR	THAILAND
MOLOS	TRIESTE

Circus

```
I Z Y I P S T S B E D A R A P
H Z L X S P A P R G S H O M R
E N X G P S F N M E F C R U E
F P O C N A I G R R D H R N T
Q D O I Q G D E I O P I Y R N
J U T R S T A E F M C M R A O
U Y E C T T Y E G Y F P G B N
G F N U T H C I S G N A O T N
G W W S E E G A F U N N Y P A
L A O B B U K I A J A I A B C
E N L L E M A C T E M L R C N
R G C T A P R L I T N X P A L
S R E N N I P S E T A L P P D
Y N Z H T L U A S R E M O S A
T G Z W K J F E Z E P A R T F
```

ACTS
APPLAUSE
CAMEL
CANNON
CHIMP
CIRCUS
CLOWN
DARING
DOGS
FEATS
FUNNY
GASPS

JUGGLERS
P T BARNUM
PARADE
PLATE SPINNER
POPCORN
QUEUE
RIDERS
SOMERSAULT
TENT
TICKET
TIGHTROPE
TRAPEZE

Bones of the Body

```
O L E L T A N C O P B U R W S
C D M T N R E Y R M E I F I L
L N G V A N I F O A B L R I A
S G I J O N N Q Q S N S K Y S
N L B B N U U I U O S I Q N R
J Z W O S Z B L H E X I U N A
P A T O U Z O I P D T G C M T
J H Q A E A I U U R W R T L W
T A A L G L M R E M M A H E
S L F L L N H L R D G B U L P
I U Y E A A S R I L I O U F H
V B L T M N C B T X S N I H S
L I M A P U G O S C A P U L A
E F T P E P R E V C F M Z C R
P E C A R P A L S U U T S C S
```

ANKLE	MAXILLA
ANVIL	OSSICLE
CARPAL	PATELLA
CRANIUM	PELVIS
FEMUR	PHALANGES
FIBULA	RIBS
HAMATE	SCAPULA
HAMMER	SHINS
ILIUM	STIRRUP
JAWBONE	TARSALS
LUNATE	TRIQUETRAL
MALLEUS	ULNA

Matters of Love

```
R D V M S T R A E H T E E W S
O E T V T J M Y S Y L U J H J
E X L R A S R E M O O R H L D
K L Y A U B E A N O R R S O T
S O B N T E U R L I R E T U G
R P E A O I L N I E O E Q Y L
A V Y M T M O M X A G Q E S L
Y C B D R C R N F O F N U B E
S L O V E R E A S T O O A I M
A F O V P L S L H H E Z T S O
T E E V G S I B E G I U A N S
S D E S I R E G R D C P Z P D
C C G K I N X O H I D P C G N
E L O D I L G P M T D S K Q A
E T I D O R H P A F S E L U H
```

ANGEL	HANDSOME
APHRODITE	HARMONY
BRIDE	HONEY
CUTIE	IDOL
DELECTABLE	KISS
DELIGHT	LOVER
DESIRE	LOVING
DOTE	RELATIONSHIP
ECSTASY	SWEETHEARTS
EROS	TRUE
FAIREST	VENUS
GORGEOUS	YEARN

```
T B R U J M I N I M U S H L Y
V T E E R O J A M D L O E S W
S O V F O X W O O D O I T C M
Z E D K C I L Y F F R N U R P
S E S O M L W Z A U E B J S S
D S J R I A B N M M O O R G Q
P L J E O B D J D X N I E I U
I A E S J H D N E E J C V P E
N M N I O M A R S X T Z O U A
K I C R F M B L U E B E L L L
E N N K M H S N A M U H C Z E
Y A G O D F C O W S H E D J R
E U C V B O S N O W B A L L C
J E S S I E G W I N D M I L L
A J A Y K P L S A P J B X D F
```

ANIMALS   MINIMUS

BLUEBELL   MOLLIE

BOXER   MOSES

CLOVER   MR JONES

COMMANDMENTS   MURIEL

COWSHED   OLD MAJOR

DOGS   PIGS

FOXWOOD   PINCHFIELD

HOOF AND HORN   PINKEYE

HORSES   SNOWBALL

HUMANS   SQUEALER

JESSIE   WINDMILL

Islands of the Pacific

```
S G O J S N X L I P P A L A U
I D T H R V A N U A L E V U A
V N E C K E R E N N E L L I L
R A R A I A T E A D T E N M N
A L H N H O N S H U U O K A O
J E K A D A V U A I D C M U T
K R U Y C T B O T E U K I G R
D I G A B W V A L B I Z G E E
K W N I K U M A R O R O F P P
Y E S E R I C A R O L I N E P
U N H U T W T T N I L F J N I
S H A I E S E R A M J E S R L
H N R N V Z U A V S I I Z H C
U I T G J H U U X D T Y F Y M
K N C I C W T E F T X Y L N S
```

CAROLINE	NAURU
CLIPPERTON	NECKER
DUCIE	NEW CALEDONIA
EASTER	NEW IRELAND
FIJI	NIKUMARORO
FLINT	PALAU
GUAM	PENRHYN
HONSHU	RAIATEA
JARVIS	RENNELL
KADAVU	SERAM
KIRITIMATI	STARBUCK
KYUSHU	VANUA LEVU

Lights

```
W V E S I R N U S H Y Z N O B
S B U D X G E S T E P U W C L
I W E I G L O W T M R W A T H
N E X A U S N M A R X L D S H
C F N B C G D L W G K H U U F
A R R I L O K R G D B L W O B
N E U E H S N A B R T M Q N P
D M A L E S S L I R Z R H I X
E M G D H J A G A K R Z Y M T
S I D R E Z H V S R H E D U B
C H M T E T I M J A E C P L E
E S Y U S O A E Q Z B S R A Y
N D O J L T X F L A M E A O T
C E L E C T R I C I T Y A L T
E L T H E R A L F L U V T M J
```

BEACON	INCANDESCENCE
BEAM	LASER
BLAZE	LUMINOUS
BRIGHT	MATCH
DAWN	NEON
DESK LAMP	SHIMMER
ELECTRICITY	SHINE
FLAME	SUNRISE
FLARE	TAPER
GAS JET	TORCH
GLEAM	ULTRAVIOLET
GLOW	WATTS

Fictional Places

```
K X B H Y B W X O Y L I A N K
E I R L T C Y M R I L W X O J
T G T C W O X A N A D U N H V
O N S E V W H Q K G R A A W M
Y O L N Z Z Q C V W M J R E M
L L L S E H I A T A V H N R C
A A G N I W L L Z O T L I E W
N V D Y T H F O E O L U A O P
D A V S A F N O G B Q E L E C
I L A L A I G O R E O K M D A
X E L L A D R R O D N O G A R
T A M E G D I R B R E T S A C
K E D T U A H H Z O Z S Q R O
X L U K V V B A F C Z Y G K S
K T N O T P Y R K K P N A H A
```

ALALI	HOTH
AMAZONIA	KITEZH
AVALON	KLOW
BEDROCK	KRYPTON
CAMELOT	NARNIA
CARCOSA	NEWFORD
CASTERBRIDGE	QUIRM
CYMRIL	TOYLAND
EASTWICK	UDROGOTH
EREWHON	VALHALLA
FALME	XANADU
GONDOR	ZENDA

Headgear

```
P A C H T O L C K F X H B D K
I R O W X Y S O R P T O O M T
B O P E R A H A T F U M N R T
D D L J A U C A L Y R B N Q S
K E X V I S Y A I B B U E K Q
Q F Q C N T T E B R A R T Q B
A A Q M H C A I F E N G M O M
A L P Y A T Q H E D J E W T D
A T L P T C O I X S R L T E Y
Y R V I P K P P A O E B I R F
B Y R B T K U T H R B V N E W
L J H V R N A Y I A A L Z B Y
I U C O Y N A Q E V T I L W D
R I P S U T E M L E H H T I P
T A H E L B B O B M L U J G P
```

BERET	MANTILLA
BOBBLE HAT	OPERA HAT
BONNET	PILLBOX HAT
BOWLER	PITH HELMET
CLOTH CAP	PORK-PIE
DERBY	RAIN HAT
FEDORA	SCARF
FEZ	TIARA
FLAT CAP	TOP HAT
HAIRNET	TRILBY
HOMBURG	TURBAN
HOOD	WIG

Flying Machines

```
R E T P O C I L E H P E W K O
A S S F V J E D R O C N O C D
H I T R I P L A N E E A H B A
E U R J U M P J E T F L I T N
R E P S I G L I D E R P F A R
C L N R H T A K J E L A A G O
U G A A E I O C P A R E I A T
L G T K C O P P N C R S R T I
E Z C K N I O E E E H S C O U
S O A I J H R C I U U X R R Q
R O H N C R A R T Y U B A D S
T C M T G P R T U J V K F R O
W X E U S A L E X H P L T O M
Q C F P H E Z E P P E L I N E
P V W S F N O O L L A B L E V
```

AIRCRAFT	HURRICANE
AIRSHIP	JUMP JET
BALLOON	MIRAGE
BIPLANE	MOSQUITO
CHINOOK	ROCKET
CHOPPER	SEAPLANE
CONCORDE	SHUTTLE
DRONE	SPACECRAFT
GLIDER	SPUTNIK
HARRIER	TORNADO
HELICOPTER	TRIPLANE
HERCULES	ZEPPELIN

Mathematics

```
H T I G I D N Z N Z U U C A H
U T M C I T E M H T I R A Y T
H K F V Q R M V Q C A Y O F X
T X I I W E O G A T H K W W I
N D C H F B G L I R M I N U S
E I O S V M C O X G W A X Q O
V L J V H U P R E N Y L U B L
E F V M L N L M L Q G A C H U
S N Q A Y N U I P K R U H B S
Y A T B Z V S Z M E E V K C S
G E A A P T H E O R Y Q Q M G
P O R C M Z B R C I A O U M D
M L O U P U O O V J P S E A A
W V O S C Z H Q N V S A K K L
Z H T N I N P V D U N N A T F
```

ABACUS	NUMBER
ARITHMETIC	PLUS
CALCULATE	RATIO
COMPLEX	ROOT
CUBE	SEVENTH
DIGIT	SIXTH
DIVIDE	SQUARE
EQUAL	SUMS
FIFTH	TAN
MEAN	THEORY
MINUS	WHOLE
NINTH	ZERO

Let's Escape

```
D I S A R A E P P A S I D Z T
W W P M B D X M I G L B Z T A
Z P E V A E L H C N E R F U E
F W T V V B H J F E G X M R R
I F E B O V B F L U I Z A N T
S S O Q I S X O F L T G K T E
N S C N D K P F L O G P E A R
E T K A U E D U L E E V S I Y
A U E E T R J T N T I K C L A
K O G P D T D C S K D X A D W
O L D Q M A E E S U K O R T A
F I O D E U D R F A A X C B T
F A D E N I J D E E X H E V E
U B U R S M X R L J C O X I G
B P O U U E B O J E Q T G E P
```

AVOID	JUMP
BAIL OUT	LEG IT
BREAK	MAKE SCARCE
DEFECT	RETREAT
DISAPPEAR	RUN OFF
DODGE	SCATTER
ELOPE	SIDESTEP
ELUDE	SKEDADDLE
EVADE	SKIVE
EXHAUST	SNEAK OFF
FRENCH LEAVE	TAKE OFF
GET AWAY	TURN TAIL

Cats

```
I D F C X Z E M Q C M J D M N
U L D E E S E M R U B B B G Z
N N A L I R U K X E B B G H A
X A F M A R C R H O P N T M R
I E I J O B L J B M T A B B Y
A P R S I S R E E A X Y L T N
H Y M K A G I E E N N A Y M E
T S A A R X O S T X Y L L U B
N N L B I I E O P E H A A N E
A O J P M N K X C T P M G C L
M W K T I O E L Z I S I N H U
R S K K W P B C E Q C H E K N
I H N G E K O K O S L A B I G
B O J B O U T A R O K H T N D
T E E C C I Z D Q I N W X G C
```

ASIAN	NEBELUNG
BENGAL	OCICAT
BIRMAN	PETERBALD
BOMBAY	PIXIE-BOB
BURMESE	SELKIRK REX
HIMALAYAN	SNOWSHOE
KORAT	SOKOKE
KURILAN	SOMALI
LAPERM	SPHYNX
MAINE COON	TABBY
MANX	THAI
MUNCHKIN	TONKINESE

Green Things

```
T D S Y V Y J B I O T T D V V
H L L Z C Y A E T Q O W N X S
E A O U R B D R Z O D S O I X
D R A C Z E E E Y V I C F H M
E E S A G E W T I Q R H P C G
X M F E Y S U O L A E J A B E
E E Z L G F K M L U P B R L S
O L E L Y A B N C F J O T S E
B S P S H T G S I M I T Y E V
H Q C P O H C N I F O L R B A
X J F V A O Q X E B J Y U B E
L F R U T H G I L E V V S A L
S A E P W T H A O N R M H I C
J D L S U M A P E N H G E Z M
F M N D R A H C S S I W S E C
```

APPLE	JADE
BAIZE	JEALOUSY
BERET	LEAVES
BOTTLE	LIGHT
CARD	MINT
CAULIFLOWER	PARTY
EMERALD	PEAS
ENVY	PERIDOT
FINCH	RUSHES
FLY	SAGE
GOOSE	SWISS CHARD
GREENGAGE	TURF

Capitals of the World

```
B Z P E O B I L O P I R T P A
E W U L Y L Y B A Q G T S I V
I Y F D Q D S D H A K A B C U
J N G A A E M O L O N D O N S
I X I K L V Q G K T E L N O U
N W P A C B I Z O R O C O U U
G I R W P E K D K M P O T L H
R A A N R S O I B I S S A U N
C W I S J M F O Z H F D W S E
A A A T I A G O V R T A G A P
Y T R N E O Z U T E A A B K M
E T G A T X E D N R I G A A O
N O W A C S U I W H O K P P N
N D K S E A G L A T J P Q M H
E D S K R P S I Q E U G A R P
```

ALGIERS	LUSAKA
BEIJING	OSLO
BISSAU	OTTAWA
BOGOTA	PHNOM PENH
CARACAS	PORT OF SPAIN
CAYENNE	PRAGUE
COLOMBO	PRAIA
DHAKA	RIGA
DILI	SANTO DOMINGO
KIEV	SUVA
LOME	TRIPOLI
LONDON	VADUZ

Newspaper Types

```
M E W I J S F B N H D F G H A
D R O C E R A L M I A L E C D
O B S E R V E R L A G S N T V
W B C P T N M E A J I J Q E E
R H W G I G R I U I U L U K R
O B W T D L J R E S C B I S T
X T N I V O V U L T I H R O I
U E G B U B R O T A T C E P S
S S P R H E S C Y N S E R E E
N T N L C S L S D D O A Z F R
B A Q T E L E G R A P H O A R
L R R R R M L M E R C U R Y G
J B P G I O Z W I D C T P K X
F O Y T U C P H D L A R E H R
E C I O V S Z S M H J K K E E
```

ADVERTISER	POST
ARGUS	PRESS
COURIER	RECORD
ECHO	SENTINEL
ENQUIRER	SKETCH
GAZETTE	SPECTATOR
GLOBE	SPORT
HERALD	STANDARD
JOURNAL	STAR
MAIL	TELEGRAPH
MERCURY	TIMES
OBSERVER	VOICE

S Words

```
S H V E C I F I R C A S N S A
S S Y R E S S E N T F O S T T
T U T E F E F C E I Z S B O A
R S E T N S I C K L Y E O K N
S A F F S I N O G I A S M E O
U G A I Y A W A W O T S S D S
I U S S L C N S R K S Y T E T
Y D H B D S W I T A P W O H R
S T M B F S I D T F H U A T I
Y E F Q S I S E N Y A A T E N
S E D I M E N T A R Y H S E G
N S I L H O U E T T E D S S W
S S E R T S M A E S T O R M Y
R M G T Q W Z Y C O R N R U O
S T R I H S A B B A T H D M S
```

SABBATH	SHIRT
SACRIFICE	SICKLY
SAFETY	SIFTER
SAHARA	SILHOUETTED
SAIGON	SOFTNESS
SANITY	SONATA
SEAMSTRESS	STOAT
SEDIMENTARY	STOKED
SEETHE	STORMY
SEMBLANCE	STOWAWAY
SHAFT	STRING
SHIFTY	SWINE

Fabrics

```
K N W F U S U N N T A M E E S
N L O N I L P O P L E N L R I
Z G J T H P L A I D E S T S B
W Q A E T R Z C O L I O W G K
X K L V O O N K Y L L O O W L
L L L L L R C R A O T U R E I
D Z E E C R E P E O H N S W S
Y N R V K T G K W G E F T C G
C B I Y C N C E C N U C E D Q
Y J O L A R L L I U E Q D L J
R K M T S L F L V R S G N S T
T G R T I U A S M O T R R S L
J A H N Z C M H L D I Q E E G
T V G N E A G A C A P L A E S
Q E R E M H S A C W L Y E E S
```

ALPACA	POPLIN
CASHMERE	SACKCLOTH
COTTON	SEERSUCKER
CREPE	SERGE
FELT	SILK
LACE	TARTAN
LINEN	TERYLENE
LISLE	TOWELLING
MOIRE	VELVET
MUSLIN	VOILE
ORLON	WOOL
PLAID	WORSTED

Signs

```
F S M T D R S Y R T N E O N G
H E D N E U X D U N M S N T T
J I A A T S C H O O L A O A P
N D N G N J J D T I C E P X U
Q A G C A L Q O E T G L A I Y
N L E K W Q K O D U G P R R A
O O R O P A E L I A K T K A W
D J V N L O W F A C G E I N S
I Q H E E S L O A Q B I N K I
V W X W H W T I L S N U G H H
I A Q A T I A N C S N Q M A T
N L H Y U R C Y E E L U P P I
G K W M P P Y L O G S V V G S
L N R U T U O N E U V X H Y P
T F E L P E E K C S T C P M H
```

BUMPS	NO U-TURN
CAUTION	NO VEHICLES
DANGER	ONE WAY
DETOUR	POLICE
FLOOD	QUIET PLEASE
GENTS	SCHOOL
HELP WANTED	SLOW
KEEP LEFT	TAXI RANK
LADIES	THIS WAY UP
NO DIVING	UNSAFE
NO ENTRY	WALK
NO PARKING	WAY OUT

Schooldays

```
L I A R B E G L A S M N H E U
L L F D A U G N I T I R W S S
E D A N W L E C T U R E C I C
B N L P B R E P O R T G I C W
N A G E I S B O Q O Q I S R G
X P G L T C S S Q B U S U E N
B Y A S I D N H H U S T M X I
X R E M E S T I M O X E B E M
T T S S R R H O R G R R R C M
N S K E Q O P D Y P D T K L I
A I Z L M F F U P S E L S A W
U M O C K A X I P N C P A S S
R E A D I N G U N I C O I S U
T H T O D G P I L U L Z C D P
B C E F S H S R X I V I Z E F
```

ALGEBRA	PRINCIPAL
BELL	PUPIL
CHEMISTRY	READING
CLASS	REGISTER
DESK	REPORT
ENGLISH	SHORTS
EXERCISE	SWIMMING
GAMES	TENNIS
KIDS	TESTS
LECTURE	TRUANT
MUSIC	UNIFORM
PASS	WRITING

ABLE Endings

```
C L E A N A B L E L B A U Q E
X M X L E L B A N O S A E S E
E A E L B A R A P U E E Z L A
E L A E Q A B L S L L O B B L
L L B W L L S T B B B P L O T
B E P A E B A I A I A E P I E
A A L D P I A I D L N R E T A
S B I B N L N N P T E A L A C
S L A A A E U A O S M B B X H
A E B M D T B C U I A L A A A
P L L G I L O M N I H E F B B
E Q E E E A A P A A Y S F L L
L B L R I B B F B N B Q A E E
L B C E L B A L L Y S L M F G
A G R E L B A W E H C J E P T
```

AFFABLE	PALPABLE
AMENABLE	PARABLE
AMIABLE	PASSABLE
CHEWABLE	PLIABLE
CLEANABLE	POTABLE
CULPABLE	PRESUMABLE
DENIABLE	SEASONABLE
DISABLE	SUSTAINABLE
EQUABLE	SYLLABLE
FASHIONABLE	TAXABLE
MALLEABLE	TEACHABLE
OPERABLE	UNABLE

Breakfast Time

```
T T O A T M E A L S T O B E G
D E G L U D G E N N M A D H G
C E R F H A Q A A I C A Y Q E
H J F O N A E S C O L M H E D
L I A A E B S O N A N S S E E
N Z V M D I F H M P R Z E R I
A O T E O F J R B E T L K E R
D W K R E H A A P R S R A G F
A A C E M M L P U M O C L D Y
B F E P L R I G B U N W F E Z
T F H R D K O W A E R A N K C
O L P A B Y V G G S B O R L S
A E L A E R E C E L H H O E A
S S A U T A G E L I Y H C E S
T S E G A S U A S X W N T H E
```

BACON	JAM
BAGELS	KEDGEREE
BAKED BEANS	KIPPERS
BREAD	MARMALADE
CEREAL	MUESLI
COFFEE	MUFFIN
CORNFLAKES	OATMEAL
CROISSANT	SAUSAGES
FRIED EGG	TEA
HAM	TOAST
HASH BROWN	WAFFLES
HONEY	YOGURT

Beauty

```
V N U Y H I E M U F R E P I A
V T I N T I N G E W P R C F Y
K S L R U C B S E H S U R B F
C I I U R E D W O P E C A F R
A L P U S G M V P Z R I R G O
P Y S C H C N E E O K N I N R
D T T R L E I I F G P A N I R
U S I O E R Y T B A Z M S H I
M R C D O L L E E M C C E S M
G G K Q G P L J S M O I O A A
W M C T R T M O Q H S C A W S
E M E R Y B O A R D A O K L C
G N Q T E G A U H N L D C S A
M R E S N A E L C S O M O U R
D D G R O O M I N G N J A W A
```

BRUSHES	MANICURE
CLEANSER	MASCARA
COMBING	MIRROR
COSMETICS	MUD-PACK
CREAM	PERFUME
CURLS	RINSE
EMERY BOARD	ROLLERS
EYESHADOW	SALON
FACE POWDER	SHAMPOO
FACIAL	STYLIST
GROOMING	TINTING
LIPSTICK	WASHING

Popes

```
B T W Q G J O C V I K I N R V
S S W H R E D N A X E L A T V
U S W Y L E V A R I S T U S F
T W N G O D N A L G F U B N P
E M X I A K V I R D E E S C E
L A Y N E H P E T S V U L R D
C R W U T S G H L N I X O I G
A T I S N O A X D C E D Q F X
N I N O R T L L I Y O L N M H
A N N Y O Y W R O E V W A W E
I O V A S U I P H H I R B V U
C O O Q I S O T E R C I R Y G
D O N U S R K P H U T I U Q E
J E C K G G D Y S W O H N H N
V S S N A I B A F W R L S U E
```

ADRIAN	LEO
ALEXANDER	MARCUS
ANACLETUS	MARTIN
CONON	NICHOLAS
DONUS	PIUS
EUGENE	SIRICIUS
EVARISTUS	SOTER
FABIAN	STEPHEN
FELIX	THEODORE
GREGORY	URBAN
HYGINUS	VALENTINE
LANDO	VICTOR

Sufficient

```
D E X X S H E T N A P M A R S
E C S C H U C S J D K X T P S
D O O Z A U O M U H A O A D X
N G N N U B A E E F A O E W U
E E A D S S U X T K O T R W W
T Y R L S I U N G N S R G B Y
X R I I O B D N D U E S P M H
E I V I E R I E O A U L O Y T
O E T R N D E I R O N O P E G
Q R A B N G D Y R A R T E N L
U N I U R O T E W I B M O O A
T G O A M K N I C F I L O U V
S B L M K E D H H N U K E G I
A E O N G E Y U G B A L F H S
A C S U B S T A N T I A L W H
```

ABOUNDING	GREAT
ABUNDANT	LARGE
BIG	LAVISH
BROAD	MASSIVE
COMMODIOUS	PLENTEOUS
CONSIDERABLE	PROFUSE
ENOUGH	RAMPANT
EXTENDED	RICH
EXUBERANT	ROOMY
FULL	SUBSTANTIAL
GALORE	TEEMING
GENEROUS	WIDE

Harry Potter

```
J I K B C M R Y E A S H C Y U
S F C N O M A L X W E T E H F
M S I K I Y G F X R I K O I Z
N Y R D U G B X B A O Z R N K
I E R C U R R O S H D E A V E
R L E M A M L O A T N O F R N
E S D D Z O B G B Z E J B I D
H A L U G L R L E R H R L B M
T E U Y F I O G E O M B C R Y
Y W B P D N Y I G D O L U E Z
L N T O N K S W Y G O T Y L S
S O G M Y M A D U T N R A I P
Y R E V A R P E I O D R E S U
P S R E T A E H T A E D I A W
X D L S E U G N I L W O R B F
```

AVERY	HOGWARTS
BASIL	HOKEY
BRADLEY	MOONDEW
DEATH EATERS	MR BORGIN
DERRICK	MUGGLE
DOBBY	RON WEASLEY
DUMBLEDORE	ROWLING
FIRENZE	SECRETS
GOBLIN	SLYTHERIN
HAGRID	STONE
HEDWIG	TONKS
HERBOLOGY	WIZARD

Creepy-crawlies

```
W E L H J S N E Z J S Q J Y B
C R N R V X V K Y L F W A S U
M E O O Y D C F M N V Y A E I
I R E S R I G P O V S V N R L
T U E Z T D Y N Y C S G J E M
E O L R C J E C O D U W G T L
L P T W R M R R X I S S N E E
T A T N O I P A K H R Q A M A
E V O D C I R U B P A S T R F
E H B K O O D O N A T A T O S
B A E N H C L Z J O T Y E W F
G T U T N O M F G T L W Z L V
N U L W E E V I L E K W L A U
U Q B L S B E J K E W N N E A
D K A D T A V R A L A I B M R
```

ABDOMEN

APHID

BLUEBOTTLE

CRICKET

DRONE

DUNG BEETLE

EGGS

ELYTRA

FLEA

GNAT

LARVA

LEGS

MEALWORM

MITE

NEST

ODONATA

SAWFLY

SCORPION

SWARM

TARSUS

THORAX

TICK

VAPOURER

WEEVIL

Geographical Features

```
U R D N A L E L B A T U Q R V
G R Z M Q R L J Q Q O B E N A
Y N H B U P G T Y E K S H I L
B J I S U L R N U R E Y U N L
W V S R G A A K L R T Y U K E
E I H X P N Z G V M R E I L Y
F G B F K S I O O A N P J G L
E R D Q G N I R T O F A Z L H
L I A I G R B U T F N C L E V
A S E P R P B L I S H O A L N
N T H G I I X L S G T D A R U
A H P O R D C I L A L T E Z L
C M Y T R O S H A A L V G A C
B U L A K E G J N E A T C H X
K S N I A L P D D C W C R Z R
```

ATOLL	LAGOON
CANAL	LAKE
CAPE	PLAIN
CAVERN	RAPIDS
CLIFF	RESERVOIR
DELTA	RIDGE
FISSURE	SHOAL
GORGE	SHORE
HEADLAND	SPRING
HILL	TABLELAND
ISLAND	TRIBUTARY
ISTHMUS	VALLEY

Buzzwords

```
E R U G I F K R A P L L A B F
B R A N D A L I S M J V Y R E
V E T T E U Q I T E N B E P Q
E Y N M T E S D N I M E D U M
M P N C I P Q M W M V S Q N P
L E O T H M A N G A O T R I K
Z O P L O M I R L I A P T P L
K L G L F W A U W R D R V S L
Y U B O C R E R C A F A E C I
C F N S W N E U K B S C R F K
B O T B B E D T O U E T B A S
H J O A G E A S N Y G I I V P
V W U L H V P R H I R C F S U
L R E N I A R B O N U E Y X C
E N I L M A E R T S S S U H R
```

BALLPARK FIGURE
BENCHMARK
BEST PRACTICES
BRANDALISM
B-TO-B
BUY-IN
COOL
EDUCRAT
FREE VALUE
INTERFLOP
IT'S A WRAP
LOGOWEAR

ME PLC
MINDSET
NETIQUETTE
NO-BRAINER
PARADIGM
SPAM
SPIN-UP
STREAMLINE
SURGE
UPSKILL
VERBIFY
WIN-WIN

Formula 1 Grand Prix Winners

```
W G D Y X U O N R A C I T T E
S C A R F I O T T I N Z R W M
A C O Z I S R X R W K I E F L
V I L L E N E U V E N H V I U
B N L A L Q W Y F T B A E S H
O E I I R I P M I V S R C I U
U N H D N K N G R S Q H E C R
T I C R A I N S A F U J L H E
S A C A Z A N M A M B A G E B
E L V H N R E N A A D U A L B
N A P T W V G C A X T X O L E
K V R L G I H F L N K D R A W
W O O U O E L R U K S C X I A
D K S O R L D H Q A E I I U F
W U T C H V A Z Y Y D W Q H K
```

ARNOUX	ICKX
BOUTSEN	KOVALAINEN
CEVERT	LAUDA
CLARK	MASSA
COLLINS	NANNINI
COULTHARD	PROST
FANGIO	SCARFIOTTI
FISICHELLA	SCHUMACHER
HERBERT	TRINTIGNANT
HILL	VILLENEUVE
HULME	WARD
HUNT	WEBBER

Double Letter Starts

```
O O G E N E S I S Q H U Z Q Y
L O O J A M A F L I P O E G A
X L A E A A L B O R G D A A H
D I A A T G E E V F N D T L T
D A R N M R O W L E E S G U K
H O H F E L A R T M Y T O R U
N N U I L R S S U C X P A S R
M Y S G K E O I O H L V N U O
A L Q S R O N O T E D R Y O J
L E L O A O B I E R Z U L M E
E W Y L G R L H A P M O O A E
E E R O O O G A P J G R W G R
E L O W O Y G L W Y O Z G O I
N L I E E D D T E B O J L O E
G N I Z O O Q A C E H T O O F
```

AALBORG	LLOYD
AARDVARK	OOCYST
AARHUS	OOGAMOUS
AARON	OOGENESIS
EELAM	OOGONIUM
EELGRASS	OOJAMAFLIP
EELPOUT	OOLITH
EELWORM	OOLOGY
EERIE	OOMPAH
EEYORE	OOSTENDE
LLANERO	OOTHECA
LLEWELYN	OOZING

Medical Matters

```
R A K T S S Q K K O Z C A N I
S O Y L C O I H G L W L P L U
D O L S L I L S E Y L T U E Z
W I I B P W N P P I C O L D S
P E K L U E R O X E L F C R J
Z S I Q O O L A B V S A X U M
Q A N P S P D A K U N C L E M
A E S Y C E S M T I B U D C F
G S U V N R U E Y A I I A Z Z
P I L O F A R Y O K C S S E Z
C D I C G T I P I I E A T M T
W D N F X I V M N P P D H A E
F A Z Y R O C E T U S M M Y S
D T Q Y C N R I R S R F A D T
T M O M Y V C B A N I G N A S
```

ADENOID	EMPYEMA
ANGINA	FLEXOR
ASEPTIC	INSULIN
ASTHMA	LEPROSY
AXILLA	LOCUM
BICEPS	MEDICINE
BUBONIC	OPERATION
CATALEPSY	PILLS
COLDS	POLIO
CORYZA	SEPSIS
DISEASE	TESTS
ECZEMA	VIRUS

Anatomy Lesson

```
K V I A I O N K J E W W N P G
E E N K G L A N D S D G J E I
T B T H R O A T R J J G M F W
O X E M H V Z R C L I I A N O
N O S E E F W T M C A U R A S
H H T L H F F F F S O N E A G
K Y I H E L C I R T N E V Z Q
P C N N Y E X K R U U E I F T
L J E J V M J N K D I M L O O
X I S N F S U J J N I V W O E
S P L E E N L S S B Q M U T S
Q P O R M G N V U P I T T G T
T B O P U E A I O J I O E T N
R P B T R H E M U S C L E V D
P I N E A L N G Z E G N M F U
```

ARMS
FEMUR
FOOT
GLANDS
GUT
INTESTINES
KNEE
LEGS
LIPS
LIVER
MIDRIFF
MUSCLE

NAVEL
NECK
NOSE
PINEAL
PORES
SPLEEN
THROAT
THYMUS
TOES
ULNAE
VEINS
VENTRICLE

Card Games

```
H R X I B O N L Y S E D A P S
C Z Y L C A N R K J P P A G O
T E D M T L C F S O E N P N L
W W R N M B V C K C S E O U D
E T A E F U R E A V O M N G Y
N F H I S X R R T R E E T P S
T C S E U I T W A D A C O T V
Y H F G C E M F F P B T O T V
O L G G M L R X A H L P N J S
N K N O C K O U T W H I S T Q
E I A D V X F C H O Y O Y I I
M E G D I R B G K L Q J L V A
Q D Z E K X E F M I C V X O T
B F G R P I N O C H L E S A S
G A R B W N U T E T G N I V R
```

BACCARAT

BRAG

BRIDGE

DEMON

ECARTE

FAN-TAN

FARO

FISH

HI-LOW

KNOCKOUT WHIST

MISERE

PINOCHLE

POKER

PONTOON

RED DOG

RUMMY

SKAT

SNAP

SOLO

SPADES

STOP

THE CLOCK

TWENTY-ONE

VINGT-ET-UN

Girls' Names

```
X E I Q V E X L X K W R K U Y
J N A I V L Y S S T O Q Q R M
U I P I T K E O E F S S X W I
I L L O L I V I A D F E M M A
A O W A R F D T Y X I N I V C
A D A L V O I D R N A G Z V L
I N W L J N I F A H D A A U E
R E Y U R R V H L C O S P J O
O W P D G A P D I I L N M U P
T G L N N E C O H I T E A L A
C D I M T I D E A N N A A I T
I X R S O N C N X Y E W H E R
V B P N W R Z F L E U L S T A
R H A N I T A O J U P S L T S
K P Q H P Q B G E R A O R E P
```

AGNES	INGRID
AILSA	JODIE
ANITA	JULIETTE
APRIL	MORAG
CARLA	OLIVE
CINDY	OLIVIA
CLEOPATRA	RHONA
DEANNA	STEPHANIE
ELLEN	SYLVIA
EMMA	TESSA
GWENDOLINE	VICTORIA
HILARY	ZOE

Stormy Weather

```
L H G U O R Y T S H O W E R S
O N D A R K N E S S Y H B G L
Y D Q G T E S Y R Y T S I M I
T Z L N R S T C V T E J O Y G
Y L E R V S R B L O W Y D M H
T R O E U E G U L E D R A O T
Y T E G R U U Y B Y S P N O N
P S M D C B A V K D Q N R L I
H A E O N L Q A T Y U G O G N
O C L W N U Q E R D A O T Y G
O R Z N P S H H A A L X L W R
N E Z P A T O T G P L W I C W
R V I O A E O O I N Y N S K J
T O R U A R U X N R D O M V Y
M Y D R Y Y W U G Y F L H A J
```

BLOWY

BLUSTERY

BREEZY

CLOUDBURST

DARKNESS

DELUGE

DOWNPOUR

DRIZZLE

GLOOMY

GUSTY

HEAVY

LIGHTNING

MISTY

MONSOON

OVERCAST

RAGING

ROUGH

SHOWERS

SQUALLY

THUNDERY

TORNADO

TORRENT

TYPHOON

WINDY

Very Amusing

```
D J H T G N I X A L E R U G I
J H S I G G A W C S P T J C Y
N R K U H G N I L L I R H T G
K A U E N J O Y A B L E T S N
Y L E V I L O Y R D O I W U I
D U N C R R I L R X W C P O N
E C G O S N R O L S P H L R I
L O A M G U L K F Y C A E O A
I J G I K L O U G J N R A M T
G N I C U D N I E L I M S U R
H Y N A A N Y R R E M I I H E
T L G L Y Q Q X U A K N N Z T
F L Q M I R T H F U L G G F N
U O G N I T R E V I D I Q L E
L H E N G A G N I R E E H C M
```

CHARMING	JOCULAR
CHEERING	JOLLY
COMICAL	LIVELY
DELIGHTFUL	MERRY
DIVERTING	MIRTHFUL
DROLL	PLAYING
ENGAGING	PLEASING
ENJOYABLE	RELAXING
ENTERTAINING	SMILE-INDUCING
FUNNY	THRILLING
HILARIOUS	WAGGISH
HUMOROUS	WITTY

Halloween

```
P P F B W P L T A B B A S V J
G E A S S P E C T R A L E A M
Z T C K L Y N D E V I L I U B
S C E S L A C S S G O R F Z
G A S A E H H E A R I L I U G
B N Y M P A A T T S E F A D K
X D I B S S N C A A P D F C R
N L G L P V T X N C I O I Z O
A E Z M K G E H I J K T O P J
G S I D N C R D C N S C I K S
A A E I T L A V S M O I A N Y
P B Y R Y F K C O L R A W L I
L L G N I B B O B E L P P A B
F W R H Y D R Q Q Q J B V Y I
C I G A M B O K C O V E N N C
```

APPLE BOBBING
BATS
BLACK CAT
BROOMSTICK
CACKLING
CANDLES
COVEN
DEVIL
ENCHANTER
FAIRIES
FLYING
FROGS

IMPS
INITIATE
MAGIC
MASKS
PAGAN
SABBAT
SATANIC
SPECTRAL
SPELLS
SPIDERS
SPOOKY
WARLOCK

Associates

```
U S I G L V W K E P K O T Y T
R N Z N E H N O I N A P M O C
I K I K V C C L L I I I P L E
E F O T O O O O E L T B I W N
U Y E U E N L N N V E N M H N
G A P Q O F R V X S K F J O O
A L I K K E B A E C O O H F C
E F E U E D E J T P I R B R F
L A L L Y E T G G N E N T I A
L P G I K R A Y M U H C M E M
O U N K A A L T K Q Z O M N I
C Y I M M T E E T Z J Y Q D L
X I M A N E R E D A R M O C I
T N A T S I S S A F C F T C A
E T R E N T R A P V V H Z H R
```

ALLY	FAMILIAR
ASSISTANT	FELLOW
ATTACH	FRIEND
CHUM	INVOLVE
COLLEAGUE	JOIN
COMBINE	LINK
COMPANION	MATE
COMRADE	MINGLE
CONFEDERATE	PARTNER
CONNECT	RELATE
CONSORT	UNITE
COUPLE	YOKE

L Words

```
L N Y O L S S H L R D I L O L
N O D N O L U S C Y E Y M L L
N L L U L L E D E T N D S Y O
X N Y L O D G E S N A P W R L
L M E D A N O M E L O L U I L
Z X L U D L J L V A L I F C I
L L I D D E D Y E C N E L A P
I U V E P L B L T K L L Y L O
N N M Y L W O L A I U E L I P
T L M P I X B H K N A J E Z F
E L L S Y H L E E G C L V A P
L B A R M U O R L S B E O R A
G Q L B C P L Q K I A F L D K
H D Z K E S Y O A L L E J O X
L Q Y O A L H L X Z G Y L L T
```

LABEL	LIZARD
LACKING	LOANED
LAITY	LODGES
LANCELOT	LOLLIPOP
LATCH	LONDON
LEASEHOLD	LOVELY
LEMONADE	LOWLY
LIDDED	LUCKY
LIFELIKE	LULLED
LILY	LUMPY
LINTEL	LYNX
LIONESS	LYRICAL

AND Inside

```
H G A N D J P N A Y D N A R B
A M E D N A T U G A N D A V P
N B N W N R G N I D N A M E D
D N A D W L A P L A N D R R D
L B A N D A G E A Y I N E A E
E S S U D C N Z N D D A D N D
C P D H A O C D R Q N N N D N
S T A N D I N G E J A R A A A
T E N C A R J M D R L I U S P
K U L A S L O S N F L B Q P X
Y A N D O D S S A K O A S O E
D D J E N D N I X N H N D L N
N Z N A A A F A E A D D A A D
A U R A L K C A L H N B Y N N
L A N D C D N A A D N A E D A
```

ABANDON	LAPLAND
ALEXANDER	PANDA
BANDAGE	POLAND
BRANDY	RANDOM
CANDLE	RIBAND
CANDY	SANDY
DEMANDING	SQUANDER
EXPANDED	STANDING
HANDLE	TANDEM
HOLLAND	UGANDA
ISLANDS	VERANDA
LANDSCAPE	WANDER

Dances

```
T A Y D L K G U B R E T T I J
Y H M E C T S T C N X V P A X
M O E A Q P O L K A R E E Z B
M R I B P U L X G R N U Z V H
I N L M E X A A I T B C M H N
H P I A S Z C D J M E H A B U
S I X S L O L U R K P T G N A
H P U X N L B Z J I E X C W O
M E T G U A E W T L L P A M B
C W A L T Z D T E E O L A U M
O B O O G I E V N B U Z E T I
G B H J D J I V E A U N W A L
N J M S H A K E H R R I I V F
A A K A W Q Q Z K Z S A T M N
T C E L M B K A U T Z H T G N
```

BOOGIE	POLKA
BOP	QUADRILLE
CANCAN	REEL
CONGA	RUMBA
HORNPIPE	SAMBA
JIG	SHAKE
JITTERBUG	SHIMMY
JIVE	TANGO
LIMBO	TARANTELLA
MAMBO	TWIST
MAZURKA	VELETA
MINUET	WALTZ

Bible Books

```
I K L E I K E Z E T X M T K P
S O M A E R I V J C A V L N L
Q N N O G V T O J I A G G A H
R A E N B L N J Q O P Y I X H
S E N T E A J J A M E S E D S
C L H U H O D D E U A L N E N
C O M T B Q V I A I P M O U X
K A I G S T T S A N H A C T S
S U D O X E H H P H I V Q E N
Y K H S E G D U J F L E Z R A
V G R A D S L I W D E N L O M
Y U N A C V M L M Q M O Y N O
K P K I M I U M B A O T O O R
I D G A G K M B P B N W T M N
W R E T E P S U T I T N C Y M
```

ACTS	JOEL
AMOS	JONAH
DANIEL	JUDGES
DEUTERONOMY	LUKE
ESTHER	MARK
EXODUS	MICAH
EZEKIEL	OBADIAH
EZRA	PETER
HAGGAI	PHILEMON
ISAIAH	ROMANS
JAMES	SAMUEL
JOB	TITUS

Animals' Homes

```
C F I Y Y K P Z N U A E J B L
S B E W O W Y I T E L P Q G L
E Z L Y A O C E H B P C D E N
J Z O S S R W N A O W Q N P H
B U H W X R R T P U L N P E I
X Y S U W U S E V L E T J W V
I E Z T R B V X N K H F N S E
E R Y B U K H U B O T O A Z Z
A U Y E R D X I H C R L I D B
D T C O V S L T M I A D T E F
N S Y A L J S J E D E P S L Q
U A J L V O L Z Y L L J O T X
O P T O O E G R N A Y Y W N Y
M U I R A U Q A V I A R Y U D
O S E Y M V A K W R M F Z P B
```

AQUARIUM	KENNEL
AVIARY	LAIR
BURROW	MOUND
BYRE	PASTURE
CAVE	PEN
DEN	POND
DREY	ROOST
EARTH	STABLE
FOLD	STUD
HIVE	STY
HOLE	WARREN
HOLT	WEB

Collection

```
O L Q T N E M T R O S S A Q R
P U O R G I X R A N G E C M N
S S A L C C V T S A M P L E O
S K N L H F A R R A G O G L I
S K C O D X R Q L A D S E A T
W D I O P T I O N R C M L N A
Z C N N T Q E Z Y N A T M G G
E I H E D S T V I R E G A E E
M F N L D S Y O E R D B B C R
M H N B R N C C N R D N V A G
O D L M I A A A P E U C U Y G
T E R U R E T S X A T T P S A
L U U J S I D I D E C I X Z S
E U Z K V W M X K D C K I I R
Y U F E X U E I L K O K H M M
```

AGGREGATION
ALTERNATIVE
ASSORTMENT
CHOICE
CLASS
EXTRACT
FARRAGO
GROUP
JUMBLE
KINDS
MELANGE
MIXED BAG

MIXTURE
MOTLEY
ODDS AND ENDS
OPTION
PACK
PICK
RAGBAG
RANGE
SAMPLE
STOCK
SUNDRY
VARIETY

Examination

```
G N I D A E R X T D E N T I K
E A E C N E L I S C E S K I N
R I A H C G M S I E S S S E O
N T U H B E Y T G F Y S K A W
S S O R T S C E N N N A A U L
H L B A V A L Z V K I S O P E
S U B H R L S X F R T T D N D
S L F P O U D J R L U T I S G
E A F C B I J E U X R S N R E
R W K J P J P S O O C O Z N W
T M E L S A E C P B S X W U Z
S C O T P R F E N S E D A R G
T M U R M H R A E T F V T W B
A D P E N S I L I C N E P I F
Y M S L A N I F E L H U N K D
```

CHAIR
COLLEGE
DESK
DIPLOMA
FAIL
FINALS
GRADES
KNOWLEDGE
LESSONS
PAPER
PASS
PENCIL

PRACTICE
READING
REPORT
RESULTS
SCRUTINY
SILENCE
STRESS
STUDY
SUBJECT
SURVEY
TIMETABLE
WRITING

Birds

```
I E T I N I B O R S H T T D B
J M R V B O Z T W N O I P U A
N T R E P E E R C L L A W H D
Z D O Z H R D W J I K A G P G
K R O T S C E R N Q G U L L R
M I S G O N T N A T O Q E N E
S B H Z V N E A A H E R O N B
A E H R O T M I C R C N X L E
N T F G D N L A L R C O A L Y
P A R A K E E T G B E C P K E
T G T N A S A E H P K T S Q R
R I C D S P L X H C I W S R P
M R S R O G I G A J A E O Y S
V F W B A V B P B N O O Q R O
W E L E R T E P P R K P S R Y
```

BLACKCAP	OYSTERCATCHER
CHOUGH	PARAKEET
CRANE	PETREL
DOVE	PHEASANT
EAGLE	POCHARD
FRIGATE BIRD	RHEA
GREBE	ROBIN
GULL	ROOK
HERON	STORK
LINNET	SWAN
MAGPIE	WAGTAIL
OSPREY	WALLCREEPER

Little Things

```
N O Z T R B N N L I S Y N U P
A K V O E P I N P O I N T G T
I K Y P N J G Y N N N Q I P B
T O G S C M W L L I K S O F G
U N T X P I E L A F L C T D F
P W M A I G M R P L K Q I O Y
I Q M V N Y G O N E C M M N D
L F T N C B A E T D Y A I Y A
L N O N H A P S E A J T Q U K
I Q S O H B I I E O K N H G B
L E U E T Z E N N K N A K I U
N Z T A E L F L E S Q B T S E
R O U D R D I C E J S T A F N
M U I N Y K V N O W Y K O N V
E L U N A R G T G L T J Q H D
```

ATOMIC	LILLIPUTIAN
BABY	MOTE
BANTAM	PINCH
BITTY	PINPOINT
DOTS	POCKET-SIZED
ELFIN	PUNY
FLEA	QUARK
FOOTLING	SEED
GRAIN	SNIFF
GRANULE	SNIP
IOTA	SPOT
JOT	TINY

Explorers and Discoveries

```
M S E G S P I H S D R A H H J
R N D K F N J Z V A L L V G A
A O A B S Y E C S E C I P S M
Y R R N R O U H B Y D N X N A
C T T A N P U N U N C Z I A I
F A E A H J O T A D O A G N C
P P C L I Z P L H Y S A M S A
A I S J A H N G Y S L O Z E F
H Z I M F E Y J E N E Q N N L
U A A B E A F E R X E A I G I
W R Y R F I B O L E L S S J F
R R G R W K L P Y N V C I D H
R O I N D I A N S R A O G A Z
T C S G A H E T A H I T I P R
A Y E S P A B T M O Y T S Z P
```

AFRICA	PEARY
AMAZON	PIZARRO
CAMEL	POLYNESIA
CANOE	ROSS
GREENLAND	SAILOR
HARDSHIPS	SCOTT
HUDSON	SOUTH SEAS
INCAS	SPICES
INDIANS	STANLEY
JAMAICA	TAHITI
NANSEN	TRADE
PATRON	UJIJI

Rocks and Minerals

```
T L N E H F O R B B A G A T E
W E B R F V R E P S A J M N M
A T D U E G P U K O E G X S D
W H T A U D U C M G Y P S U M
Q L I J E E M H C S M I Y X J
J Q E V P I I A A U E C S L Q
F X P L S C C L R N D G L G U
L N I S A W E K G L N E A C A
I G D C B H D O L O M I T E R
N R O H P A S X K R C H E R T
T A T I O B S I D I A N M A Z
L N E S Z I L A W O A I F D I
F I X T R H Y O L I T E Q D T
V T R A C H Y T E T Q J D T E
P E K T Y R A T N E M I D E S
```

AGATE	JASPER
BASALT	OBSIDIAN
CHALK	PUMICE
CHERT	QUARTZITE
COAL	RED MARL
DOLOMITE	RHYOLITE
EPIDOTE	SCHIST
FLINT	SEDIMENTARY
GABBRO	SHALE
GNEISS	SLATE
GRANITE	TRACHYTE
GYPSUM	TUFF

Delivery Service

```
T U Y L R K B J S U T S E T C
N V R R E V I R D U S G J H O
E Q I S I F E C M E A F Y T N
M X O I R M G E N I L R I A T
Y G G J U P P I R O K R N P E
A K N S O A S R W R O A D S N
P J N S C U A E O E D Q U E T
W O T K B C R W R D J X R S S
C A E V C S T O R E S R E D Z
L T A C R E C E I P T X L O S
E N I L N O S S D I O E E O W
S N O D K S I Q H B P T V G U
S S A L C T S R I F N J A M J
E G A K C A P G O J C R R T X
A X C M E V P T K C U R T S L
```

ADDRESS
AIRLINE
BOXES
BUSINESS
CARRIAGE
CONSUMERS
CONTENTS
COURIER
DRIVER
FIRST CLASS
FLOWERS
GOODS

NETWORK
ONLINE
PACKAGE
PACKET
PAYMENT
POSTAL
RECEIPT
ROADS
STORES
TRAVEL
TRUCK
VANS

That's Bad

```
P E N S V C L H S P F H I C Y
M L O U P F U Y S I N F U L G
F B D O A W F A D V E R S E N
K A I I E I W N L M R S S D I
D E O X Z C A U X P O L U E S
R E U O N K F D M R A M O V S
I R S N H E F S G T D L N A E
M G M A N D Y A N R G A I R R
M A M A B D Q E G X U N U P T
O S B Y I E M O T G Q I R E S
R I J C H I D Y H Y F M V D I
A D N V R O T T E N F I R R D
L A I T U Q Y S N G L R Q J D
R L E R A S C A L L Y C B E G
E D E L B I S N E H E R P E R
```

ADVERSE

AWFUL

BANEFUL

CRIMINAL

DEBASED

DEPRAVED

DETRIMENTAL

DISAGREEABLE

DISTRESSING

EVIL

GROSS

IMMORAL

NASTY

NAUGHTY

NOXIOUS

ODIOUS

RANCID

RASCALLY

REPREHENSIBLE

ROTTEN

RUINOUS

SINFUL

VILE

WICKED

A Game of Chess

```
E D Y Q D P C P B K J Y V V G
K I D D L N A U O P Q R M O N
O F M F Q W D O K N Y P R P I
Z G B L N U R B N N B S B R L
E U L B P E E D O G I N I A T
P F A D M O V E S X E G S K S
O P M E T S F U N S U D H Z A
L D C H A M P I O N Q P O T C
Y G R A N D M A S T E R P F P
U K R A M N I K I Q X X I D G
R B S K V E T I H W U S O A I
A W I S L O B C J J C A M D Y
H N B L A C K U V H O B R I X
G O S R J P J Y E O I V M E Y
P B O A R D S R B T V H C O S
```

BISHOP	KING
BLACK	KNIGHT
BOARD	KRAMNIK
BOX UP	MOVES
BYKOVA	PAWN
CASTLING	QUEEN
CHAMPION	ROOK
DEEP BLUE	RUY LOPEZ
FISCHER	SPASSKY
GAMBIT	SQUARES
GRANDMASTER	TEMPO
KARPOV	WHITE

Farming

```
O  L  Y  Z  A  D  N  R  J  S  V  D  M  O  I
R  A  V  C  R  A  C  C  G  E  C  N  R  U  R
G  R  O  M  B  P  L  N  E  G  O  I  Y  O  L
A  R  S  J  R  U  I  K  H  R  T  M  P  Q  L
N  R  S  J  Y  L  R  E  L  A  T  A  P  E  R
I  T  U  R  K  E  Y  S  R  I  A  N  G  N  K
C  H  I  C  D  W  A  E  W  N  G  A  O  G  C
F  A  U  D  E  W  D  E  U  D  E  G  R  B  O
D  D  O  H  P  I  A  G  Y  R  O  E  C  M  T
P  F  E  L  C  Q  S  R  C  E  J  R  H  G  S
V  C  U  L  T  I  V  A  T  O  R  E  A  R  W
P  M  J  E  C  S  E  E  D  S  V  N  R  A  S
S  C  R  K  E  X  A  I  W  Q  E  I  D  S  H
M  Y  L  Y  U  I  L  N  G  Y  N  W  Q  S  E
B  E  G  K  V  P  D  N  W  X  V  S  E  R  D
```

ACREAGE	GRASS
BYRE	MANAGER
CIDER	ORCHARD
CORN	ORGANIC
COTTAGE	PLUMS
CULTIVATOR	SEEDS
DAIRY	SHED
DUCKLINGS	SICKLE
EWES	STOCK
FODDER	STRAW
GEESE	SWINE
GRAIN	TURKEY

Clever

```
T D W E R H S S T E T U T S A
H R D R A T I O N A L A R C L
N I E E I N F O R M E D C S U
D E M L R X O E B E I O M G F
E J E W A O A J X Z M A N F T
D S R K R D T P J P R I L Q R
A C I C Y J E U L T W W U N A
E H I A D R O I T O Q I D P B
H O E N T P S K N A C U L R R
R O Z N O H F K X K Y J E A T
A L A Y E W G Z H B N N I H L
E E G D I S C E R N I N G S O
L D K D E L L I K S A I Q N Q
C M A S T E R L E N R M J P B
Y L R E T S A M S B B P E F N
```

ACCOMPLISHED	KEEN
ADROIT	KNOWING
ALERT	MASTERLY
ARTFUL	QUICK
ASTUTE	RATIONAL
BRAINY	READY
BRIGHT	SCHOOLED
CANNY	SHARP
CLEAR-HEADED	SHREWD
DISCERNING	SKILLED
EXPERT	SMART
INFORMED	TUTORED

Famous Pictures

```
P P A X A U O I D U T S E H T
E N A L N I G S U M S A R E E
K L T X L U P P A R A D I S E
D A N A E E M M E E O E A A Y
K Z J F M K B H Y N Q V C S C
S S I K E H T A I L A Q R H A
S U H C C A B T L N O D U I L
J E E Q B H O A I N U I C P V
J C M I S N A S D N F C I W A
M C O I D V C Y E P I A F R R
E E L O P A B S W Q C R I E Y
D H A L L F L O R A U U X C E
U O S I E E A N R R I S I K G
S M L C D D Z K B L E N O L A
A O E A U V N R K T M N N P G
```

ALONE
BACCHUS
BATHERS
CALVARY
CRUCIFIXION
DANAE
DONI TONDO
DUNES
ECCE HOMO
ERASMUS
FLORA
GIN LANE

HAY WAIN
ICARUS
LA BELLA
LEDA
LILACS IN A VASE
MEDUSA
OLYMPIA
PARADISE
SALOME
SHIPWRECK
THE KISS
THE STUDIO

Distance

```
K E T G N Q X D N U T S T H E
L U X H K X M S R O A I E E X
J G S R G C E M O A M L N C P
N A R T Y I T F T I Y A I T A
O E T E V D E N L S F W M A N
I L H S O X E H S A J E N R S
T U Y O R M J E R T T M A E E
A G R L E F N Y S T R E T C H
C A Y C O K T E I C B R L D R
O E A T C I H C Z R Y T D I Z
L L N I N T F H E S G X U E M
P S H I R R E A C H C E C E H
E T F U S F D I S D N A H V M
R N F A H T D N B C P R P S D
I C Z F H W Y K E S J R J L M
```

AFAR	LEAGUE
BREADTH	LIMIT
CHAIN	LOCATION
CLOSE	MILE
EXPANSE	PLACEMENT
EXTREME	REACH
FOOT	ROOD
FURTHEST	SIZE
HANDS	SPACE
HECTARE	STRETCH
HEIGHT	THICKNESS
INFINITY	YARD

Can't Keep a Secret

```
E T A L O I V B E B G X S S B
F X R G M N T Z V T A A H C A
N P M E I U P K I H R N C K E
P J O U V S H Y N N V A S X K
Y Q R R F O K I C T N A P E N
B L J G D T C E E A M O R M K
P N P K J T C N D N S A A L I
S V C M Z S E E U E N K M K R
E S N D I S C L O S E L L E T
G Q U G Y L A M N K F M V L W
L U D N A A G E N A N E H U U
U E F R F Z R O I E A P P W A
V A E I T O W T E L E T O N G
I L Z C S N L Q E K C H A R F
D Y A L P S I D Q B S B L A B
```

BETRAY	LET DROP
BLAB	LET ON
DECLARE	MAKE KNOWN
DISCLOSE	REVEAL
DISPLAY	RUIN
DIVULGE	SHOW
ENSNARE	SQUEAL
EVINCE	TELL
EXPOSE	UNCOVER
IMPART	UNFOLD
IMPLY	UNMASK
LEAK	VIOLATE

```
B E J Z H Z F M W Y W J Z Y N
I C W I L E E C O Y O T E F H
Q B T P L O L I V E O Y L O N
G L M I S D B M Q R E I M O T
E P X A N H L E E S N E D G I
P S O E B T Q E U R R A J I G
P J E R R Y I O I S F Z S R G
E F G F K E M N I F Y U M G E
T R M P T Y X M Y O R R D Y R
T U O S T H P D G U M A E D O
O M W H O S U I Z A A P G B Z
V S G A O C B M G C O H M Z B
P I L N K E M O P P C U A R X
M Z I N A M O W R E D N O W F
N W K R L E A H P A R T O A G
```

BAMBI	MR MAGOO
DAFFY DUCK	OLIVE OYL
DUMBO	POPEYE
ELMER FUDD	PORKY PIG
FELIX	RAPHAEL
GARFIELD	SMURF
GEPPETTO	THUMPER
GOOFY	TIGGER
HOMER SIMPSON	TINTIN
JERRY	WILE E COYOTE
MIGHTY MOUSE	WONDER WOMAN
MOWGLI	YOGI BEAR

Feline Friends

```
H Z K G X F C S D L M V X S H
T B O P E A W U L C V J K M D
M N I L T A K V T I L L R Q W
R R I F P M I A I E A A P G C
A X L N C A T N I P B T W C U
W A V C E E T J W S P I F S R
P B N G P L Y N B V A D R R I
B J L E R L I G Y A M E E D O
G I N G E R A V G E S J L I S
O W H A I R S C E T M K V F I
H H F H F N T E O S O A E A T
E C Q I P G E Y S L R M N T Y
G Y E V F I X E N U L H C X F
S L H Y H Q T S U E O A D A N
D S R E K S I H W Q I M R Q T
```

BASKET	HAIRS
BIRDS	KITTY
CATFLAP	MANX
CATNIP	MOUSE
CLAWS	NEPETA
COLLAR	NINE LIVES
CURIOSITY	PAWS
CUTE	QUEEN
FELIX	TAIL
FLEAS	TOMCAT
GARFIELD	WARMTH
GINGER	WHISKERS

Ancient Peoples

```
U L J X E T I R A Y M I H M Z
H G I L N N H S Z R T O H A B
L L R I L A M S N O R N N Y Q
S S O Z E I E P W M Y A A A H
C Z F B P S D A O A I O I N E
N E T F S R E L M N W N N N L
L M T H A E S C O A C I I A L
Q Z A Z B P Z D F A R M G M E
S N B B A V E U Y G Z A A O N
G Z A Q E L N C S H A B H T I
F I V D A A X U O T C T T T C
D J N C N I X U C C L T R O Q
I N A E A N I M O C H E A B R
J L S U M E R I A N J K C F G
D E N A I M A T O P O S E M U
```

ARAMAEAN	MESOPOTAMIAN
AZTEC	MINAEAN
CALEDONIAN	MINOAN
CARTHAGINIAN	MOCHE
CELTS	OTTOMAN
FUNANESE	PERSIAN
HELLENIC	ROMAN
HIMYARITE	SABAEAN
INCA	SHANG
JIROFT	SUMERIAN
MAYAN	XIA
MEDES	ZHOU

Whodunit

```
Y N O P A E W G N I V L O S S
D D G D I S G U I S E V K R T
O D E N O U E M E N T O B E N
B I B A E V S U E Z M J P D I
F B L P M Q E V L W C F Z R R
O I O C I L I C I C O I T U P
B L O V R T E R N O I U R M R
I A D D C M Y S T E R Y I K E
F H S E K M Q P S C D F A I G
I Z T T V N R Y S I T I L L N
K E A H O I I X D L L J V L I
D N I G N R C F M O T I V E F
X K N T O J I T E P Y O Y D J
A H S A C N G E I T L E A D S
V D H T A E D R S M K P N M N
```

ALIBI	KILLED
BLOODSTAINS	KNIFE
BODY	LEADS
CLUES	MOTIVE
CRIME	MURDER
DEATH	MYSTERY
DENOUEMENT	POLICE
DETECTIVE	SOLVING
DISGUISE	STORIES
EVIDENCE	TRIAL
FINGERPRINTS	VICTIM
FOOTPRINTS	WEAPON

Boys' Names

```
H A J I L E D L A B I H C R A
N S S N S S E L U J S P A S X
L U I F R E D E R I C K L A I
G I E B G B R E R D S U E F L
Z L G A R T Q E V Y E E B S E
T E F R J E V O N O Y K L N F
W N R T U I H B A B Y R S I A
Q R I H L D S P Q B A N A H M
H O E O I T O Y O C D G C E V
I C D L A M T L S T N A U C L
I S S O N T Y O P X S P L T R
S Q E M T T N R C H W I K O J
K M Y E R B U A I S C E R R M
S D R W S X X Z D L O R A H A
F B N L A V T A D Y Y S R G C
```

ABNER	HECTOR
ARCHIBALD	JULES
AUBREY	JULIAN
BARTHOLOMEW	LUCAS
BRETT	MILES
CALEB	OLIVER
CHRISTOPHER	OSCAR
CORNELIUS	PIERS
ELIJAH	RUDOLPH
FELIX	SACHA
FREDERICK	SCOTT
HAROLD	SIEGFRIED

Pies

```
E Z U O L K N A Y A X U H D H
L E L P P A E N I P R J T W X
A Y D C A L V D I A O A X L F
M G P F H I O O Y S L H M U N
A R Y E F C T P L X I E I C V
T B F R A F P E U I E A M H M
N R I V M C R C L M D X R O I
S E F R E S H A F A O P P C N
D M D H F B C N Z E M P L O C
Z P T J G H R Z Y R A O I L E
L H S V E U I A Q C L T T A M
V C U R P P O U B M A A M T E
X T R E S S E D I U R T T E A
W Y C A E F R U I T H O K D T
E S E E H C A M D N A R G O I
```

A LA MODE	LEMON
CHEESE	MINCEMEAT
CHERRY	OVEN
CHOCOLATE	PEACH
CREAM	PECAN
CRUST	PINEAPPLE
DESSERT	PIZZA
DOUGH	POTATO
FRESH	RAISIN
FRIED	RHUBARB
FRUIT	TAMALE
GRANDMA	TART

Bathroom

```
S R E P P I L C L I A N C Y E
R F L U S H C B W U Z O Z D L
P U S I E O M J A G N J R O E
G R C O L O G N E D S A O D W
R E N D C T E D I B O F H C O
E L T B U T H T A B A D X I T
T A Z E W O I L P H P F H S D
A X B A D O Z U I G D A M T N
W I A W N U C R W S I S O E A
D N U E R G O N P R S I U R H
L G R A N R E O B O H Y S N M
O O Z I R M N R L S U D S U S
C O R I H G U F W H I R E D I
R I M A E S G M A S S E P H N
A Z T S H R E T A W T O H Y K
```

AIRING CUPBOARD	HOT WATER
BATHTUB	LOOFAH
BIDET	MIRROR
CISTERN	MOUSSE
COLD WATER	NAIL CLIPPERS
COLOGNE	PLUG
COMB	RAZOR
CONDITIONER	RELAXING
FLOSS	SINK
FLUSH	SOAP DISH
HAIRBRUSH	SPONGE
HAND TOWEL	SUDS

Capital Cities of Africa

```
X T E Z U H S I D A G O M S K
C E M K H W E D G Z R J I R A
Y K M D D H P N C W J Z F E M
E R L O S F L N A I R O B I P
L M I D L U J N A B Q A N G A
L I L O N G W E N W A D B L L
I L A M F O S Y U M J B K A A
V O D A T U T U J A S N M H T
A P N K B U J U M B U R A B Q
Z I A X L A F E P D O R T D A
Z R U Z Q U N C E A A W F H R
A T L F L A S G A R M B U C C
R S I N U T Z A E I R B U B C
B U N I A M E Y K D R N M J A
G A I V O R N O M A U O Q S A
```

ABUJA	LUANDA
ACCRA	LUSAKA
ALGIERS	MAPUTO
BANJUL	MBABANE
BRAZZAVILLE	MOGADISHU
BUJUMBURA	MONROVIA
CAIRO	NAIROBI
DODOMA	N'DJAMENA
HARARE	NIAMEY
KAMPALA	RABAT
LILONGWE	TRIPOLI
LOME	TUNIS

Fairly Active

```
V L S R N M L U K N X S X K D
G I D E T O O F T H G I L C E
Y Y G J N L P V X V U K F I T
L S U O I R T S U D N I S U I
E U U S R U N N I N G U P Q R
V B A P Y O Y G G Z I S R U I
I B P X P M U F K N Z M Y T P
L K A N O L R S K S I R B F S
V S R B M E E T X F P V M L X
D H I O N Z E V Q T P N I Z E
N L V E W O I A X A Y I C L C
E W T E N T H U S I A S T I C
M I L O A M A N I C A L S R O
C O W L E L I G A T R E L A G
O C C U P I E D I L I G E N T
```

AGILE	MANIC
ALERT	MOBILE
AT WORK	NIMBLE
BRISK	OCCUPIED
BUSY	QUICK
DILIGENT	RUNNING
ENTHUSIASTIC	SPIRITED
FRENETIC	SPRY
INDUSTRIOUS	SUPPLE
LIGHT-FOOTED	VIGOROUS
LIVELY	VITAL
LIVING	ZIPPY

Grape Varieties

```
V W R W M V Q V W V T L D J M
I T A N N A T Y A M A G T Y L
O K J A K O C G A U R F K D A
G O A T L O L M B E U E L S V
N J R R I U D N R R S I C Y
I J E T A S G A M N T E E O E
E M E N C O V I E S R V V N S
R S I A P L N R Y F H O G A C
E C D T Y T B R L T K I N I E
O E I S T U A S N I C G I F B
T M Q F J H R R M B Y N L O L
A R U I V M B D X I D A S B A
X L J E H R E N F E L S E R M
Y C A E T V R Q P G L N I U S
C N A L B L A D I V W V R Z R
```

AGLIANICO	MERLOT
BARBERA	MUSCADET
BUAL	OPTIMA
CINSAUT	RIESLING
CORTESE	SANGIOVESE
EHRENFELSER	SEYVAL
FIANO	SYLVANER
FREISA	SYRAH
FURMINT	TANNAT
GAMAY	VIDAL BLANC
KERNER	VIOGNIER
MALBEC	VIURA

C Words

```
C U E E L T S A C D J T E Z C
Y N C D R J D K I C I M C Z U
T C Z C E O O T A Q I O A X A
C S R C A C H E B H L U C M L
Y O E O W N S C C P N S A M L
D U M I C A N E C X E B N D I
N C G P R U C O P K S Q D E D
O A W K A E S A A A O H I N E
I T M W V R T C M R H U D I C
T C H H E J A O Z B C M A E C
A H R C N C E T C O E N T F R
E C N A L E B A I C K R E F T
R G V N T A G W I V K L U A C
C Z S R H E S E S E E H C C Z
B C V V Y Z R S C A B I N E T
```

CABINET	CHEESE
CACHE	CHIME
CAESAR	CHORE
CAFFEINE	CHOSEN
CAGEY	CLASS
CAKES	COBRA
CAMBER	COMPARATIVE
CANDIDATE	COTERIE
CASTLE	CRATER
CATCH	CRAVEN
CAULK	CREATION
CEDILLA	CROCUS

Extinct Animals

```
M F T F T H Y L A C I N E N K
R L M B G U N O A H L R A T O
T O L I A R E P I N S P B X N
A W L L I B E Z D A R H U E A
C U U L X L R A K A U A S E G
Q H R T I Y E C T Q K L H Z R
B S P O Y R U I D A A X W O O
A N N X C B I U H Y U G R W S
L O Q P E H Q S S A Y K E O B
I H L U I U S A H R W C N L E
T H L A A O N U O E O A H F A
I B U G I R P T Q O L D K O K
G T G I A K O I U J D K D A K
E A M I A M A Q O J P O I Y K
R M L R A E B S A L T A D Z S
```

ADZEBILL	HONSHU WOLF
AKIALOA	HUIA
ATLAS BEAR	IRISH ELK
AUROCHS	KAKAWAHIE
BALI TIGER	KONA GROSBEAK
BLUEBUCK	LAYSAN RAIL
BUSHWREN	MOA
CAPE LION	PIOPIO
DODO	QUAGGA
EZO WOLF	SNIPE-RAIL
GREAT AUK	TARPAN
GYROTOMA	THYLACINE

Decorating

```
G N I X I M O R D U H P T V Y
E T S A P R A V A R N I S H E
S C F K E G E F E D R Y P B T
W R O O S N C L H R R M U J M
E X H S M K I C L R A C Z B L
R T A O C P O T I O K L G R F
C D D E S I G N N E R L L U R
S U U U V Q T U T E U V L S E
L N P S T N I A P E P P O H P
S E A U T G L O S S A R X E P
I C X L L S V D A T F H U S I
Z A W H P I H K T U F N X T R
I W F T N E M E R U S A E M T
N R G Y Z U R R E M I R P V S
G F L V M N J Y S T A I N E R
```

BRUSHES	PLANS
BUCKET	PRIMER
DESIGN	RAGS
DUSTSHEET	ROLLER
GLOSS	SCREWS
GLUE	SIZING
MEASUREMENT	STAINER
MIXING	STRIPPER
OVERALLS	TOPCOAT
PAINT	TURPENTINE
PASTE	VARNISH
PATTERN	VINYL

Feeling Adventurous

```
G N I L L I R H T P G P V C D
X F O O L I S H C D G S X T L
A Y H A Z A R D O U S U U R O
E V C S R U L H U S D O L Z B
J N E N U N C E R T A I N F G
C I T N A M O R A L R C Z N N
R S W E T H G O G Z I A F I O
S Z S Y X U C I E P N D K M R
P U Q E T C R C O A G U E P T
O K O S L P I E U B R A V E S
R U Y L H K L T S R M H F T D
T Z E B I A C U I O E N A U A
I Y K S I R R E C N M R G O E
N B H I J D E J R K G E H U H
G U I N T R E P I D Y G R S D
```

AUDACIOUS
BOLD
BRAVE
CHANCY
COURAGEOUS
DARING
EXCITING
FOOLISH
GUTSY
HAZARDOUS
HEADSTRONG
HEROIC

IMPETUOUS
INTREPID
PERILOUS
PLUCKY
RASH
RECKLESS
RISKY
ROMANTIC
SPORTING
THRILLING
UNCERTAIN
VENTURESOME

Bang!

```
K K W W Y M T C B P Q R Y B T
Q F O P H O A C A M T A P C U
B L E S H E E O S U T L R G O
B O A S L R B C H H R C A Q L
X M O T S H L M W T Y B L E C
S O T M A U X A L N J B X A P
G A D M N K C D N U O P S M P
R J M K W K S N E M L C L E M
G E K O R L E M M O P K A Z G
R X T G V J Y V D S N A M N O
B R N T C P W E A O V I A D C
F I I S A E Z A C S J L T T T
R Y Q F A L C K L S C N O P E
P V R Z Q D C G P E U F F I B
Y E T A N O T E D O X O B F M
```

BASH	HAMMER
BEAT	KNOCK
BIFF	PEAL
BLOW	POMMEL
BOOM	POUND
CLANG	RATTLE
CLAP	RING
CLATTER	SHOT
CLOUT	SLAM
CLUNK	SMASH
DETONATE	THUMP
EXPLODE	THWACK

Meaty

```
A S S E L B T M T Y D R W E S
R I S S O L E R T D W F P N T
Q N I O L R I S O E V O D F E
H Q L O S K A R A X L F D R A
J B M G S E A H H A T F R S K
B I R E R A P S C H U A Y V P
W M V B M C I S K T X L I T U
L L A B T A E M T R I P E L D
B R Q S Q Y E K R U T L V A D
P R N U V J T R F G L Q F M I
A U A A G O V E N I S O N B N
K I R W N I M V F G B F I C G
L G J G N N U I G O M R U H K
P K U G P T H L F T X T V O U
Y E K Z T K A V M J W K F P D
```

BRAWN
BREAST
ESCALOPE
FILLET
FLITCH
GIGOT
GOOSE
GRAVY
JOINT
LAMB CHOP
LIVER
MEATBALL

OFFAL
OXTAIL
QUAIL
RISSOLE
SIRLOIN
SKIRT
SPARE RIB
STEAK PUDDING
TONGUE
TRIPE
TURKEY
VENISON

Ironing

```
C H R A M S M Q H U C P J I Q
A L F L E X P N S E H T O L C
T T Y K I F E R G N D L E B N
E H S A Q N L T A Z U D O Y N
M E S N I L C A P Y I H L O T
P R S L O M A E T S E O S F W
E M E P K I D C E T N R F K E
R O R N L N T S R S E V O S V
A S U X A E R C L E A N X H A
T T S T J E A E U W A T E R C
U A S S V H E T Y R G S P N B
R T E E M V E C S D T O E A M
E U R Y E A H C R O C S U S I
T S P S O L E P L A T E N Z V
C O N T R O L S C U F F S I H
```

CHORE
CLOTHES
CONTROL
CREASES
CUFFS
FLATTEN
FLEX
INSTRUCTIONS
LINEN
NYLON
PLEATS
PRESSURE

REVERSE SIDE
SCORCH
SEAMS
SLEEVES
SOLEPLATE
SPRAY
STAND
STEAM
TEMPERATURE
THERMOSTAT
WATER
WOOL

```
Y D E I F I T C E R J A R D L
A P K Z H R Q K Z R M H E E L
D L P V D E Q T D O C F T V E
R F H V E D S R E I H T R O W
G M M M D N W D E R U C A R L
R P R G N U E E N E E G M P B
E E E U E O E U H P D N S M F
A T G R M S T F A U W Y I I R
T J N R F A E P N S Z D T F E
E M O I A E R D C H H T G J V
R V L K C L C Y E J E X K W A
D E S I V E R T D R C A L J M
V B I G G E R D E H S I L O P
R E C O V E R E D D B U T E E
A C Q X H K I N H C N D J M D
```

BIGGER	PERFECTED
CURED	POLISHED
ENHANCED	RECOVERED
FINER	RECTIFIED
FITTER	REVAMPED
GREATER	REVISED
HEALED	SMARTER
IMPROVED	SOUNDER
LARGER	SUPERIOR
LONGER	SWEETER
MENDED	WELL
NICER	WORTHIER

Healthy Eating

```
B G O T F G I C T K R N J R Q
D J V D U L L A I W H L B V E
O A V R A Y S I R S T C R S Y
T L T I E T E X X T R I E T A
A U S E Y T U N A E P E W R W
M Q U D S W M Z P W H R O U E
O H M F Z Z E E N C Y E L G L
T E R R I K S F E S R C F O E
H E Z U F Q Q G E A F I I Y N
N K T I P H A L R L R P L P T
A G L T O T P S E A I E U S I
G R O N T P F L S D T L A O L
E T E O A T M E A L S O C E S
V Y C Z T T O W S E R Q D F C
Q D Q P O P E H S W S T D W I
```

APPLES	PULSES
CAULIFLOWER	RECIPE
COTTAGE CHEESE	ROAST
CREPE	SALAD
DATES	SKIRRET
DRIED FRUIT	SOUP
HONEY	STEW
LENTIL	STIR-FRY
MUESLI	TASTY
OATMEAL	TOMATO
PEANUT	VEGAN
POTATO	YOGURT

Jesus

```
J C E B N Y Q N O M I S E S T
A L S E L P M E T X C T B F T
M I N T H T E R A Z A N X L J
E C E H J J B I Y L C Q T U H
S H C L B F E F I A E C D P X
R R N E T K E P O K I A E U H
S I I H A R O M A N S S M M A
H S K E W P I Y F G O L A N E
P T N M D R W A A J Z G G K N
I H A O F T J E L Y D E U H N
L A R V Z B S T H A L L O A O
I E F R N L D E L T Q J O A M
H J L W Y T C E R E T T L G R
P K I P Q M N X I R T A S O E
L H X Y H E Y R A M A L M Z S
```

ANGEL	MAGDALENE
ARREST	MARY
BETHLEHEM	MATTHEW
CHRIST	MYRRH
FRANKINCENSE	NAZARETH
GOLD	PHILIP
HEROD	PILATE
JAMES	ROMANS
JOHN	SERMON
JOSEPH	SIMON
JUDAS	TEMPLE
LUKE	TRIAL

In Black and White

```
H P A R G O T O H P E R Q D R
C R O S S W O R D F S I H Q A
L X K P E S V D O E Z E V D W
O L K Y L T P O C N R I N O I
G S A R T E O E D U I A M A M
M I A B L U I N T M P M W R N
R E G I R P V C C I A V O Z I
P M C R S E I V G I B G E D U
L A L S U P C V X N S B P S G
N P E N K M X C D W R U A I N
P H G N M E E Q O A Z N M R E
C R U H L B U L L S E Y E S P
G K I A I S N O C I T C L M Y
S Z H N F H P O U N I F O R M
H W Q Z T E W S H D E X Z B N
```

BULL'S-EYES
CHESS PIECES
COW
CROSSWORD
DICE
DOMINO
ICONS
LEMUR
MAGPIE
MOVIE
MUSIC NOTES
PANDA

PEARLS
PELICAN
PENGUIN
PHOTOGRAPH
PICTURE
PRINT
RABBIT
SKUNK
SOCCER BALL
UNIFORM
WHALE
ZEBRA

Museum Piece

```
R Z Z R N A I R O T C I V Q N
H T Y K O U E R U S A E R T O
V Y M M U M Z C L O T H E S I
T F N N U H A M E R M S C H T
N X G A Y E I N A G O C E Y A
E S P H R R P D R N S D E W R
I A R T O I H C N I A E U R T
C Y R E T T O P I T I D E T S
N I S B S A T G N S C C X S N
A W C A I G O A G E O S H T O
L D I Z H E G R T R O E I L M
M I L I T A R Y D E K S B U E
D C E L D F A S S T P A I A D
Q X R E T L P O K N A C T V X
S K O O B J H H D I S P L A Y
```

ANCIENT	MILITARY
BOOKS	MOSAIC
CASES	MUMMY
CLOTHES	PHOTOGRAPH
DEMONSTRATION	POTTERY
DISPLAY	RECORDS
ELIZABETHAN	RELICS
EXHIBIT	ROMAN
HERITAGE	TREASURE
HISTORY	TUDOR
INTERESTING	VAULTS
LEARNING	VICTORIAN

Lots of Noise

```
O J T L S B T M P M O T S Q X
L A E U Q S Q T G N I G N I R
Y L S T M Q P S F L R Q W P M
Q L Z E I U K K B O I E N F X
X F N H R N L R N M H A O A B
K C A R C L A T U O S D W R T
P O I P H G C E C M C V V R B
F H M X N W R L A A V K U I C
C C C A G H L C Q U Z M L X M
F E B G L N K Y W S P X W A H
O M Z R E S A T W E E T O P C
W O Q B A N M L T F L E H L N
X H R U A Y I I C W S G L E U
M F A U N R N H O N K N L Y R
Y K E M D G K Y W S M O C K C
```

BANG	SLAM
BARK	SMACK
BRAY	SQUEAL
CHIRRUP	STOMP
CLANG	TRUMPETING
CRACK	TUMULT
CRUNCH	TWEET
ECHO	WAIL
HONK	WHAM
HOWL	WHINE
KNOCK	YELP
RINGING	YOWL

Look in a Book

```
E X Y M Y S T Y R E T S Y M E
E M T N M H R M Y E P X H E I
N N I E O S E O N L V R M Y R
E V W R X F P T O A X O C L E
R X R L C T A R V U T R C J T
Z O S C R I P T E N H E G H I
R S M T A K D A L A S L B P R
T H E S A U R U S M D L M N W
A F A I S T M D B W X I O C M
E C H A R A C T E R S R N G P
Q X S B F E L G O S X H J G Y
Y E U T E Y S T C E M T V E P
D D G G U N I I A G T I T L E
M N P R E D F N Z A D V O W N
N I Y P E I Y V N P Y T N T A
```

ATLAS	PLOT
CHARACTERS	READING
COVER	SCI-FI
CRIME	SCRIPT
EDITOR	SERIES
HORROR	STUDY
INDEX	TEXT
MANUAL	THESAURUS
MYSTERY	THRILLER
NOVEL	TITLE
PAGES	TOME
PAPER	WRITER

Christmas

```
J M L I N C L L V K B C H O U
D D O K E Y H D E J U V U E C
L C S K X F R U D O L P H X A
I S F H O L I D A Y N S M P H
I C W R A P P I N G P A P E R
X Y I N N W T V A R U L S M R
W T G N V X A M A G E T M M Y
I E G H G Y E Y C S E J K A M
L S V Y S S E G T P U B I N C
I A N M R R O K H I E O A U J
R H T N B L U E N V V B Q E D
K A B S E H N J C O Y I A L I
A P Y L L O H S R A D E T B Z
W P U D E L S L Z K E T I A P
H Y S X V Y E K R U T P D L N
```

ANGEL	MYRRH
APPLES	NATIVITY
BABE	NOEL
DONKEY	OXEN
EMMANUEL	PEACE
GAMES	PRAYER
HAPPY	RUDOLPH
HOLIDAY	SLED
HOLLY	STEPHEN
HOLY	TURKEY
HYMNS	WRAPPING PAPER
ICING	YULE LOG

Sherlock Holmes

```
D I K Q B V H O L M E S M D T
B W X E D R C L I L K P Y E N
D E E R S T A L K E R C C D O
T B C W N C B D K E L I R U S
V T I I I E N V S U K R O C D
D I L G L Z E D E T K E F T U
N U O G O I H S F X R N T I H
T L P I I V C S M J D E C O S
E F H N V I I S U C P A E N R
T M E S S C E L I S S D M T M
E R I H D T R D O E P L G R H
H B P R T I C L S N R E L A O
E P I P C M V A V I D R C S U
W A O F R E I H F C C O A T N
W Y F Y D M N O S T A W N P D
```

BRADSTREET	MRS HUDSON
CASES	MYCROFT
CLUES	PIPE
CRIME	POLICE
DEDUCTION	REICHENBACH
DEERSTALKER	SOLVED
FACTS	SUSPECT
HOLMES	THEFT
HOUND	VICTIM
IRENE ADLER	VIOLIN
LOGICAL	WATSON
LONDON	WIGGINS

Extremely Awkward

```
Y G S D Y O N E D O O W N B I
S H O U K Y D L E I W N U U F
A F C N W Q D E N R A E L N U
E L L F A J D J I E D W C G V
N Y U I G K D I F F I C U L T
U G M T H X N M E K G E H I I
S S S U M E S G R P Z G D N O
S P Y N P T E A N Z U Z H G R
E Y T T I D S U U O G J T D D
L K O F U W L C R V Q B U S A
E C F R Q P O H R O D E O U L
C I T S U R W E S R A O C R A
A R S M P D E L L I K S N U M
R T N A G E L E N I T A U M X
G I X X S F C B X V H T A A Y
```

BUNGLING	RUSTIC
CLUMSY	SLOW
COARSE	STIFF
DIFFICULT	TRICKY
GAUCHE	UNCOUTH
GAWKY	UNEASY
GRACELESS	UNFIT
INELEGANT	UNLEARNED
INEPT	UNREFINED
MALADROIT	UNSKILLED
ROUGH	UNWIELDY
RUDE	WOODEN

US State Nicknames

```
X O R E M M A H W O L L E Y J
H E T S R I F E U E M W O H S
C O R N H U S K E R X K L I O
S E O O A B Z Y X F D M K A O
Y E S S M C M T W N Y G E Z N
N V H K I H N B E A V E R G E
N I O P W E S E Y E K W A H R
A H O L A J R U L U X T B H A
C E J Y Y M N B R E J A Y C O
I E E R U S A E R T D N Z A R
L B Q X N D T F D L N A F E E
E N A A G G U J D L N U L P V
P Z E E G A R D E N O F O S L
Z C R U B L A I L O N G A M I
O L A P N R L O N E S T A R S
```

ALOHA	LONE STAR
BADGER	MAGNOLIA
BEAVER	MOUNT RUSHMORE
BEEHIVE	NATURAL
CORNHUSKER	OCEAN
FIRST	PEACH
GARDEN	PELICAN
GEM	SHOW-ME
GOLDEN	SILVER
HAWKEYE	SOONER
HOOSIER	TREASURE
ISLA DEL ENCANTO	YELLOWHAMMER

Ancient Cities

```
Y O N O L Y B A B M X U T G E
F P A R Y M L A P M F V J R I
M P S N G C W S O H C I R E J
A E Z L E P T I S M A G N A H
Z L T Y C W U K A N A W I T T
T A X E G A H T R A C X Q Z O
I U H C C I P U H C A M R I B
N H Q V P R D S X E T N S M O
E T A E Q A F I H L B H O B H
H I A R O K G N A O M E S A E
C K O R R R M A E W O N S B R
I A H W T O E T N O D L O W T
H L U O I E M M I Q O A N E R
C P E R S E P O L I S C K T O
C A H O K I A S G Z U O V D Y
```

ALEPPO	MACHU PICCHU
ANGKOR	MEROE
BABYLON	PALMYRA
CAHOKIA	PERSEPOLIS
CALNEH	PETRA
CARTHAGE	REHOBOTH
CHICHEN ITZA	SODOM
GOMORRAH	TANIS
GREAT ZIMBABWE	THEBES
JERICHO	TIKAL
KNOSSOS	TIWANAKU
LEPTIS MAGNA	TROY

In the Air

```
I K X A A B V R W B W H T Y F
T P Z M E O P K M C D U A Q T
A Z O K L K N M U I R E E Z N
I R Q P I H S R I A S U M P E
A N S A W T R E L L D T U A C
F H S X D E E T N S B W F R S
P A H E N Z A P M S I I R A D
Q N A T C P E O V N R X E C U
O G W D Z T K C D A D O P H O
R G Y E Y E S I Q U S F G U L
C L Q Z P O L L E N S R E T C
T I H E Y L M E S C T T V E Y
C D Z E C K O H Z X E E S S I
E E V R D U T Y P L A N E I E
F R K B R Y H P E Z M S O Z G
```

AIRSHIP	KITE
AROMA	MIST
BIRDS	MOTH
BLIMP	PARACHUTE
BREEZE	PERFUME
CLOUDS	PLANE
CURRENT	POLLEN
DUST	SCENT
HANG-GLIDER	SMOKE
HAZE	STEAM
HELICOPTER	WIND
INSECTS	ZEPHYR

Behind Bars

```
N  I  A  L  L  I  V  G  E  I  M  A  A  O  M
N  E  P  L  A  I  R  T  M  E  S  C  A  P  E
O  C  A  Q  Z  E  E  J  I  D  H  W  U  K  A
I  N  R  B  O  C  M  E  R  I  E  A  W  O  U
T  A  O  E  V  R  C  F  C  S  L  L  E  C  R
A  N  L  Y  M  R  E  C  H  N  B  L  O  C  K
E  E  E  E  D  A  E  G  H  I  E  S  J  B  B
R  P  R  I  S  O  N  D  R  A  M  T  M  Z  J
C  A  O  R  G  S  T  D  N  O  P  E  N  A  L
E  X  P  K  A  G  O  S  K  E  F  L  E  E  L
R  H  E  P  R  A  D  G  U  H  F  N  A  I  S
G  G  O  V  E  R  N  O  R  C  W  F  A  I  G
Y  T  J  I  D  A  Z  H  Z  P  I  H  O  G  N
A  L  B  U  R  G  L  A  R  O  B  B  E  R  B
L  U  Z  S  I  R  Z  R  O  T  I  S  I  V  N
```

APPEAL	PAROLE
BLOCK	PENAL
BURGLAR	PENANCE
CELLS	PRISON
CHAPLAIN	RECREATION
CRIME	REMAND
CUSTODY	ROBBER
ESCAPE	SENTENCE
FORGER	TRIAL
GOVERNOR	VILLAIN
INSIDE	VISITOR
OFFENDER	WALLS

Australian Tour

```
Y E B V Y O Q O B B U D W M Y
A R L V M A U M B S Q K Z G A
K O F D S G A T Y X F Y S D R
C M U Y N H C D B Z P J H K R
A S B O T A N Y B A Y E A M U
M I M R U E L R V E C K R A M
T L O R Y A I S C E A K K T W
G N U K S S N A I K D G B V H
Q L P O B K N H A R N R A I C
U E O A H B U D P I E S Y C X
I N N F E G U R L J T S F T I
L E H R K A R R A T H A A O Q
P C R H K V A R O N O E L R V
I A D A E D I A L E D A J I F
E S P E R A N C E X Q A Z A H
```

ADELAIDE	LISMORE
BOTANY BAY	MACKAY
BRISBANE	MURRAY
CANBERRA	NOOSA
DARLING	NORTHAM
DUBBO	OUTBACK
ESPERANCE	PERTH
FRASER ISLAND	QUILPIE
KAKADU	SHARK BAY
KARRATHA	SYDNEY
KURANDA	ULURU
LEONORA	VICTORIA

Abolish

```
E D I O V T T U O E P I W E O
T E G F O D I R T E G J T A B
A T S E T A S I D E K A V A L
N A T E U D N L A L P O F F I
I L A C D N E W F R U L V H T
M I M N N I Y E I R E N O E E
R H P R N C S T L C E W N G R
E I O U T S X C N H V P N A A
T N U T S E S A O A S U E B T
X N T R C R E C N P A R A E
E A N E R M S A R X T O U G L
X A Z V A V T D E P G I I Q N
R A R O P E Z R N A P W N D G
I N V A L I D A T E W U P U O
Y O R T S E D E V G H Z S D E
```

ABROGATE	OVERTURN
ANNIHILATE	QUASH
ANNUL	REPEAL
CANCEL	RESCIND
DESTROY	REVOKE
DISCONTINUE	SCRAP
EXPUNGE	SET ASIDE
EXTERMINATE	STAMP OUT
EXTIRPATE	SUPPRESS
GET RID OF	VACATE
INVALIDATE	VOID
OBLITERATE	WIPE OUT

Architectural Details

```
E F J X X B A F E Z N E M R I
U W L E N A P L J R M B I K W
Q N D E L L I R G O M E Q O U
O O A V A T D E D W W S U A Y
R R D I W Y V I H C I R O D B
A K O I H O S P M O T S R T C
B X Z L C T R U S S U H S M A
T H Z L E L N B G C R C G K P
I I A Q S T X I H I T R E C I
F F R X O L N P R N S A S S T
F C R W X W U I C O L U M N A
O J E I A F G G L I C Y A J L
S R T L E X B V C J K Q E Z X
D T L R I Z A N O G D M B Z C
C S G T F Y E D A C A F B W R
```

ALCOVE	GRILLE
ARCH	IONIC
BAROQUE	LINTEL
BEAMS	PANEL
CAPITAL	PIER
COLUMN	SOFFIT
CORINTHIAN	STRUT
DADO	TERRAZZO
DOME	TILE
DORIC	TOWER
FACADE	TRUSS
FRIEZE	WALLS

Armistice

```
A O K B R E B M E V O N K B Z
K V M A T B J B K B Y C H H Q
H U M U I G L E B F B M I T W
R T W Y P P O P E C I V R E S
R V N R T A E C R O F R I A T
X I G O T Q G J Z H Z I U I I
A M C L M Y V A N T D F H R Y
F Y Q I K H N Q G A D P P M Y
R R B A S I T T D E S Q A A E
A I N S O B W N R R O P T N L
N D V E R D U N E W M T O S T
C G J I Q N A E Y V M O N S T
E E A A G D K A A B E V E V A
E C N E L I S E R P Y L C W B
J G R K P Z L U P H C N E R T
```

AIR FORCE
AIRMAN
ARMY
BATTLE
BELGIUM
BOSNIA
CENOTAPH
ELEVENTH MONTH
FRANCE
MONS
NAVY
NOVEMBER

POPPY
PRAYER
SAILOR
SERVICE
SILENCE
SOMME
TRENCH
VERDUN
VIGIL
VIMY RIDGE
WREATH
YPRES

Hobbies and Pastimes

```
Y I K C D I K Y G P G A I E J
G N I D I R K S I N G I N G G
S T A M P S I U I L D A R T S
V H F N A M Z V Q T X O O G K
W C W D A C I B E B W C V N F
O I A G A D R H G I Z G Z I S
C U I N H N C A N I N J S K S
Y R E K O O C G M I G H I A E
O L N R R E A I L E I I S M U
M Y M C B R I I N N N P W S Q
S S E H C E E N G G L X A S I
Y U Z H P S J J G Q Q H S E T
G O E P B V U G B L C A G R N
U R G A Q W D C I S U M I D A
Y V O A F P O T T E R Y J M E
```

ABSEILING	JIGSAWS
ANTIQUES	JUDO
ARCHERY	MACRAME
CANOEING	MUSIC
CHESS	ORIGAMI
COOKERY	POTTERY
CROCHET	RIDING
DANCING	ROWING
DARTS	SINGING
DIVING	SKIING
DRESSMAKING	STAMPS
FISHING	YOGA

Animal Stars

```
E Q I O I Z N U N P J O E J Q
L Y L L I W E D O F L I C K A
C F L B L V E L G L I X W P F
P M A R T R D R C I B J K G Y
D B N D M Y S K I P P Y N R B
E J C U E D Z W J P K N U E W
N F E L E D D P D E I F E L B
M R L J X U O P P R C T W J S
U E O M E B R Z T T H W I P I
R D T F E L K E B O L Y S E R
R M L M V L M D V A H M H T R
A U I A U O A E S L C O B E O
Y G N L C R N S W X I Z O Y M
K G K D R E I T X K K S N C D
M S I D D E S E Q E A K E C H
```

BABE	MORRIS
BEETHOVEN	MR ED
BENJI	MURRAY
BUDDY	NUNZIO
COMET	OLD YELLER
FLICKA	PETEY
FLIPPER	SALEM
FURY	SILVER
HOOCH	SKIPPY
J FRED MUGGS	TRAMP
LANCELOT LINK	WILLY
LASSIE	WISHBONE

Cycling

```
U S R E T E M O D E E P S Q T
T R X N P I W N S S U P S F V
R O D S G N C D S M L R U K A
I T M R E H L S H K A E Q M Z
E C Q F A A I H E B X S E B P
L E G I R U P Y E K R K Q H I
C L N J S T G L B E A B Z D W
Y F M W M L D D V O S R N P L
C E P T B N I E U L L E B V M
I R E E A O L G F M O T Z R T
R B L H D I D N H V A D S T E
T Z D O W A V U H T O A A Y M
R G D K C Z L T B C S E K D L
E M A R F K X S T Y S P O K E
C U S P T P A N N I E R C T H
```

BELL	MUDGUARD
BOLTS	NUTS
BRAKES	PANNIER
CHAIN	PEDALS
CLIP	PUMP
FRAME	REFLECTORS
GEARS	SADDLE
HANDLEBARS	SEAT
HELMET	SPEEDOMETER
LEVERS	SPOKE
LIGHTS	TRICYCLE
LOCK	WHEELS

O Words

```
O D R E T S Y O O F T E N M H
O L I V E N H O U Q O J U O L
K H Q O I Q E T X X D S G G A
O C O Y E Z F M A B S J N H T
O I O U T W A R D O O F I P N
B R O R M O L U P D H W L F E
V T Q O L U P O B L O N G X D
I S O I O T H S I L W O O O I
A O B X O C J J E G U D A A C
T G T T F R H O O N J N P T C
E T U E H O Q O G I B A M M O
W K S J O P R E U N E L X E X
O B E L I S K D W E F R X A Q
X Y T I N U T R O P P O N L O
A O V P G O P B N O Y Y E N O
```

OATHS	OPOSSUM
OATMEAL	OPPORTUNITY
OBELISK	ORLANDO
OBLONG	ORMOLU
OBTUSE	OSTRICH
OBVIATE	OUTCROP
OCCIDENTAL	OUTWARD
ODDMENT	OWLISH
OFTEN	OXBOW
OGLING	OXFORD
OLIVE	OYEZ
OPENING	OYSTER

Asteroids and Satellites

```
S A M I M R W G G M B M N M K
Z S E V P S C A A R K T K C J
F Y L H H U C E Q N P C U K W
G N M P R T Y H T I Y P S E Y
F C E O H E P T A O S M M A F
B F F R F P H L U L U A E R S
R K I T E A J A V H D C N D U
F L V I L I A M N A A W O Y E
S U N A J I D A S L L O T H T
Q U S G L E M S L W E T I E O
C S W A I A I I O S C E R L R
A R M M K R S T W R N T T E P
B I O A A T B M S X E H B N J
H S L L O B E R O N Z Y Q E M
A C O F L F C A L Y P S O J N
```

AMALTHEA	LARISSA
CALLISTO	MIMAS
CALYPSO	NAMAKA
DEIMOS	NEREID
ENCELADUS	OBERON
EROS	PORTIA
GANYMEDE	PROTEUS
HELENE	PUCK
HIMALIA	RHEA
HYDRA	TETHYS
IAPETUS	THALASSA
JANUS	TRITON

Civil List

```
G N I T A D O M M O C C A Y Z
S A G R E E A B L E E L T C P
U E G W E Y S W P T L U N I Q
O N C L E U E L B A F F A T D
I A A K A L A L I A E T L A E
C B O V L D L T U L R C L M T
A R E B Y W N M B F N A A O A
R U R L L E L A A L I T G L V
G E I T R I I E T N M T O P I
D K F E P M G V E E N Z U I T
E S F Y A O E I T T D E Z D L
G E N I A L L D N B N G R B U
D W E L C O M I N G K E D E C
T Y L N A M E L T N E G G W D
D E H S I L O P D E N I F E R
```

ACCOMMODATING
AFFABLE
AGREEABLE
AMIABLE
CULTIVATED
DEFERENTIAL
DIPLOMATIC
DUTIFUL
GALLANT
GENIAL
GENTEEL
GENTLEMANLY

GRACIOUS
LADYLIKE
OBLIGING
POLISHED
POLITE
REFINED
SUAVE
TACTFUL
URBANE
WELCOMING
WELL-BRED
WELL-MANNERED

Under Control

```
T L Y T K C I E L P L C U R B
I E K S A O L O P E R A T E R
M N E M D U C F D S M U M T W
I S E O R N A H D N J M P Q C
L U P D E T A R E S T R A I N
M R I E I E M M E C E V I R D
A E N R N R V R M S K R E E T
N Y L A I L U J I O R X K L M
I R I T N S I D P K C J F D Z
P E N E N T E R K W V P M N V
U E E I X S S E S S O P Y A N
L T I O T E E S U B D U E H W
A S B Z L C Y M S E C G J S L
T P O Y C Z N V O D S G T H H
E D I U G E N I A T R E C S A
```

ASCERTAIN	MANIPULATE
CHECK	MODERATE
COMMAND	OPERATE
COUNTER	POSSESS
CURB	PRESIDE
DRIVE	REIN IN
ENSURE	RESTRAIN
GUIDE	RULE
HANDLE	SEE TO IT
INSURE	STEER
KEEP IN LINE	SUBDUE
LIMIT	TRAMMEL

```
I N U M L E Y N A B L A E K M
E S I O B J J R L W K O R H T
D F N E W M E X I C O O C K A
T D A L T V F W C X Y I A T W
N H V T N E F N V W V N N R R
A P L E N O E I E W S X N E H
Z N D I I A R N D A T X A N O
U T A H T G S L S A Y N P T D
J H O I I T O C A L H Q O O E
H M M N D D N U X A R O L N I
A I I H B N C A E B T R I Z S
W A G R I H I E T A X A S R L
A L A S K A T N K M M G V M A
I S A L E M Y U G A Y W S G N
I Z Y F I S U J B O F X S H D
```

ALABAMA	KANSAS
ALASKA	MAINE
ALBANY	NEW MEXICO
ANNAPOLIS	NEW YORK
BOISE	OHIO
DENVER	RHODE ISLAND
HAWAII	SALEM
IDAHO	SANTA FE
INDIANA	TEXAS
IOWA	TRENTON
JEFFERSON CITY	UTAH
JUNEAU	VIRGINIA

R Words

```
N R S Y Y T S U R Y Y A R W R
O S C B R R N E Z S Q E V Y S
I Z A I W E L W R R D J R R U
T B V J V A K Z H I R A L L Y
U E R J X D F C A S S R K G H
T L U O G I M R O Z A R Y N M
I R S R G N O H M R Q K H I Y
T E H W N E I E T I W S C R Y
S T I V Z S Q D L Y L O N E R
E S N O Y S R G I B H N U D O
R I G H T E O U S R M R A N U
I O E R W S S E L H T U R E G
F R W C R Y D F K R C N R R H
L R A D I A N C E G D I R T L
E R O V Y D E T N E L E R Q Y
```

RADIANCE	RIDING
RAIDER	RIFLE
RALLY	RIGHTEOUS
RAUNCHY	RIVET
RAZOR	ROCKERY
READINESS	ROISTER
RELAX	ROUGHLY
RELENTED	ROWDY
RENDERING	RUMBLE
RESTITUTION	RUSHING
RHYTHM	RUSTY
RIDGE	RUTHLESS

Double F

```
V C Q L N F U Y P M E N E D I
F S E L F F A W X F J O F A O
F C T N E R E F F I D F F F I
U O B M E F E A F T I F E F R
B F L B T W C F N U U I C Y X
I F U A A E Y S Q F T R T Y E
S F F I C N V C A A R G F C F
F G F L O T W A O F O F F P F
F U H I F F I F D F F O A C U
U F L F F U R F U I F A Q K S
M F W F U F R O F L E I B W I
R A Z H S O K L F I O L C L V
A W I Q I W G D I A N U M E E
E J O F M F F A T S F M M R
U M F X G X F S K E J Q F V Q
```

AFFABLE	GUFFAW
AFFILIATE	JIFFY
BAILIFF	OFFICER
BLUFF	QUIFF
DIFFERENT	REBUFF
DUFF	SCAFFOLD
EARMUFFS	SCOFF
EFFACE	STAFF
EFFECT	SUFFOCATE
EFFORT	TIFFIN
EFFUSIVE	WAFFLE
GRIFFON	WHIFF

E Before I

```
B M M M A D E I R A Q R F F X
H L R O S L K K B Y P E A L O
O R E C E I P T T V Q I C E Q
E T L N I E T S N E K N A R F
P F I P H X I S O C E D F U Y
O T E E S E K P L E N E F S E
C X W I F E I Z S I I E E I L
S S T G I R I M A L E R I E B
O B T N E F E H T I D V N L M
D G O O B I S T G N O D N R F
I N R I E N S H N G C W R U C
E E J R I K T H M U L L E I N
L I T E G Y O Q A H O G D K U
A S V F E C H E V I E C N O C
K S E I Z U R E U S U G B R H
```

BEIGE	KALEIDOSCOPE
BLENHEIM	LEISURE
CAFFEIN	MADEIRA
CEILING	MULLEIN
CODEINE	PEIGNOIR
CONCEIVE	RECEIPT
COUNTERFEIT	REINDEER
EIGHTY	ROTTWEILER
FEISTY	SEIZURE
FRANKENSTEIN	SKEIN
GEISHA	UNVEIL
GNEISS	VEINS

Countries' Former Names

```
S D U T C H G U I A N A Z D N
E Y A X A C A L B I O N N O D
T Z T B L Z N W C M U A L N Y
A U L V E F K S W M L Y A C E
T J O B D C Z M I O E L M R D
S P V O O X H D T C A T I U A
L E R H N Z I U Y S N A H A H
A R E E I A S T A I Z S M B O
I S P M A A I Y H N W N O Y M
C I P I B S N V T K A H L S E
U A U A Z J O O A G O L D S Y
R R S I G N A M C R D M A I S
T S S V G Q U K R Y O M V N H
R A I S E D O H R O O M I I D
A E H C U P M A K N F I A A H
```

ABYSSINIA	MANGI
ALBION	MOLDAVIA
BASUTOLAND	MORAVIA
BECHUANALAND	NUMIDIA
BOHEMIA	NYASALAND
CALEDONIA	PERSIA
CATHAY	RHODESIA
CEYLON	SIAM
DAHOMEY	TRUCIAL STATES
DUTCH GUIANA	UPPER VOLTA
FORMOSA	USSR
KAMPUCHEA	ZAIRE

Good-looking

```
G C Y T T E R P L O V E L Y S
L R L V R N E M O S D N A H D
A B K G T N A G E L E J O D N
M J C N Q E V I T C A R T T A
O R I I E Y N N D Z O Z T L R
R E N M Y L R F H A C M L M G
O B E R O E B G E T R U E W N
U O G A R P V A N T R A Y L R
S N O H K A R M T I C A Q Z Y
G N T C W H W U N N N H M C E
Q Y O X I S G G F Y E N I S M
F B H P E M O S N I W S U N E
H A P U V K T W O Q N I E T G
H S I L Y T S V O L L E U R S
X G O R G E O U S E V C L U P
```

ALLURING

ATTRACTIVE

BONNY

CHARMING

COMELY

CUTE

ELEGANT

FAIR

FETCHING

FINE

GLAMOROUS

GORGEOUS

GRAND

HANDSOME

LOVELY

PHOTOGENIC

PRESENTABLE

PRETTY

RADIANT

SHAPELY

SMART

STUNNING

STYLISH

WINSOME

Shapes

```
X Z B Q V A D I O B U C E M J
E T I K T R A E H L H E C F G
N O G A T P E H O S L N D E L
E P U S R E O B L G O C R B H
S C H P O N L L N L L B R T H
P N S D U O V A Y Q I O N X Z
I Y T M N C I L Y G S B V G B
L U A G D R D I A M O N D A R
L G R U T Z I V S S O N Y N L
E B O L G C M O S P A E D O T
H X P C C I A O R I H Y B N P
E T Q U T R R X A D H E D P R
L E B C C C Y L I N D E R H I
I E H A K L P S V K C Q L E S
X U U G B E C V Q D P V P Y M
```

CIRCLE	HEPTAGON
CONE	KITE
CROSS	OBLONG
CUBE	ORB
CUBOID	OVAL
CYLINDER	POLYGON
DIAMOND	PRISM
DISC	PYRAMID
ELLIPSE	ROUND
GLOBE	SPHERE
HEART	STAR
HELIX	TRIANGLE

Deserts

```
Q A H E Y D N A S E L T T I L
E E T C D N S V E W I I O H O
B I M A N E E B E Y B K P X L
R A H T C G T O A Y Y C I T W
C W N H E A J N X A A I G A Z
N T U N V G M C I R N T N N U
X R A O E K Z A O A R C A A K
A G I B S O N C L B P R R M A
L O S W E R P C Y I K A V I R
D B T O D R F O R A G T X E A
A I E U D V N N K N H N B T K
H F B S Y R I A N W J A T N U
N A E D U J O Z S Y P G W O M
A P B O K X H R S G L R R M H
K E N X T N O S P M I S R T M
```

ACCONA	MONTE
AL-DAHNA	NAMIB
ANTARCTIC	NEGEV
ARABIAN	ORDOS
ATACAMA	PAINTED
GIBSON	RANGIPO
GOBI	SECHURA
JUDEAN	SIMPSON
KARA KUM	SYRIAN
KAVIR	TABERNAS
LIBYAN	TANAMI
LITTLE SANDY	THAR

Battles

```
F P E A N N A C J Z P Y Z O V
E G D I R B D R O F M A T S Z
E L N N H B U A T L A N T I C
N P E O H E V F I E S I C A A
Y D N T U R J Y P U U F Z M Y
O H I G A L R G T Q T R I Z Q
B H W N D I H O N X A J B G R
J Z Y I F N U U U P O N S G N
K D D X C R R U J W H Z R A S
R X N E S L M U I T C A C N W
Q P A L L E J E N A O C R Z V
G D R U A T L A M E H W E I X
O R B E V R A B N U D O T O P
P C A M D E N X Y H S E E O A
T I N A D E S N B U I G L Z N
```

ACTIUM	IWO JIMA
ANZIO	JENA
ATLANTIC	LEXINGTON
BERLIN	MALTA
BOYNE	NARVA
BRANDYWINE	PATAY
BULL RUN	RUHR
CAMDEN	SEDAN
CANNAE	SELBY
CRETE	STAMFORD BRIDGE
DUNBAR	TOURS
EBRO	TOWTON

Ablaze

```
D E T A N I M U L L I M C V C
N I D E T A R A L I H X E A G
Q D E T I C X E I B A D T R N
G F L A M I N G G U X E R D I
N V T N A I L L I R B S A E R
I T N E V R E F F N E N D N E
L M D Q V A T U F I I E I T M
K T Y E M A M U N N E C A B M
R P F I T I R D T G C N N N I
A E N Y N I O E I T O I T U H
P G J G O N N A L I G H T S S
S Z T U F S U G S A L I T U P
Q I S I E M V S I S W R B N C
U Y R E I F A D E I Z N E R F
A E F G Q P G N I W O L G Z S
```

ALIGHT

ARDENT

BRILLIANT

BURNING

EXCITED

EXHILARATED

FERVENT

FIERY

FLAMING

FRENZIED

FUMING

FURIOUS

GLEAMING

GLOWING

IGNITED

ILLUMINATED

INCENSED

INTENSE

LIT UP

ON FIRE

PASSIONATE

RADIANT

SHIMMERING

SPARKLING

The Simpsons

```
N I M A J N E B X V Q Y M E N
Y J S X N S O U I X L A S W S
B T N Y N N E L N B H U S D R
M Y R A L P H E N A O E D Z E
I T U A B Y L K R H L R W K D
U T B V H S K B L M P T M I N
Q R R S O U A I A B A A S S A
R E M N Q T M Y E F G C A E L
O B M I J E P N A G O E V Y F
Y B Y H K L A T I S R L Y M E
A I H T B C T E T T E A R O D
M H B P S O T U T Y R E M U U
R B M G N U Y U V R M A M R A
Z M F Y S S R T Z O A P M M M
A S I L T B L K H A G B F Q S
```

ABRAHAM	MAGGIE
BART	MARGE
BENJAMIN	MARTIN
CLETUS	MAUDE FLANDERS
DISCO STU	MAYOR QUIMBY
FAT TONY	MILHOUSE
HIBBERT	MR BURNS
HOMER	NELSON
JIMBO	PATTY
KRUSTY	RALPH
LENNY	SELMA
LISA	SEYMOUR

TIGHT Spot

```
R N W G N I T T I F W E V U E
E E L J T G R V T K O P Z J F
Z Q T S E C U R I T Y S W J G
E F O A G B B L U P L M K A A
E L F U W J U N C T I O N I D
U M H B T I N K A L B E Z F N
Q U K I F A X O S E P I H S C
S R D K W I T G K R E U O V E
I D C N J E S U X R R J O B G
Y A N Y G T N T Y A K V L N T
B S R D R P C D E B Q B I P L
X A U E L H F D S D B D P N O
H B T Y U E Z Q W A L D P W W
W C D E C A L K I O Y D E C B
H R C G O D G R H Q U S D P X
```

AIR	JUNCTION
AS A DRUM	KNIT
BACK	LACED
BARREL	LIPPED
BUDGET	SECURITY
CASK	SHIP
ENDS	SKIN
FISTED	SQUEEZE
FITTING	STRETCH
HEAD	TURN
HOLDING	WAD
HUG	WATER

Slot Machine

```
W V S U N O B O T S K Y A H S
A S L Q B E D M R D S Z M L A
S E R R E P E A T L S E O T C
N N K N C L B Y L H D T V P N
O S H J O C R E D I T S A C B
M Y E N U D B D U W S Y S R M
E A S I X E G N A R O Z M E T
L W C S R Q E G D U N F G P O
A V Z H E R E Q T B R N L V P
R Q D Q I R E D F U A U O P K
W E H Q C N U H I H M N U T C
S E V E N S E T C S K Z D Q A
B I B E Y O S X A C A M W I J
G A M B L E E G A E W T V Y T
X E L B U O D W A X F V E S X
```

BANDIT	LEMONS
BARS	LEVER
BELLS	MACHINE
BONUS	MELONS
CHERRIES	NUDGE
CREDITS	ORANGE
DOUBLE	PAYOUT
EXCHANGE	PLUMS
FEATURES	REPEAT
FRUITS	SEVENS
GAMBLE	SLOT
JACKPOT	START

The Armed Forces

```
L E B U Q Q W I K L P X N S B
D V E C N E G I L L E T N I G
J Q A N U V H S A K N R U G U
K N A T E S E D S S E A M A N
F V F N R I E G W T U D R A N
Y V L T L M N U P Z S M M W E
E L E L W I T R M B Y R Z T R
U D A S W E I D G I I S A E M
S D A R S E N A L A S B F R N
Z F E R I E U G V E M S O E G
K V M J A M L Y I O R F I B I
S Y V B U P D Q C N I D A O S
S R N I A T P A C N E O A J N
Y R A T I L I M U G Y E M P E
Z L N Q Z Y R J D Q I Y R N M
```

ADMIRAL	MEDAL
AIRMAN	MILITARY
ALLIES	MISSION
ARMY	NAVY
ARSENAL	PADRE
BERET	PARADE
CAPTAIN	SEAMAN
COMBAT	TANK
ENGINEER	UNIFORM
ENSIGN	UNIT
GUNNER	VESSEL
INTELLIGENCE	WINGS

Words Ending with X

```
X Z F D X Z I X I Y O O T Q X
U E S L E W P U X O M M U L F
L Z O B B Y X I F N U C Z W L
S S P H I N X X D Y I L E X I
Z P X R N V E Y R X C K E L C
X Q V V X T I R X U O R R O E
X I J X E V N O C X O E D U B
O V F A E D J I N X A E T D O
H H X E F N E X Z R X H X L X
X B U O R F N I W E N G G G B
B O K N F G I A W A S A L I X
M F B L B Q X X P M X V J U Y
H A U T H O R A X B P U N O T
P X R R U R X I X E L P U D W
X R X X Q O C G J A X L E L X
```

AFFIX	MARX
ANNEX	ONYX
CODEX	ORYX
CONVEX	OUTBOX
DUPLEX	REFIX
EARWAX	ROUX
EFFLUX	SALIX
FLUMMOX	SPHINX
IBEX	THORAX
ICEBOX	UNBOX
ILEX	UNFIX
JINX	XEROX

Words of Anger

```
G P Z P Z A X G E L F F U R S
R A C O U V F M U I J F I T S
X A L B N N B I O B I R K I O
A V A L X I E F V A S T E A M
N J J L T M G S S A R A H E V
N W Z T E U P R A E F A H C H
O E E I N R S G I B S L F Y W
Y R G I A T R T W L C R E Z T
L I V A T N V A G J E E N N Q
F J A B R A I R U L M H R E P
V F V T E T D V T Q S T O R M
U P I W A F U T E K K O U F O
K D M M U T E O T X R B S W J
J A M R T N E M T N E S E R O
H D Y V T Q R G T F O M V M N
```

ANNOY	MIFF
BOTHER	NETTLE
BUG	OUTRAGE
CHAFE	QUARREL
EMBITTER	RESENTMENT
FITS	RILE
FRENZY	ROUSE
FURY	RUFFLE
GALL	STEAM
GET AT	STORM
HARASS	TANTRUM
IRK	VEX

ALL Words

```
R R S A U P G O V N Y H D T Z
G E Y T B E P N T N S A S D N
S C V V R O X P O I F R O N Y
S R W O Y O A L W L N T U U Z
E N E T R G S R U V A H T O H
E E A M U U F W D F G E A R F
I S T Y O H A X J Q R B L A W
N O H S V C A H G I H E M I T
G P E V I S U L C N I S W P Y
N R R E X J R I L C C T N O G
G U D S M U N I E O I Q G P P
C P K C F A Z F G C W R W A K
B U Z Z L R A T S H I S X R L
T E L L I N G T R E T P O T H
E R A U Q S A T O L D W S Y Q
```

ABOARD	RIGHT
ALONG	SEEING
AROUND	SORTS
COMERS	SPICE
FOURS	SQUARE
HALLOWS	STAR
IN ALL	TELLING
INCLUSIVE	THE BEST
OVER	TIME HIGH
PARTY	TOLD
POWERFUL	WEATHER
PURPOSE	WORK

Artists

```
X H S F K Q T P M U L J E J U
S E P B R V Y M C Z K G X N N
S N A Y E W E O B R U Y N O N
B R R N S M N Q U Z O E L I I
X G E K N Z U S N O C A B Z E
B X V D E G A S T F N Y Y B T
A R I O P E L L E E B B A M S
I B R T S L E X X R E R I S N
S Y D U F Y D E A U T N N O E
Z R L W E A H Q N E T U L B T
I L E O L R U E L H S D M I H
Y C A I W E O O K G E P Q S C
F O Y Z N R M D A Q W M A X I
Z L O C Y E Y Y I M A N E T L
D E G X A D T D O N J G S G E
```

BACON	MANET
BARTELOMEA	NASH
BRAQUE	NOLAN
BRUYN	NOLDE
COLE	RIOPELLE
DALI	RIVERA
DEGAS	RODIN
DELAUNEY	SPENSER
DUFY	STEEN
GOYA	SULLY
LICHTENSTEIN	TENIERS
LOWRY	WEST

Music Lesson

```
B D R A O B R E G N I F E T A
J N U R R J Z O I A K K W P D
Q O B R E B R I D G E O R Z D
L I A A V A R S Z Z S A A V O
A T T N A O P S B T C P H C T
D A O G U K H G E T L C R N A
N P T E Q R X P I L T A A H C
B O H M T O T C E I A N W E C
A C X E E F E D P D I C S V A
S N S N M G N J Q M B M S E T
S Y E T P N S L O N I H K R S
C S R T O I I D F N A I C B M
L O T Y I N O E I R F Q C S C
E G K O W U N M P O S T U R E
F S E V A T S M U R T C E L P
```

ARRANGEMENT	RUBATO
BASS CLEF	SCALES
BREVE	SHARP
BRIDGE	STACCATO
DOMINANT	STAVES
FINGERBOARD	SUITE
MINIM	SYNCOPATION
PITCH	TEMPO
PLECTRUM	TENSION
POSTURE	TUNING FORK
PRACTICE	TWO-STEP
QUAVER	WALTZ

Archery

```
D N U O R A C K D C K C S P R
C L O O S E S W R O R L H F E
V V A Q Y T H W T A I H O K C
O X L K T D C V D G M N T J A
T Q P U N L T A B P T Z K X R
N U B W K O O S S D S I T E B
I I S E B H N G A W E S H C R
O V G R L O Y B A L L I S T A
P E N P E F W A Z A A H I S G
R R I U M H R S Y S B A G H A
O O V Z R R C F T X R H H A F
H W R U O T A R F R A P T F H
C C E W A Z B W A A I J D T Z
N U S Y Y V E R O L S N O C K
A C R V J W B K E B J T G K A
```

ANCHOR POINT	LOOSE
ARBALEST	MARK
ARCHER	NOCK
ARROW	NOTCH
BALLISTA	PILE
BOW ARM	QUIVER
BOWSTRING	ROUND
BRACER	SERVING
BUTTS	SHAFT
DOINKER	SHOT
FAST	SIGHT
HOLD	YEW

Quick

```
N T Q E Y Z W F G A Z Z B A V
J O X F Y N H L Y F D E F T C
F H R A P I D E H T S Y I E K
L D T S P R E E C A S M F X M
Y E E T I N O T J U S E A P D
I R O T N Y G M B E R T O R D
N J P M A R T N P V Y B Y E T
G H S S H R E I E T B X G S Y
I C J Z Q D E N C A O N C S L
I N T A D L T L K O I C C H O
B S S U L F R V E W L G J S Y
P R S T R E A D Y C R E S W G
G N I K A E R T S K C B V I U
R F J E D N X T D C E A Q F D
G S T W F E T Z P S J E P T K
```

ACCELERATED	NIPPY
ALERT	PROMPT
BRIEF	RAPID
BUSY	READY
DEFT	RED-HOT
EXPRESS	SMART
FAST	SPRY
FERVENT	STREAKING
FLEET	SUDDEN
FLYING	SWIFT
HASTY	VELOCITY
INSTANT	WINGED

Animal Food

```
O B Q X S I N T B G M K H F N
E I Y X T Q T E E B R A G U S
B Z R H K A T N C G O D T S L
Y A H H G E E S H R M S U E E
Y D R X L C D M S A K S G E Z
W Z C L T Y E N V S T T C D I
I X I A E U W R S S L A W S A
A M R M L Y S T E S C R N N M
D A I S T G A T C D W O H Y I
K C O B D O G F O O D P R E N
E I G U Y I C T N C S O U N S
U Z N R S E T I M R E T F E E
D H G G S T E K C I R C N C C
B F M E A L W O R M S O R A T
T N Q J M J Z I Y G B P I A S
```

ANTS	MEALWORMS
BARLEY	MEAT
BONES	MICE
CORN	MILLET
CRICKETS	NECTAR
DOG FOOD	NUTS
FODDER	OATS
GRASS	RATS
GRUBS	SEEDS
HAY	SUGAR BEET
INSECTS	SWEDE
MAIZE	TERMITES

In the Office

```
D R E L U R O T A L U C L A C
J A N R K S E E C H I R R M X
E D O E E O Y O C K O K J A B
C N H L R G M O S G M O Q R S
N E P P T A E U O E O A K T
E L E A U S D N P C M B F E E
R A L T Y M R E A S W E Z R E
E C E S F R N I G M A T M P H
F R T F A C A N A D L O L E S
N E K J I J I I J H L N V N K
O S S L N T T X D Q C V P U R
C A S R E T T E L S H H T L O
O R A E C L I P B O A R D N W
C E M S O R O S I V R E P U S
S E C I O V N I R E T N I R P
```

CALCULATOR	MARKER PEN
CALENDAR	MEETINGS
CHAIRS	MEMOS
CLIPBOARD	NOTEBOOK
COMPUTER	PENCILS
CONFERENCE	PRINTER
DESK	RULER
DIARY	STAPLER
ERASER	SUPERVISOR
INVOICES	TELEPHONE
LETTERS	WALLCHART
MANAGER	WORKSHEETS

Rivers of Britain

```
F W G A E S U O T A E R G F E
I G K N D K S T Z C D O O D R
N V S W A L E R L E M M U T A
D A N I R H Y E V O O A B W Y
H X I E T A X N F C S P S J Q
O I Y R D X S T O W Q S Z D B
R N L J N E B B H T K T I D P
N E D H D O L A U F S B Q E C
Z N Y O O B Z G Y H E I R B R
T E V W V S S J C U L A R N R
Z E F D C E I F E M B H Y O R
Y V N V P E N R O B B A T V M
E U M N U T I F G E I C Y A G
P V W J E A L A P R R E N U L
S K R E P K Y W O T Y K E J U
```

AIRE	NAIRN
AVON	NENE
DART	RIBBLE
DOVEY	SPEY
EDEN	SWALE
FINDHORN	TEES
GREAT OUSE	TOWY
HUMBER	TRENT
KENNET	TUMMEL
LOSSIE	TYNE
LUNE	WYE
MORISTON	YARE

Coats

```
Q T A O C R A C E Y R T K G A
T A K G R E A T C O A T O L H
A O O E H P S A N O I R M K X
O C E B A H G O C V N J E V W
C L C R G O S R B R C T M H K
R I K C U U E T E L O O S D T
U A E L O V K Z R G A O M E T
F T E L O R A F N O T N K T A
Y A B T E L J I H N P C K F R
P M N F B E D C I K A S G E F
I M E O R E N K Y J C H N V T
M E B K R O C V N Q A L I Y L
R M I E P A C Y P N C L O A C
E N O C M C K O D E X U T A K
F T R E T A E H C D N I W N K
```

AFGHAN	JERKIN
ANORAK	MACKINTOSH
BLANKET	OVERCOAT
BLAZER	PARKA
BLOUSON	PONCHO
CAGOULE	RAINCOAT
CAPE	REDINGOTE
CAR-COAT	REEFER
CLOAK	SPORTS
FUR COAT	TAIL COAT
GREATCOAT	TUXEDO
JACKET	WINDCHEATER

ANTI Words

```
K J T X U M N C I N B A Q Y G
K C O N K H E O D D F I E J P
K D B O D Y U M T V V M I R K
L E T O D M T M C O Q S N R C
W P T O U G R U I Q R E T C P
A R M R X A O N M O K P N K X
I E E O O I N I U O A T A V T
R S I S X N N S U C V I L F S
C S L U I Q F T H E L C U G I
R A B R D C E R N Z I E G R R
A N I I A I O O E T G T A O H
F T K V N T M H E E R L O R C
T C W Q T A J M I U Z R C I M
I S M A T T E R S S E E V A M
D N B X R S M T T H W I T F F
```

AIRCRAFT	NEUTRON
BODY	NUCLEAR
CHRIST	OXIDANT
COAGULANT	PROTON
COMMUNIST	SEPTIC
DEPRESSANT	SERUM
DOTE	STATIC
EMETIC	TOXIN
FREEZE	TRUST
HERO	VENOM
KNOCK	VIRUS
MATTER	WAR

Young Animals

```
A S Y W Q A A Y O J X E G N T
I M C P I C K E R E L L U Y E
R R C L C G K H B J B A L M L
C S H D Y R N W T B G H F P G
W Q I B G U E I W F U B A H I
C K C X N A M D L C R C P H P
H Z K U E P R I A R E Y R L P
W F R C T K L L Z L E Z R J T
L S Y L L I F E V L G D A Y L
L A U N X R E E H N D W I P O
W O M G R J R T X W W L U P M
P I O B S K O R U J Y A R U S
B A U Q S Q U E A K E R F P X
K I T T E N D Z Y F A K S Y C
A A S A S Q A T P P U L S D T
```

CALF	LAMB
CHICK	NYMPH
CRIA	PARR
CUB	PICKEREL
CYGNET	PIGLET
ELVER	POULT
FAWN	PUPPY
FILLY	SMOLT
FRY	SPIDERLING
JOEY	SQUAB
KID	SQUEAKER
KITTEN	WHELP

Held in Place

```
N E P A T O L L E S H R A P Y
I U K P Q C Z S I U M T B L W
A T C H S T C N T T A G I P D
H U M F A R O V E E I N K A Z
C K D C E C I V L S K I R D N
P O K W H L I C B M F R V L P
I O H S I R J G A V E T F O I
R H H A T C V L C U R S R C L
G D N T X R C O L C T E I K C
Y E Y V D L A G K B P B C V R
B A K M A T A P L P R U O E E
R T J S O V F W I O L C L L P
I S P N P X M Z P B L K E C A
K A K E V I S E H D A L A R P
Z P W X K K F P H O C E T O K
```

ADHESIVE	PAPERCLIP
BUCKLE	PVA GLUE
CABLE TIE	RIVET
CHAIN	ROPE
CLASP	SCREW
CLEAT	SELLOTAPE
HOOK	STRAP
KIRBY GRIP	STRING
KNOT	TACK
LINK	VELCRO
NAIL	VICE
PADLOCK	ZIPPER

In the Shed

```
Q F K C S R K T D F J C M T E
W A S W O B R U A O E Q R E F
H J E N N B O H G L D O E W E
L A D D E R F X C U W I W E A
P G G S A V H Y Q E B L O X S
Q Q I Q M P C A L A Y C M A G
Z G N K Z I S H M U Z A N S A
M B G G B O D B O M R N W R B
D U T C H H O E A P E T A E C
T C O G Z O T L S H P R L D I
W K O R C V L H B S S E F I T
I E L A T E O G A I K S R P S
N T N V T V E C E G V T U S A
E E F E E D K V M R Q L N K L
S E L L H S E K A R M E Y N P
```

BAMBOO CANES
BICYCLE
BOW SAW
BUCKET
CHOPPER
DUTCH HOE
EDGING TOOL
FORK
GRAVEL
HAMMER
LADDER
LAWNMOWER

MALLET
OILCAN
PLASTIC BAGS
RAKE
SACKS
SHOVEL
SIEVE
SPADE
SPIDERS
TRESTLE
TROWEL
TWINE

A, E, I, O, U

```
E T A L U C O N I A D D A E D
E I S U O L A J C E E K I L S
U M D T V Z E I H N N F O U U
P E A E E V V M O I O Y U O O
H E I L D K I I U T I E Q J I
O N G B U I T L S A T O E A R
R W O A C U O Y E G C S S G A
B S L I A S M V M U U S E I G
I L U C T L O U A O A U R G E
A N E O I A T E I N P A I N R
K R J S O V U C D H U R F U G
P U A N N R A Q O K H I O O A
C I T U A N O R E A P E T I E
D U O D E C I M A L M S U E I
V I N T R A V E N O U S A A O
```

AERONAUTIC	GREGARIOUS
AUCTIONED	HOUSEMAID
AUTOFIRE	INOCULATE
AUTOMOTIVE	INTRAVENOUS
CAUTIONED	JALOUSIE
DUODECIMAL	NOUGATINE
EDUCATION	OSSUARIES
EQUATION	PRECAUTION
EULOGIA	SEQUOIA
EUPHORBIA	TENACIOUS
EUPHORIA	UNAVOIDED
GIGAJOULE	UNSOCIABLE

I Agree

```
E O D P G M C E T I N U T F G
R P L H F U B O Q K Q O I Y F
E G E S T G R A N T G T M T C
H X I Q S I J C P T T E R I O
O G Y U E N W O O R G E U I
C X M A T C H N G V A A P S N
T G Z R T W H E I L E G C W C
X N A E L G T A L L Y N L T I
B P D V E H K O H A L E A U D
B A M E E T W C L F E A N N E
R C C R G E O O G R H I F K T
N C X D D N Q T N E S N O C I
A O U H C O P W C O N F O R M
E R W U Q B P Y N O M R A H T
P D R U X S L L Z H Q O Z X Y
```

ACCORD

ALLOW

COHERE

COINCIDE

CONCUR

CONFORM

CONSENT

CONTRACT

COVENANT

ENGAGE

FALL IN WITH

FIT TOGETHER

GRANT

HARMONY

MATCH

MEET

PERMIT

SETTLE

SQUARE

SUIT

TALLY

UNISON

UNITE

YIELD

What a Commotion

```
N W I L S W E Y R C T U O E Z
O D F S Z L C B T R E P E T V
I R U Y A G O V O H L A F W N
T F R V S Q N W T S T H N U O
C X O M I T V L E T S O P P I
U U R F A J U J Y I U O D R T
R B E L M M L B H R B H T O P
C B J U U D S N M X Z O H A U
X F S T S D I S Q U I E T R R
M R O T S M O R X R U C K U S
P A Z E L V N A W C U R W U I
X C C R L F I C H C F E P A D
S A C M N U Q K I J C M Z M Q
B S P L A S H E R B U B B U H
K W Q J G K N T L R P E R Y T
```

BUSTLE	RIOT
CONVULSION	ROW
DISQUIET	RUCKUS
DISRUPTION	RUCTION
FLUTTER	RUMPUS
FRACAS	SPLASH
FURORE	STIR
FUSS	STORM
HOO-HA	TO-DO
HUBBUB	TUMULT
OUTCRY	UPROAR
RACKET	WHIRL

Golfing Terms

```
A X X Z O P M E T E W X F I R
T S B L V Z G O N O R P A R P
R S C L U B H E A D C O R E C
Y O L N S S S M H N F F T A
R R B O R W E S I A R O X T D
O T L I C K I P E N R L O U D
T A A V I T S N X R C K O P Y
C B R P N H S S G J D X E F S
E L S E O C Y V Y P R D F R T
J A N T L E M R D K A D A K D
A V C A O W R O F H X T Q F I
R T F P O R O U G H O Z H G L
T F Z V P W D W V O Y S C C O
X C U W S C D A H C T A R C S
E I M Y T S I R F E W S T G S
```

ADDRESS	ROUGH
AIR SHOT	SCLAFF
ALBATROSS	SCRATCH
APRON	SOLID
CADDY	SPIKES
CHIP SHOT	SPOOL
CLUB HEAD	SPOON
DORMY	STYMIE
FORE	SWING PATH
LOFT	TEMPO
MARKER	TRAJECTORY
PUTTER	WOOD

```
I A I Y T V Q E H M H M M N R
U I V M S L X X M S T E D E M
O N S U S H I L R W P F S E N
N O E H C N U L E J E E A Z F
R O Q M F N J I T A R L B H R
E M R X H Y Q R I V T D E E E
P Q E T L V E G A A P E N G U
P G Y A S N W T W B N N R S C
U S C Q T I I A D B I M H Y E
S T O J E O B B I D K R P R B
D A V W N C I L R S P H F E R
A R E F D A L E E E A H I L A
R T R E S T A U R A N T S T B
F E S V Q A P A R T Y I H U H
H R R T O I M J N S R Q D C N
```

BARBECUE	MEAT
BILL	MENU
BISTRO	NAPKIN
COVERS	PARTY
CUTLERY	RESERVATION
DINER	RESTAURANT
DINNER	SEATS
EATERY	STARTER
FISH	SUPPER
GRILL	SUSHI
LUNCHEON	TABLE
MEAL	WAITER

European Countries

```
A B H F N O A V O D L O M A R
I I L H R S C Y N D P O E U R
R R E S E I F A S C N S S G O
T P W R S E L P N T T S E H M
S S B P T O C K E O I R G U A
U I A I P B G N N A M U I N N
A I A O V M E I A A O G N G I
N N A W D G A L N R L M E A A
Y A D I R A E Y A E F I D R K
G L N O N B J Y B R J G E Y K
C B A X R E Y R A F U B W G Z
N A L T P R V W A W E S S T X
X N N A I T A O R C R I C V K
Y I I F V A S E L A W O M D X
F A F N O R V A Y S O F N M V
```

ALBANIA	MOLDOVA
ANDORRA	MONACO
AUSTRIA	MONTENEGRO
BELARUS	NORWAY
BELGIUM	POLAND
CROATIA	ROMANIA
ESTONIA	RUSSIA
FINLAND	SERBIA
FRANCE	SLOVENIA
GERMANY	SPAIN
HUNGARY	SWEDEN
ITALY	WALES

Fears

```
W M K P R L A I R E T C A B S
B S S E G N I N T H G I L E M
Y L T I G E R S P Y L V S B H
U A F X I C C O M Y O R K S T
W M I V V G I I G H O S T S A
W I L I N S C M Q H S N F E E
D N F I O R J I K I E A X V D
L A Y N O P N T A S C K D I N
N L R B L S H N P Q A E E N E
F N E K E U P I F O P S M K E
O S L C N P D D S O S R O H T
A B T D S E L D E E N V N E R
E S E P R Z S Y O E E V S U I
I R F S U X F S A X P O N T H
S D W O R C K P N P O S A A T
```

ANIMALS   LIGHTNING
BACTERIA   MICROBES
CROWDS   NEEDLES
DARKNESS   OPEN SPACES
DEATH   POISON
DEMONS   SNAKES
FLYING   SPEED
GHOSTS   SPIDERS
HORSES   SPIDERS
INSECTS   THIRTEEN
KNIVES   THUNDER
LIFTS   TIGERS
                 WATER

Beekeeping

```
X S R A E O C T B T K R G H W
F M E Z N O E G G S O R N O C
G F P E O H K R M Y H E I W H
N L Q O R G E O A W D V T K S
L Y O L D T K L W A S O S H B
Y I F V S E J Z W Q F H O M A
B N E U E E H O B B Y R O R V
U G L V L S S L N A L C A F B
Z C Q L X U E R L Y I R Z M N
Z O Y F T E M T E Y Z W I Y E
I L S K O D V T I W L W N E L
N O L V Z O Q B K M O I I N L
G N L C N C D A Z H F L W O O
V Y E G A R D E N W H M F H P
X I C R T M L G D S A G O Z J
```

BROOD	GARDEN
BUZZING	GLOVES
CELLS	HOBBY
CLUSTER	HONEY
COLONY	HOVER
COMB	MITES
DRONE	POLLEN
EGGS	ROYAL JELLY
FLOWERS	SMOKE
FLYING	STING
FOOD	TREES
FRAME	VEIL

M Words

```
M X D E M C S U O I D O L E M
Y I K G H M A R Q U E T R Y M
M V M C H U R C V L M B P G O
A A R O M I L E A W M A M G L
R A C G W Q P M N E U I Y M E
M Y O H G E M M N N X F E I C
A G T U I A R A A T A A N M U
L A M A M S C Y U Y M M O A L
A Q D U E I M R M J B G M D A
D O M P N M E O E C I E E D R
E M U G C E X M D M M P Y E Z
Y S D T M M M E I H P T T N L
Q F D A M J G M U O S E Z A M
O Y L L N M U R M U R D T Z O
M B E A B I M Q M C N F T I M
```

MACHISMO

MADDEN

MAFIA

MAMMAL

MANNER

MARCH

MARMALADE

MARQUETRY

MAYBE

MAZES

MEATY

MEDIUM

MELODIOUS

MEMORY

MENACING

MIXTURE

MOLECULAR

MONEY

MOPPED

MOWER

MUDDLE

MUMMY

MURMUR

MUSTY

Capital Cities of Asia

```
P B E J V E A T R A K A J E N
H A R J R K B O D L T I U N A
N N O V N A Y N A N A T S A Y
O G P C U K T N A R H E T I P
M K A R O D I A B H R J Y T Y
P O G T U J N H A E S D Q N I
E K N X A P B A L B I U D E D
N X I K P I M L M E N J D I A
H O S P S J P U U H D A I V W
F K G H D P D E L B T W A N E
K R K N H T R H I A A A E L G
S E V V A I O N A H L K K N U
K E Y G K Y K A S H G A B A T
A L I N A M S E O U L I U L D
P Y O N G Y A N G A X U A K I
```

ASHGABAT	MANILA
ASTANA	NAYPYIDAW
BANGKOK	NEW DELHI
BEIJING	PHNOM PENH
BISHKEK	PYONGYANG
DHAKA	SEOUL
DUSHANBE	SINGAPORE
HANOI	TAIPEI
JAKARTA	TEHRAN
KABUL	TOKYO
KATHMANDU	ULAANBAATAR
KUALA LUMPUR	VIENTIANE

Mythical Creatures

```
H E F X I R N S T A Z Z O E F
N D I A M R E M S X E I X I P
F E Q S I Y Y U U Q X F Q N M
R I J A S R D V A M P I R E O
L A G B F E Y Y P R A H D G S
S L K S M G N M H M G S R M L
E A O A O X N I H P S K I I E
G G T R S H T O M E H E B N I
I N G Y T P N I S I J G R O P
A O R Z R L S I R E V F E T N
N M N O I Y R B E C I N D A I
T E V O C S B E X H S R N U R
W D L H B I G F O O T R U R P
T I T A N S N S I R E N H F L
K O R U G B A U V X P M T I W
```

BEHEMOTH

BIGFOOT

FAIRY

FURIES

GENIE

GIANT

GNOME

GORGON

HARPY

MEDUSA

MERMAID

MINOTAUR

NESSIE

PIXIE

SATYR

SIREN

SLEIPNIR

SPHINX

SYLPH

THUNDERBIRD

TITAN

TROLL

UNICORN

VAMPIRE

Art Media

```
O G O H E G A T N O M F G O H
C M O S A I C A S W T D R C H
H V C U S A A Z O L B C A V C
D D G O A C S O I T I R D F T
N O Y A R C D C L J T O A E E
T J V Y U C H I I O H A T I K
R G L Y U L P E O M T Y I L S
A I N T O J A N N W A W O E H
C W J I Q U S O G P D R N R A
E L T H Z Q T E C R B D E T D
R O I P F A E L Y R A P J C I
Y R N C R Z L Q I U A P T A N
J B G F N X T G B N W H H F G
A R E P M E T K K L E E C I W
V R U A D A P K I T A B S A C
```

ACRYLIC	MOSAIC
BATIK	OILS
CARTOON	OUTLINE
CERAMICS	PASTEL
CHARCOAL	PENCIL
CRAYON	RELIEF
DAUB	SHADING
GLAZING	SKETCH
GOUACHE	TEMPERA
GRADATION	TINGE
GRAPHIC	TRACERY
MONTAGE	WOODCUT

Bread Basket

```
B E Y T S U R C V D B I T V M
A R Y H N I H C N E R F S W Q
Z R J R S F E T I H W A A N M
O I L I G L K L N H R C O D N
L O N E Z L B D E M G H T B M
E G L W K A G A V N A A N S M
G N T Y K C T Y O M X P P K G
A W O E M R I B Y S B A V H S
B O R A I W P N R Z M T C Q Y
S R P S L H R B R I L T T S E
A B R T L O O H O E O I T U C
H A M O E K V G L U P C Y W U
F L O U R F I U L C C M H N A
D I N Q R F N O I D Z L U E S
G O U V J C G D L N R B U P P
```

BAGEL	NAAN
BAKER	OVEN
BOARD	PROVING
BRIOCHE	PUMPERNICKEL
BROWN	RISING
CHAPATTI	ROLL
CRUMBS	RYE
CRUSTY	SAUCE
DOUGH	TOAST
FLOUR	WHEAT
FRENCH	WHITE
MILLER	YEAST

A Words

```
T A C T R E C I N W Y B T H A
A R K L S K M M L M V I A S S
V E E M J N M Q R A C D O L S
L N N S Y R I A G S N I A F O
A O B D S U W A D E A D T V J
S T X R D A P V G A S T U T E
D E G A R E V A Q A E F T H T
E C W W A N U T A C Z T C N T
S A U R D T A N I V S C E Y N
I E C E S E H T K E O M K A U
V E I T X A S L T D L C Z A O
D D M F I I R T E I A U E I M
A I O A M S A U A T R V Y T A
A S T R O N A U T E I E Y C G
U A A C D E M A H S A C F H A
```

ACETONE	ASIDE
ADVISED	ASSERT
AFTERWARDS	ASTRONAUT
AGAINST	ASTUTE
AGAPE	ATHLETIC
AGENDA	ATOMIC
AILMENT	ATTACK
AITCH	ATTEST
AMOUNT	ATTIRE
ARMISTICE	AVERAGE
ARMY	AVOCET
ASHAMED	AZURE

Jazz

```
Q U J E G U Z U R B C J U S I
Y V W I Y N M R Z O E Q A H R
Z I B S V B R A O M H C T A S
Y L Y A O E O L D D S K H W Z
P C R B I O F S C B R G I E P
I O D E F M E B H U D N E C T
Q R B Z N N E X P A G R N T E
S E Y E I X R A G R R N W G Z
B A Y H B J F N O H U D B N M
E A S G Y I A O K F O L B U N
N S K X D M V R O R U C T O S
B M P E R E G C S E D A R D P
C F G E R H O E S Z T I V H I
K U H Q C W Y G C E Q I C J E
A J G N O R T S M R A D M A L
```

ACID	GETZ
ARMSTRONG	GROOVE
BAKER	HARD BOP
BASIE	HERMAN
BEBOP	HINES
BECHET	JIVE
BLUES	KRUPA
BYRD	SATCHMO
COOL	SHAW
COREA	SPIEL
DORSEY	SWING
FREE-FORM	TATUM

Abide with Me

```
E A B P T N H F D U C L F C Y
B R E M A I N Y P P G O A A H
E G I R W D H R E U T B S F
Y G E N P Y E R R D H S E N T
Z S D E H N L A S H U S M A D
T B E O D A U T I E D I S E R
D K T U L W B A S G C T T K A
Q B R O O K E I T S Z O I C N
S E M A J K D L T T O L C O R
E O Z W X D M Y L O P E K N U
L Q R A L E N T G Y P R O S O
T I Y I M D N E T T E A U T J
T P H T I W P U T U P T T A O
E P E R M A N E N T F E G N S
S F J D P I A Z M T A W C T P
```

ACCEPT

ATTEND

AWAIT

BEAR

BROOK

CONSTANT

DWELL

ENDURE

INHABIT

KEEP

LAST

LODGE

PERMANENT

PERSIST

PUT UP WITH

REMAIN

RESIDE

REST

SETTLE

SOJOURN

STAY

STICK OUT

TARRY

TOLERATE

Costume Party

```
V W U U F R F D G U N W N Z N
N T U A N O R T S A O Y W N C
Z C L X I S P A M N C M O A H
T O B O R W K R D M N M L M E
X W M S O N E E S I R U C E P
P B R B I D R Z L A F M V V I
S O Q G I W M B Q E I X S A R
X Y H P O E O A U Y T L P C A
S T S M Q G M W T N E O O R T
A G A H C T I W P N I K N R E
H N F M D O P X P Q A T R P D
F K G A R G O Y L E E S R U N
K D T E I V I K I N G R K N T
B A G X L R W D F S W I F V E
D N E I L A Y S S E C N I R P
```

ALIEN	PIRATE
ANGEL	PRINCESS
ASTRONAUT	ROBOT
CAVEMAN	SAILOR
CLOWN	SANTA
COWBOY	SKELETON
FAIRY	SPIDER-MAN
GARGOYLE	TURKEY
GOBLIN	VIKING
KNIGHT	WITCH
MUMMY	WONDER WOMAN
NURSE	ZOMBIE

Global Warming

```
N A E C O X D F R I C C P C A
R I C E C A P N C E A C I O R
E H T N B F N O A R T X P N C
H O V H L I A W B S F A U I T
T V N W G L O O I L F S W M I
A C O P L U N M V K Z E E L C
E L I G S L O Q A W N T G F G
W O T R N I T R K S H A N N T
E U C E O A R Z D A S I I J S
M D N E I X E G N O S L T P E
E S I N S X E E O K O O L D R
R X T L S R S Z Z O T H E R O
T A X A I C O T C M W R M H F
X T E N M N E Q A V T C P Y P
E X R D E X E B A L B E D O T
```

ALBEDO	GREENLAND
ARCTIC	ICE CAP
BIOMASS	IPCC
CARBON	MELTING
CLOUDS	METHANE
COAL	OCEAN
COOLING	OIL
DROUGHT	OZONE
EMISSIONS	SAND
EXTINCTION	SUN
EXTREME WEATHER	TREES
FOREST	WATER

Palindromes

```
K P A X N O W I W O N N D R Q
S O L O S P I O L K R S V E G
O J O W E T S T E W H C R V B
H N G E D R M O W A M I N I M
C H P U E W Y P H F S V N V D
Q P A D E Q G S J E Y I E E D
D D D R D V Y P T L T C N R U
K E K E A X M O C A U P A Q C
R B P P M S V T S S T W N A Z
G J L A Z O S G A F K S A Z Y
G G D P T J A S G W O U D J W
X A F E H A N N A H O W H I Q
M C S R E F E R S R K F M A S
X I S W X G D R O T A T O R U
R N E U J Q B R T H J H R P X
```

CIVIC	REDDER
DEED	REFER
DR AWKWARD	REPAPER
HANNAH	REVIVER
HARASS SARAH	RISE TO VOTE SIR
KOOK	ROTATOR
MADAM	SAGAS
MINIM	SHAHS
MY GYM	SOLOS
NOON	STATS
NOW I WON	TOP SPOT
PEEP	WET STEW

H Words

```
S Z H S S N L C H S E H Q K H
P Q H S L U W Z B C Y G I G N
M H Y E N A O H A V E N D F M
U I E N B O A E O A O H P E I
H D G H Y R U Y D B I O P H H
G D A G H M E H Y I B K V I N
M E M I H N U W E N H L P N B
E N O H O V A N O Y O R E D U
T A H H P H A G G L E E J R H
S C Y U G B A X K C O D D A H
A I E L N X K H H R Q A Y N H
H R H E E C F T E H F E T C L
C R H H O G H O S D J H Z E Y
W U H E M P U E H I M S E L F
H H O T E B V H D M J C Y L H
```

HADDOCK	HI-FI
HAGGLE	HIGHNESS
HASTE	HIMSELF
HAVEN	HINDRANCE
HEADER	HOBBLE
HEBREW	HOMAGE
HEDGE	HONEY
HEMP	HUGELY
HENBANE	HUMPS
HEXAGON	HUNCHED
HIDDEN	HURRICANE
HIDEOUS	HYENA

Ice Hockey Terms

```
Y U G O T L S S A P J Y X G S
O E F L Z T E J C L L Q N P R
C Z N F O J T H H J A I X O I
E Z S H A V L J O P T D N N I
D G S Q A E E B E H Y I T E U
K N D D A C B S G N M C L T Y
L C R G D E T I I U V I G I A
F O U R O N F O U R N N W M L
R E J P I T E Q R E I G J E P
O I D O I R E P S K J L U R R
J L P D O E K M O P E S T S E
A A R C D F A O J H R Y B T W
M O S V V N H R U H S Z J I O
A G G R E S S O R L E P J C P
G N I R A E P S G D Y L X K W
```

AGGRESSOR	MAJOR
CENTRE	MINOR
DECOY	ONE-TIMER
FIGHTING	PERIOD
FOUR-ON-FOUR	PESTS
GLOVES	POINTS
GOALIE	POWER PLAY
HOOKING	PUCK
ICING	SCORE
JERSEY	SHOTS
LEAGUE	SPEARING
LINESMAN	STICK

Cheeses

```
L E D N A B C X A L M G K L E
M L E V O R P C T R L D N L M
O X K Y A R G R A V I E R A L
N N Y M A H P R A H S E B M E
T R N N F G L A T N E M M E T
E O F M O C S M P U J G S J T
R C V G F T L A I R O B E L L
E A I R A G Y T F X A T D W E
Y C D Q X O I R H Q I H Z S Y
J N R U C Q L E O A R F S G D
A W V A O K L B M R E G N Y E
C G N R G G K A A T E I R B N
K E L K F G F W A J N L O R I
V U E U L B G A T Y A M I E U
F B J C X F A Q T I P E T D I
```

ABERTAM	LEYDEN
ACORN	MAYTAG BLUE
AIRAG	MEIRA
BANDEL	MONTEREY JACK
BRIE	PANEER
DERBY	PROVEL
EMLETT	QUARK
EMMENTAL	SHARPHAM
FETA	TYNING
GOUDA	VENACO
GRAVIERA	XYNOTYRO
LAIROBELL	YARG

Electrical

```
X E G T L L C E W N M R Q A K
V V T E P V A U T B L U B I X
C E E K L L O V R H T R A E T
M E R C O S U L O R Y K G G K
X L M O N X N G T R E W O P Z
P S I S B O K Y P A I N K J I
M L N I J B E C A R G D T F E
C H A S E N I I D A I E H J Q
F N L T Y O T R A T U B I N G
L I V E E I I C K S A A A N S
R I Y A K T U U T K F H I T T
U U G D R C D I S W I T C H T
P Y I H N N N T U Q C R X C A
S R A L T U O R D U Z L Q J W
G T V Q R J C Y D V H O C Q D
```

ADAPTOR

BULB

CHASE

CIRCUITRY

CONDUIT

CURRENT

DUCTING

EARTH

GRID

JUNCTION BOX

LIGHT

LIVE

PLATE

PLUG

POWER

SLEEVE

SOCKET

SPUR

SWITCH

TERMINAL

TUBING

UNITS

VOLTAGE

WATTS

Rainy Day

```
O Q S M D E L U G E S P K P P
X W S H R A I N I N G A M B U
T J E S O Z N T J H I L D A D
A U N A Z R O V Z N U L I U D
O O T L D R I Z Z L E E L Z L
C I E P E L T I N G M R L A E
H L W S E O A W K X P B L M F
C S F J R M T G L Q T M J W I
N K B R S R I A A J H U H S P
E I E E Q O P N T L Y O O S Z
R N T W U T I O E E O A V Q G
T S W O A S C R H D K S G R F
T U Y H L U E A B I D C H I R
J Z C S L S R K N P B O A E A
S D U O L C P G C K H M S J S
```

ANORAK	PUDDLE
CLOUDS	RAINING
DAMP	SHOWER
DELUGE	SOAKING
DRIZZLE	SODDEN
FALLING	SPLASH
GALOSHES	SQUALL
HOOD	STORM
JACKET	TORRENT
OILSKINS	TRENCH COAT
PELTING	UMBRELLA
PRECIPITATION	WETNESS

Collectibles

```
M I M I N I A T U R E S U S S
P D C R P E Z D I G Q I I P E
Z S M R A H C Y K C U L Y M T
S S N S Z O T R T W K V M A A
J N D D G Y Q I S P G E A T L
V X A R R U P V P K D R T S P
X N G F O M M H A A O B W S O
S G A L F W O Y L S P O O N S
I R Z D W T S S U E J B W W
C A R T O O N S D W Z S D L A
P V S S F L O R N A M E N T S
T M P H H T L M C N I O M G G
O Q D O T U P S I T W D T Z I
Y C O I N S C A N D L E S H J
S M Q S H P A R G O T U A D S
```

AUTOGRAPHS
BOOKS
CANDLES
CARTOONS
COINS
DOLLS
FANS
FLAGS
JIGSAWS
LUCKY CHARMS
MEDALS
MINIATURES

MOTHS
MUGS
ORNAMENTS
PHOTOS
PLATES
SILVER
SPOONS
STAMPS
SWORDS
TICKETS
TOYS
VASES

Human Characters

```
W N R Y S Z I E G P R J R E J
A R E T F I R D R E K K S C P
E M M Y S H D E M B A Z H N L
T N A D E P D R G V A N D A L
V A E Z K N A V E G R E V S D
M T R U O H H T T Y H P P I E
P O D W C N S S T N N E F U V
Y C Y D K I I U M A D M A N O
C O A E M D A A M M T E N D T
B I D I A E M E N N E O F W E
U L T S B I L A T O I I P Y E
F P C A S T K J N C B S R E B
O S G E N I U S J B M K Q O R
T J R E Z U A K E S O X W U W
R E G N U O L R X Y Z F A D M
```

AMAZONIAN	KNAVE
BEAUTY	LOUNGER
BOY WONDER	LUNATIC
CHARMER	MADMAN
CONMAN	MISER
DAYDREAMER	NUISANCE
DEVOTEE	OPTIMIST
DRIFTER	PEDANT
EGGHEAD	SADIST
FIBBER	TOPER
GENIUS	VANDAL
GENTLEMAN	ZOMBIE

Sheep Breeds

```
A L A D K F E T F X E T L E B
C H E V I O T T C L E T Y F I
N A T E B I T C U T J L Q S Z
H S B V Y P N C Q G W V S R I
T I E E V I O O A S O A Y C M
E A L I N C O L N N W G E C A
E L A G P K W B W A J L V O H
S L D R J A C R T A A X U T S
W O Y L Y X S E Q N R K J S A
A R E O Z I U D D L L T U W M
T A L N F O V I C O M V H O Y
E H S K D R C J F X F I K L F
R C N S V C R F O T H W P D O
W L E X E T U O M O M A S A I
S K W H O S O N I R E M D H R
```

AWASSI	MASAI
BELTEX	MASHAM
CHAROLLAIS	MERINO
CHEVIOT	POLWARTH
COLBRED	RYGJA
COTSWOLD	SOAY
DALA	ST CROIX
GALWAY	SUFFOLK
GUTE	TEESWATER
ICELANDIC	TEXEL
LINCOLN	TIBETAN
LONK	WENSLEYDALE

Bible Characters

```
I N L W X S J P P T Y H Z R T
E V P K G E Z E K I E L H H Q
M Y U X X L N O S M A S A R Z
O J V R X I A H A B S D V A P
S K I Z I Z M Z A R D B T Z C
E F U R X A K N A A E Y O Z K
S V K Z E B H R E R R S M A Z
B O J L O E E U T U U O I H Z
S A M O H T S K Y R K S N S L
C J G L E H H N A R A B J L J
L Y O P W A J X M B A G O E B
Y N R H K I N A M K D M A B G
K F P U N A X I M Y L E N H P
C V C R S S O F E E I K N W Q
D W W M G I H A R A S E A P P
```

AARON	JOHN
BELSHAZZAR	LABAN
BOAZ	LAZARUS
CYRUS	MARY
ELIZABETH	MOSES
EZEKIEL	PETER
HAGAR	SAMSON
ISAIAH	SARAH
ISHMAEL	SISERA
JAMES	THADDAEUS
JOANNA	THOMAS
JOB	URIAH

The Autumnal Season

```
B K Z W N U S R T G E S R N X
Y R T I U R F T C A S T E P N
E P V Y X M O H A H O R S P E
K U W P T O I C D H F C A S D
G R K I I L F G A U A L D I D
B C N X L H B E R R I E S N N
P W X Y Z B E A F A E B S J B
S H V V W E B S S S T T J S O
R E B O T C O B O T O I P W N
K S A E V J O E S R E W O L F
R O Y S B M T A I Z L R D N I
P N O F O G S N G O G D S F R
W Y I T U N G S O G L E A N E
D P I Q S L Q C E L Z Z I R D
J U L Y B X I Y F L J X U L C
```

ACORN	GLEAN
ASTERS	HATS
BEANS	MIGRATION
BERRIES	OCTOBER
BONFIRE	PODS
BOOTS	RAIN
CHILLY	ROSEHIP
COAT	SCARF
COOL	SEASON
DRIZZLE	SEEDS
FLOWERS	STOOK
FRUIT	STORING

Car Manufacturers

```
E Y W R U H K K R J A G U A R
J A I I T A R E S A M E C N Z
S S S V Z L L F K C V N D Y H
K U U A U S T I N O Y E Z F V
O T Z B Y S F J L M O R G A N
D O U R A I I V B U G A T T I
A L H A U R O Y E T O L O W I
Y C B H P M U I R T I M Y E F
K E M S Y D K A H N J O O D I
G D L L W U M O C B L T T N J
U R S I T S N O L P W O A I I
L O B E R D L D M G R R R S H
S F P S A N T D A E V S A S U
N L A M B O R G H I N I Y A Y
B N E G A W S K L O V O X N I
```

AUSTIN	MASERATI
BUGATTI	MORGAN
CHRYSLER	NISSAN
FORD	RILEY
GENERAL MOTORS	SAAB
HONDA	SKODA
HYUNDAI	SMART
ISUZU	SUBARU
JAGUAR	TOYOTA
LAMBORGHINI	TRIUMPH
LINCOLN	VOLKSWAGEN
LOTUS	VOLVO

Cooking

```
V X X D T P T N C E Z X Z Y G
L Q S O O T E H C N A L B U T
B G Z A T J Q K U S K U B S P
V F C X A R Y L T J T K A Y Y
Z H B N E J H E U S E O K D R
N H V M H E A H T S T L E C F
L E M B E M V E I L L I R G R
J I B O R D W A R Z S G E A I
S G V M E O R J W C C O D S T
Q E P E A B I Q Z O E T U A S
N U B Q D L B L B Z R A C S K
S W E A T O F R O V L C E E E
L S D I I N O E K O M S I Y N
W O Q L M W T S A O R Y G M W
C E L B N E L D D O C T J E G
```

BAKE	REDUCE
BLANCH	REHEAT
BOIL	ROAST
BRAISE	SAUTE
BROIL	SIMMER
BROWN	SMOKE
CODDLE	SOUSE
DEVIL	STEAM
FLAMBE	STEW
GRILL	STIR-FRY
MICROWAVE	SWEAT
POACH	TOAST

All Set

```
S E T H L M D K R S E T T T T
G S E T A I E F N D Z E R E E
S P S R S N A T T E S S S L S
E M R A E D D E C S S D A T H
T E O I T S S A I A S E E T
A C C N F E E B E E G S E K R
B E L S R T T S H T N E S T O
L I O E E T Q T Z U I K H C F
A P S T E T H A S M T S E S T
Z T E S E I T G G E T F E X E
E E T S C B U E A X E R O S S
V S V K E S Y S E R S G Q C Y
S T S C S O E E N O P U T E S
E E K E A T L T O T U O T E S
T J T E S S S E H C O I G H S
```

BASSET	SET FORTH
CHESS SET	SET FREE
CLOSET	SET OUT
CORSET	SET PIECE
DEAD SET	SET UPON
GUSSET	SETTEE
HANDSET	STAGE SET
HEADSET	SUNSET
JET SET	TEA SETS
KNESSET	THICKSET
MINDSET	TRAIN SETS
SET ABLAZE	UPSETTING

Made of Paper

```
R O U E T E G A L L O C E M B
E X L T P R E T L I F S I A V
P D C P D O D N I C Z E Y G D
P O R I V I L R B R H T K A U
A C E E H K R E T N W A M Z S
R U T C J S W E V T Q L I I T
W M T E P Z O R C N C P B N J
F E E R I A K L B T E N T E A
V N L R G C R P S R O J O E C
T T S X A P M A U K F R U T K
O R W S L B M H S L O S Y Y E
W N E A H D C O O O S O K A T
E D N F Q O Z W N I L E B A L
L E S A R N E V T E I H O X W
B Z H B E R I F U N Y K C P Z
```

BILL	MAGAZINE
BOOKS	MONEY
BROCHURE	NEWSLETTER
CHAIN	NOTE
COLLAGE	PARASOL
DIRECTORY	PLANE
DOCUMENT	PLATES
DUST JACKET	RECEIPT
ENVELOPE	SACK
FILTER	TISSUE
FLOWER	TOWEL
LABEL	WRAPPER

Moods of the Solar System

```
P A S E A P O A L P W Z D S W
Q P K Y T D R A D N I L E B M
P H O B O S I H C E Q U S P S
U O L D H I U S E E L N D A U
L E L I X V E D S A K A E S N
O B E O W V P M A E P A M I A
T E I N Y S N N B L R C O P J
S F R E X R A E E Q E C N H F
I S A N O W N M O R Q C A A T
L R A E L F O E I J E D N E B
L G H L C E R X L M W I F E I
A M A L T H E A Y F T B D U A
C U G A Y A B N Z W G Q E O N
W L X P U C O A I L E D R O C
D X O J Z Q L R F U F O J V A
```

AMALTHEA	LEDA
ARIEL	LUNA
ATLAS	MIMAS
BELINDA	MNEME
BIANCA	NEREID
CALLISTO	OBERON
CORDELIA	PALLENE
CRESSIDA	PASIPHAE
DESDEMONA	PHOBOS
DIONE	PHOEBE
ENCELADUS	RHEA
JANUS	SKOLL

Emotions

```
N J J C D P X Q D N G Q S C E
Y D T I R C M E T N G A I O V
T R N R A E F C I W O N E B O
I C E N Y L G N S R A C D O L
L C M V T T R N O P S S I R T
I N T T E A I R A T E V R E E
B L N U E R R P A P S T P D I
A A I Y Q E E S G E R E N O U
R D O H T A Y N K A O R O M Q
E I P D A I M X C C M G I K S
N S P R H T M N H E E E T E I
L G A E I P R N S O R R O W D
U U S A N P S E E I V M V X P
V S I D J D Z Q D A M F E F W
W T D Z S S E N D A S X D S K
```

ANGER	PANIC
BOREDOM	PEACE
DEVOTION	PITY
DISAPPOINTMENT	PRIDE
DISGUST	REGRET
DISQUIET	REMORSE
DREAD	REVERENCE
ECSTASY	SADNESS
ENMITY	SORROW
FEAR	TERROR
HATRED	VULNERABILITY
LOVE	YEARNING

TOP First

```
Q Q I T V N K B G V Z C M S U
B E W T W I E U O J F E O S F
L S R O V T F X D H D P O A Z
I H D S F R S W Y I Z C F L T
O E U S G E A R S O C A T C S
S L F K V Q I H S X A G H S K
Z F Y R F C L L Y Y V U E O R
N X H A S O Z I L B O L F S A
O A H M S T C S W I N E O B U
T O Y T H E H P S J B V R T Q
C J A J S R C T C S H E M X C
H R E X E C U T I V E L H P K
O I H T F E A W Y X W Y P T S
I M Z V Y S Z D R E S S I N G
L Y V A E H Q P R I O R I T Y
```

CAT	MARKS
CLASS	NOTCH
COAT	OF THE FORM
DOG	PRIORITY
DOWN	QUARK
DRESSING	SAIL
EXECUTIVE	SECRET
GEAR	SHELF
HAT	SIDE
HEAVY	SOIL
LESS	STAR
LEVEL	THE BILL

NATO Members

```
U E U S D N A L R E H T E N O
Y P C O C O A I N E V O L S S
K N H E L O N C N A C X F M E
H R A D E I M Y M O H N N U T
U L A M N R T E N R T P X I A
N A I M R A G H B O U S I G T
G G K C N E L D U M R E E L S
A U A Y C E G E F A C W M E D
R T V N L A D D C N N S A B E
Y R O I X A U R A I A I S Y T
P O L A N D T R D A I M A B I
U P S P C V F I N P V O I R N
F Y Q S C A N A D A T N H I U
Y E K R U T B U L G A R I A U
C G R U O B M E X U L X R A Y
```

BELGIUM
BULGARIA
CANADA
DENMARK
ESTONIA
FRANCE
GERMANY
GREECE
HUNGARY
ICELAND
ITALY
LATVIA

LITHUANIA
LUXEMBOURG
NETHERLANDS
NORWAY
POLAND
PORTUGAL
ROMANIA
SLOVAKIA
SLOVENIA
SPAIN
TURKEY
UNITED STATES

Fish

```
O Y E R P M A L V C T Y R R B
F R M Y B A E P L U E A G O X
H L E U B E R B A T L Y S T S
C Y G P V S C R R T L X A U P
A H H N P K N O P L U R D U H
O M O S I I U R R E M C P H Y
L U S I G T K E A F P U X A D
G A T R E T I C C I S G D A B
B P S A U V Y H T S U U C M C
L R H N E D C M W H C E V R Y
S N A F T B D F A A K J E O E
U Z R Z A E F E R E E T L L L
Q J K F K V K R B P R I O I O
M I N I S A A W R A W B S N C
S G P W H B Z L G H F K Q G A
```

BARRACUDA	LING
BASS	LOACH
BREAM	LUMPSUCKER
CARP	MULLET
COLEY	PARR
CUTTLEFISH	PIKE
DACE	RUDD
GARTER	SKATE
GHOST SHARK	SOLE
HAKE	TROUT
KIPPER	TUNA
LAMPREY	WHITING

Clocks

```
K S I V T A Y K Y O Y T Z C E
A Y V V F X J T O V U E T E Z
D T Q A Q W L K J R P A K G N
H A N D S E C D R S B P W A O
E W N D V U K E F L S D H I R
X L I O C J T S E F G V L R B
C A N E M W L K A L A R M R J
L T P L T H L C A L C F S A V
T I M E P I E C E S J Y Z C S
K G A C N R E T A W A L L K P
K I Y T M D N O G S I L L K R
V D X R O A U B M C S N O R I
I A A I M M N L T N H A D S N
E D I C W E I S U X C X R E G
H G N I M I H C S M R R K B R
```

ALARM	HANDS
ATOMIC	KEY
BRASS	MANTEL
BRONZE	NOVELTY
CARRIAGE	PENDULUM
CHIMING	SPRING
CUCKOO	TABLE
DESK	TIMEPIECE
DIAL	TURRET
DIGITAL	WALL
ELECTRIC	WATER
FACE	WINDER

Fungi

```
P C L L A B F F U P W A Q J M
F N R P H Z T Z N Q U Z F O W
P I E D D E M O U T O N O F S
C M O E L D S V E H S R L V L
T E P M U R T O N L H A O I L
C I R A G A Y L F S T H O G I
O P O R C I N O U C J E T N G
E J D H M N V M A L G H S U C
I S S Z Q Y W P I R A J D F M
I T R B C A C O O K E R A P O
N U E U R H C E R L O S O U R
K M I T S C G E L B T N T C I
C S S T C T S Y P I T P E X L
A M E O S P S R P W U Q Y G L
P O A N U T N E G O C M S F E
```

BROWN CAP	MYCELIUM
BUTTON	OVOLO
CEP	PIED DE MOUTON
CORAL	PORCINO
CUP FUNGI	PUFFBALL
ENOKI	RUSTS
FLAT CAP	SMUTS
FLY AGARIC	ST GEORGE
GILLS	STIPE
INK-CAP	STRAW MUSHROOM
JELLY	TOADSTOOL
MORILLE	TRUMPET

How Very Abrupt

```
X Z B E L L F Q Y N F K F N V
V O D K B H G R U F F N S D U
X U E N R M C H F P R E E H S
R U P D I Z K S E S D M J S W
R D M K S S U R P R I S I N G
T E A V K I S A K T R T U A T
E K R E R F D H L Y E R E P U
O E C E F R S L A U C O U P B
C T Y I S H I W N R T H Q Y R
Z J T X R S G C I J P S S V O
Q S S V A J I U W F Z P U K K
U D A Y P V I C O H T E R S E
Q O H J I X Z U W R X R B V N
T N E L D H U R R I E D D Z Z
D E G G A J J T K W O K E O K
```

BRISK	RAPID
BROKEN	ROUGH
BRUSQUE	RUDE
CRAMPED	SHARP
CURT	SHEER
DIRECT	SHORT
GRUFF	SNAPPY
HARSH	STIFF
HASTY	SURPRISING
HURRIED	SWIFT
ILL-TIMED	TERSE
JAGGED	UNCIVIL

Greek Deities

```
I L S I M E T R A O M S E R F
S E R A E A G A I A O X T V S
J B H I P I O C C E S L A R U
M A E S C U L A P I U S C P T
X M A H E R M E S F E H E R S
E N E L E S T V I O Z P H I E
N E M Y H A X H D T J C D A A
S W M W O F A E A B H I O P H
U A X D S T M I O N M Y H U P
E I D G K E H H T A A R I S E
H E N W T V P E P S O T I A H
P G E E X E M O M D E K O J W
R Y R F R E L R I I P H K S L
O H S O J L G T V F S R W K R
M F S Q O P E O L S U N O R C
```

AESCULAPIUS	HEPHAESTUS
APHRODITE	HERMES
APOLLO	HESTIA
ARES	HYGEIA
ARTEMIS	HYMEN
CRONUS	MORPHEUS
DEMETER	PRIAPUS
EILEITHYIA	RHEA
EOS	SELENE
EROS	THANATOS
GAIA	THEMIS
HECATE	ZEUS

Famous Women

```
Q D U T O Q A J L N L Y V D O
J Z Y B P U Y L O E M J W W S
X P R F S A E T K W O O L F R
H A X T D V N R U H N F K I E
G B E E A I E K N X R G E D H
A N C C L M U S H A O M L E C
R T H C Q T O Y N U E L L L T
T N R I U N R K M Q R T E I A
A U I W H R E A Z F X S R L H
P O S E Z D N I H U K L T A T
O P T O M D N N R R W C K H P
E O I T E O R A A U A B N E O
L R E L U U L P G U C E R E D
C E A O D H P A F U H O P D P
H N Z W G I B A S W N F X R T
```

AUSTEN	JOHNSON
BHUTTO	KELLER
CAVELL	MANDELA
CHRISTIE	MEIR
CLEOPATRA	MERKEL
CLINTON	MONROE
CURIE	PANKHURST
DELILAH	PARKS
EARHART	PERON
FRANK	SALOME
GANDHI	THATCHER
GARBO	WOOLF

Genealogy

```
T M B Q P H Q S Q F M S E I R
Y R D R Y N P T N U A P S X L
S E T A D O E R W I Q A C C R
E R R P U S N F P K S M H H E
T C L S T G H E I R S U O U H
E M E S N B H C R W L I O R T
E Y Z I B A H T U B B R L C O
J W H M N A A K E D R I V H M
T T O W R A L H I R E A R R R
L T I T L E E M I G R A N T N
Q C S D R O C E R J X V T C H
W N Q L S X L A U N C L E H H
S N N A B L V S L B L H M R R
N D E S C E N D A N T U N H B
M U R M E K O Z H M L Q H C K
```

AUNT	GRAVE
BANNS	HEIRS
BIRTH	MAPS
BRANCH	MOTHER
CHARTS	NIECE
CHURCH	RECORDS
COUSIN	SCHOOL
DATES	SPOUSE
DAUGHTER	TITLE
DEATH	TOMB
DESCENDANT	UNCLE
EMIGRANT	WIFE

Buildings

```
R L T E K R A M R E P U S R C
T C R D Y P R G S C E N K K I
M H Y O C L F A C T O R Y R Z
B U V A E A P J H B A K E R Y
F R E P B I S C O W A V W R C
T C A S U B S T O V W J I A L
U H G A U Q E N L N J A B L N
C K D L N M I Y R E D I S U O
E W Y T I S R E V I N U M M I
E M H K A E S U O H N W O T S
C V X C G O D K U S D T S O N
A F I I O E A I Q A E X Q W A
L A M L P K V O C L Q F U E M
A E G O L H O S T E L E E R T
P I T Q L A X K K M P A M Z K
```

ABBEY	KIOSK
BAKERY	MANSION
CABIN	MOSQUE
CASINO	MOTEL
CASTLE	MUSEUM
CHAPEL	PALACE
CHURCH	SCHOOL
DAIRY	SUPERMARKET
DEPOT	TOWER
FACTORY	TOWN HOUSE
HOSTEL	UNIVERSITY
IGLOO	VILLA

Dressmaking

```
D U R G G G W G K L A H C F Y
N D Y Q N M G N I W E S I U L
D A S A A I N I B B O B R Y U
N R L P Y S T T E W N I B A R
O N N A O K L T C G B Q A F G
T E B S H O H U I D N Z F M G
T E R F E O L C W F Q I O N A
U D N E K H D Y M M U D G L R
B L O L E X C E K Q E P A D M
R E T Y K L N T I L I B A K E
O A T C Z I S E I N N E H L N
L Q O M H N E C S T R R H I T
I T C C N A P A M H S N A S T
A P A I R I L L T U O R C Y F
T M R M R O F S S E R D T E B
```

BOBBIN	MACHINE
BUTTON	MODEL
CHALK	NEEDLE
COTTON	PINS
CUTTING	REELS
DRESS FORM	SEWING
EDGING	SILK
FABRIC	SPOOL
FITTING	STITCHES
GARMENT	TAILOR
HOOKS	THREAD
LACE	YARN

Shades of Yellow

```
J V N O R F F A S O N Y M M A
T J I N E S H T A I E R N R N
X R L Z S E E D S S D A I A A
H H I P Z Y N L C B L N A L N
B A B X X T B I P P O A R L A
M M O B O E O P R A G C G I B
Z S R R K O E C A E N L E P X
Q W U O L L K M I N T U D R R
T H A N S A O C O R N C L E E
E A N Z F W V Y U R P C I T B
S R F E A L T D G C H A T A M
N A H R T A O F K G R C S C A
U P T C W D L W W H E A T Z C
S S W N A A X Y E R U Y G X R
L V Y J X L I B C R N O M E L
```

AMBER	ICTERINE
APRICOT	LEMON
BANANA	MAIZE
BRONZE	NAPLES
CANARY	SAFFRON
CATERPILLAR	STIL DE GRAIN
CHROME	STRAW
CORN	SUNFLOWER
EGG YOLK	SUNSET
FLAX	TAWNY
GOLDEN	UROBILIN
HANSA	WHEAT

```
W U R I D E L O O H C S G I D
Z N S G N I W O N K F N Z N E
Y D Y E G F T S D Y I J K T T
O E P A N X O E H N O D J E A
P R A H S S R R O R E V E L C
T S M F D O I S M S E M L L U
H T F Y T E A B R A V W U E D
G A D U T E T E L X T H D C E
U N T B R N V U V E E I C T A
O D Y D Y L U D T T N L O Y G
H I M X L C M O D S I W Q N E
T N M E N T A L I N A Q Y I N
H G W T K S A G A C I T Y A I
V C L E A R H E A D E D E R U
F A S E I T L U C A F X U B S
```

ACUMEN
ASTUTE
BRAINY
CLEAR-HEADED
CLEVER
EDUCATED
FACULTIES
GENIUS
INFORMATION
INSIGHT
INTELLECT
KNOWING

MENTAL
REASONING
SAGACITY
SCHOOLED
SENSIBLE
SHARP
SHREWD
THOUGHT
TUTORED
UNDERSTANDING
WELL-VERSED
WISDOM

Countries of Africa

```
C N A U A H I X I D I R T K E
X I Y I B T C O V N S L L M N
G G H D S O E R A O L I A A O
A E A E N I U G U O E U M M E
I R N G O I N T W G R M Z F L
R T O N V Y H U Y I A A N S A
E T O A O A W P T D L D O U R
B G H G F L T I A O E N B A R
I C A R O K U G G U S A A L E
L W I D K S A N K E O W G G I
I C M E N S A R N B T R J E S
A Y N D C A L E E C H A D R D
Y Y B A P O G N A C O G G I S
A M R I A A I U A Y B I L A J
P H A G L N C A P E V E R D E
```

ALGERIA	LIBYA
ANGOLA	MADAGASCAR
BENIN	MALI
CAPE VERDE	MAURITIUS
CHAD	NIGER
CONGO	RWANDA
EGYPT	SENEGAL
GABON	SIERRA LEONE
GUINEA	SOUTH AFRICA
KENYA	TOGO
LESOTHO	TUNISIA
LIBERIA	UGANDA

```
K U Y M Y B E R E H W K F S V
T K T T P Q T R A N S I T H V
O E S O P O R P T S U G S I D
R T Q A X B M W C X T H M E
M E Z U B N D I V H C P R Z G
E O S A I B J E L A A Y S O Q
N T G T Y L A Y T M E Y N U F
T N T A F T A T I B A H A T U
L A A J L U Y C H E U L L P B
Q I B C F L L O C R I O W O I
Q D L U K A E M K F N A D S S
U A O C P I X R Y E R I S T C
P R I N T E D A Y D O E X S U
U U D C O G W D S U M H T S I
Q Q S P A C E E N K K I E C T
```

BISCUIT	PROPOSE
CHAMBER	QUALIFY
COMRADE	QUICKLY
DISGUST	RADIANT
DOUBTED	RESTFUL
FORTUNE	SABBATH
GALLERY	TABLOID
HABITAT	TEQUILA
ISTHMUS	TORMENT
KNEECAP	TRANSIT
OUTPOST	UPWARDS
PRINTED	WHEREBY

Book Titles

```
M T D I B T A R A R O A D H A
Y H R E R N M M E V S P S T L
R R W D E Z C B M S J E D U U
D E J O D N B H C E B R M R C
A E V T M U I R E P M I N G A
I M A I L N S E W A L D E N R
L E G B H N E L P E X G E I D
I N N I R S Y V L E D I F N I
E I E U N O J G A E R G G W E
H N S Q D E O O O R B L S O N
T A G P E P V T A L E E I R E
T B R B D N W C S M O H H D A
G O E N O I L A M G Y P T T E
S A Y W H I T E F A N G A G H
P T B B E C I N E R E B H Z T
```

AGNES GREY	INFIDEL
APOLOGY	PYGMALION
BERENICE	ROOTS
BLUBBER	SHIVER
CARRIE	TARA ROAD
DEENIE	THE AENEID
DRACULA	THE BELLS
DROWNING RUTH	THE ILIAD
DUNE	THE RAVEN
EMMA	THREE MEN IN A BOAT
ENIGMA	WALDEN
IMPERIUM	WHITE FANG

Middle C

```
J C W S K F Q D E C R N C E G
F T S A N E H C T I K Z U N V
X C Y U U W E B C A S T N E D
R J D C C A S C A D E H I K I
D M V E K C S P M L C C C C S
I W O R L P E L A U C T O A C
C K U S E W L E E C R O R L A
C C C D C T M A D C I C N B R
A O H N E U N Y C X R N L Y D
L N E V I H N E K A O A G U A
F C R C W A C G C F T Y P B F
C E L D C C Q N P S C E C F O
S A B S C I S E U Z A X F C G
C L U V D U J X D H R N K J W
B T X G T E K C I H T X Z Y C
```

ABSCISE	NASCENT
BALCONY	PARCELS
BLACKEN	PLACATE
CALCIUM	SAUCERS
CASCADE	SPACING
CONCEAL	SUCCEED
DISCARD	THICKET
FLACCID	TRACTOR
FULCRUM	TUSCANY
HUNCHED	UNICORN
KITCHEN	VOUCHER
KNUCKLE	WEBCAST

Made of Paper

```
R H P M A T S E G A T S O P L
E Y A J V K X M H K K J U E E
T E R N O P O D E C X P N H G
T N Y O D U T O G A B A E T O
E O G G T K R O B S L N M K Z
L M A Q N C E N W P U S K T L
S F T T E E E R A E F P Z T J
W U T L M K R R C L L K R E R
E V F K E R H E I H E V N K E
N W I O T E E X T D I O A C P
S T G C A C C L V L P E I V P
E G O F T E Q X E U I O F Z A
P D A W S I M O O B V F G X R
C A A B S P L C N N A A R D W
D R M M C T L L I B L L B K J
```

BAGS	MAP
BILL	MENU
BOOK	MONEY
COUPON	NEWSLETTER
DIRECTORY	PLANE
FILTER	POSTAGE STAMP
GIFT TAG	RECEIPT
HANDKERCHIEF	SACK
INVOICE	STATEMENT
JOURNAL	TEA BAG
KITE	TOWEL
LABEL	WRAPPER

Pasta

```
I Q P E R O I F E R D A U Q M
L G I B J A I C C E R A S A C
L E L L E T S O E D I F F R E
I M L F A Y N B A E T A E N N
S E U R S Y J E N O L S N P I
U L S I N I T N Z D T G I F C
F L D N N F E B E E R W U I C
N I V O T P V F D E I E G R U
Q R T C R O T I N I L X N P T
I I L A S A G N A Z O Y I N T
Z N X M Y A G F A R F A L L E
E O I U L E I P E Z F O Z A F
M U S L N W G L P I U I Z Y E
L G I R I B L Z I R T E P R A
B U T R O F I E P I M T K M O
```

CASARECCI	MAFALDE
CRESTE DI GALLI	ORZO
FARFALLE	PENNE
FETTUCCINE	PILLUS
FIDEOS	PIPE
FILINI	QUADREFIORE
FUSILLI	ROTINI
GEMELLI	STELLE
GIGLI	TROFIE
LASAGNA	TUFFOLI
LINGUINE	ZITI
LUMACONI	ZITONI

Mountains

```
C S H U R N G V K J U R B E A
J I M A A C U U J I L E C R O
F N Q E H L N Z N W A G F A N
X E Y O R G K T N N K I L V F
R C O Y O U O E T I A E P I A
W Y A N B R J T H Q M J G L N
U L G R E I N I A R T N U O M
N G Z L Q N J S A R U I S B P
A E S I N A I C S L A N Q E J
E Z N N Q Y T J A S I R S C T
A W G V O D E T M V M T A U F
E V T L A W I A G I O F L R U
T R I V O R D C W H Y I I B J
P S E M G A E O L Y M P U S I
Y E S T P U N N N A Y J P B M
```

ADAMS	LHOTSE
ARARAT	MAKALU
BOLIVAR	MERU
BRUCE	MOUNT RAINIER
CARMEL	NUPTSE
CENIS	OLYMPUS
CHO OYU	SINAI
EIGER	SNOWDON
FUJI	TALUNG
GONGGA	TEIDE
HEKLA	TRIVOR
JANNU	VINSON

Words Ending END

```
D U D Z E N D D H D N E J D O
L N I N F H N N D E S C E N D
P B E H E E D E P D G D V E F
N E R R P T A K N R A N M F O
L N P S E G X E D N E E A F R
T D U W C V I E E N D T D O F
D S E O E F E W A D T N E B E
L N B E N D K R N E E I V N N
D R E C O M M E N D T R E N D
M Y F P T M P D I I L E L N S
G S R D S E P V S T I P E N D
C S I N D S I A E N D U G C J
E D E E F D I G G O D S E N D
N K N P H A F M D N E T N O C
D K D U E N D B S Y E N D N H
```

ATTEND	OFFEND
BEFRIEND	PRETEND
CONTEND	RECOMMEND
DEPEND	REVEREND
DESCEND	STIPEND
DIVIDEND	SUPERINTEND
EXTEND	SUSPEND
FIEND	TREND
FORFEND	UNBEND
GODSEND	UPEND
LEGEND	WEEKEND
MISSPEND	WEND

```
X E R E V Q T R M Y F S M O G
W R V E R Q W C B H A A R A D
S E Q Z W U X J I B A W I B I
F H J E F O S Y H D L Z I R M
J P T E R I H S S U E Y E A U
V S L R W O T S E Y T R R I H
H O C B A J T L R R U B P N W
Q M L T J H E C F T P L E Y H
L T H H Y M C O A T M R R N Q
Y A A Q E U R R L F E T I N J
W Y K N H E E S L V L E G A W
O J T H C P H O E U Z L L T I
L S Z A M A O S S N O W I S Y
B M S E Z C T H M Q Z M X H V
X T T Y U Z G O H C Q H R P C
```

AIR PRESSURE

ATMOSPHERE

BLOWY

BREEZE

CHART

CHILL FACTOR

COOL

ELEMENTS

FAIR

FORECAST

FRESH

HAAR

HAZY

HUMID

PREDICT

RAINY

SEVERE

SHOWER

SLEET

SMOG

SNOW

SULTRY

TEMPERATURE

THAW

Countries of the World

```
A S U X Q A W M O Z Q R H A D
A U M R Y M S A G Y N O M A N
V I R I B A N G L A D E S H B
W O R B U N C Y P E C N M O A
S A Y Y W A B A A U S O A I H
Q T D I S P J I A C W B L O R
I U N B L A N D O R R A S W A
I V A S A O O T W N M G A D I
F A L Z D R L V Z E C N E L N
G L E E M A U U F I D N G N Q
J U C Z N S B D O A M T U G B
W A I D O B M A C A O J Y G C
M H M A L T A O R E H J A B D
H I L Z J O P K N M Q N N W N
A D Y L E B Y L A T I R A O Y
```

ANDORRA	LAOS
BAHRAIN	MACEDONIA
BANGLADESH	MALI
CAMBODIA	MALTA
DENMARK	OMAN
ECUADOR	PANAMA
GABON	RWANDA
GUYANA	SCOTLAND
ICELAND	SYRIA
IRAQ	TUVALU
ITALY	USA
JAPAN	WALES

Social Media

```
E Q G C T L S C E U B C Y R H
S T E E W T O T H M P H K G J
M D I K G M G P A O P C W R P
E A E V M J N I S T I W Q O M
E V S E N T O T V L U K B U H
T A N H F I I U F K B S X P X
U T O G U N T K O O B E C A F
P A U G G P A R E O W W K I R
S R L I N K S O S B A J I E I
S T L D U C R U U D U H T K Q
F O L L O W E R G N N T Y M I
A E J Q T T V A Y S I E U A S
M Q U A A P N G N W N T I O W
U B G C C S O C T E S A R R Y
Y S T T S A C D O P F Z F R F
```

AVATAR
COMMENT
CONVERSATION
DIGG
FACEBOOK
FANS
FEEDS
FLICKR
FOLLOWER
FRIENDS
GROUP
INVITE

LINKS
MASHUP
MEETUP
ORKUT
PODCAST
POSTING
STATUS
TAGS
TWEETS
TWITTER
WIKI
YOUTUBE

Juggling

```
S E M U T S O C F S E T A L P
E B N O I T A L U P I N A M S
G L V S N F Z G J U G G L E R
N K T L Y W P A E Y A S J Z W
A S E L T T I K S C R G T J Q
R S A A E G E X T A N N U H Y
O O B B B G G S Z R G A C P J
L E M U A B G T U U I T L M S
O S S T L I N G P C A N R A E
R D S I J C I O A C R O G N B
T N T N O Z S E Y A F I I S W
N A K E U P S W O R H T C O K
O H E P O H A L E Y U Q H V X
C Z H O P J P P N O X S V V R
S T H D E Y T I R E T X E D R
```

ACCURACY
BALANCE
BALLS
CATCH
CIRCUS
CLUBS
CONTROL
COSTUME
DEXTERITY
HANDS
HOOPS
JUGGLER

MANIPULATION
ORANGES
PASSING
PERFORM
PLATES
POISE
RINGS
ROUTINE
SHOW
SKITTLES
STAGE
THROW

Earthquake

```
P D H C S K A E L S A G C G M
T R W D I M D E K A U Q Z E B
W A O E S N S U C O F D O C U
Y Z B M F T O R S E R I F N C
G A N W E O L T O I P S M E K
R H O I C R S U C L S T D L L
E H B R S U T E A E L U A O I
N D U E N R J T C F T R M I N
E S I A F X E R J I Q B A V G
T S M L I S O S N P J A G J W
M I D S S F K G K U N N E F I
W K B Z S D A D H C L C X A S
B P O A U M N L A V A E H P U
S Z V O R J C A I D Q R X A H
C Y W R E G E O L O G I C A L
```

BUCKLING	GEOLOGICAL
CRACKS	HAZARD
CRUST	LANDSLIDE
DAMAGE	MAGNITUDE
DISTURBANCE	PLATES
ENERGY	QUAKE
FAULTS	SEISM
FIRES	TECTONIC
FISSURE	TREMOR
FOCUS	TSUNAMI
FORCES	UPHEAVAL
GAS LEAKS	VIOLENCE

Nautical Terms

```
W D R A O B A P N L X J I B N
D E C T S L U L D T F A B I T
D T A O B R J R R H R D F V K
N R E T S S A Z D L O O R J C
H S X E H O F F I C E R P X E
F M R Z B E M F B L R H R I D
P C H R M I R Y D K Z E O J P
J S A T E R N D S T L O W N O
H T N R S E O N E S A C E H O
S E P S S A T S A C T O L I P
Y W F S R S M H P C K A K B Z
N A U K K I S I H N L L C G B
H R W C W I F P U S G E A K H
A D E L E G A R E E T S T T S
F D T N F O R E C A S T L E Z
```

ABOARD	PORT
AFT	PROW
BINNACLE	PURSER
BOAT	SHIP
CREW	STACK
DECKS	STARBOARD
FORECASTLE	STEERAGE
MAST	STERN
MESS	STEWARD
OFFICER	TACKLE
PILOT	WEATHER DECK
POOP DECK	YAWL

Train Ride

```
J Y E N R U O J S R F Y Y R T
N P X S C E E L S T A E S J E
O Y T D R L E X T L R I Y V K
I U R S E E F R E Z E L L G C
T E A Y H P G V I T S D E S I
A L C W S L A N G I S O L R T
N T K O I R U R E U Q O B G S
I S S U T E H G T S N R A U E
T I D E W Y F D G U S S T A R
S H A R R I V A L A R A K R D
E W N W I N D O W C G E P D A
D D Z N P V D M Y C G E R Y E
M S T N E M E C N U O N N A H
E C I V R E S R F K N B Q V S
Z T J R B G R E P E E L S R M
```

ANNOUNCEMENTS
ARRIVAL
DEPARTURE
DESTINATION
DOORS
DRIVER
FARES
GUARD
HEADREST
JOURNEY
LUGGAGE
PASSENGER

RAILS
SEATS
SERVICE
SIGNALS
SLEEPER
TABLE
TICKET
TRACKS
TRAVEL
WHEELS
WHISTLE
WINDOW

Things That Can Be Spread

```
E Z T W Y E M R I P P L E S Y
P F Z D R A D E V W K T U D J
P G S G E L D N A S M R A G P
W J F R O A T E W T I H U E F
I H C V M C H W E V P C S X X
L Y E A L X Z S S L V E F E B
D D G L E G R I A H E I I U G
F E U A P I K S E D G D T T E
I M O T G S T S S Z E T S T R
R C O L E E K U I R E O A R M
E V R P R E L J D R C P J C S
Q U I L T R H O Z E E T Y N M
V H T M R A W S H K C H J A M
D K M Y B N N T P A I N T X O
R M X R A G U S G N I C I G I
```

ARMS AND LEGS	PAINT
BUTTER	PATE
CREAM	PLASTER
DAMAGE	QUILT
DISEASE	RIPPLES
EIDERDOWN	SEEDS
GERMS	SHEET
HAIR GEL	THE COST
ICING SUGAR	THE RISK
JAM	VIRUS
LOVE	WARMTH
NEWS	WILDFIRE

Rivers of Europe

```
T T B Q M A K R S U G A T P O
L M F F A T R E E D U C Y L N
D N A C B E N F I O S M A C R
N E M R L N Q Z N U I R G N U
I R Y B E O M M E R N N O N T
E E E I J C E R I O L M A S L
S T V T Q D C F P G K M F I O
T V Q G W U U H R A E S T U V
E A D A N U B E I N D A I V T
R V Y K V B A L B A R N L R P
X A V O N T A K U R H G T V J
H S P T O K P E C H O R A A F
E F Z U X X S P S N N O W I B
S K S X N J G N K Q E I C D Q
P E F A V I S K A R S F Z G N
```

ALIAKMON	MEDWAY
ARNO	NEMAN
AVON	NERETVA
DANUBE	PECHORA
DNIESTER	RHONE
DOURO	SANGRO
EBRO	SAVA
ELBE	SEINE
GREAT OUSE	TAFF
ISKAR	TAGUS
LOIRE	VIENNE
MARECCHIA	VOLTURNO

Words Starting SUN

```
E T P N E E R C S N U S U N S
C A A S T X W U W U M F Q U E
N H R L U E N S P O N S N W S
A N T E D N D T U A B D H M U
D U N N I L H S S N R N A S N
N S U E T G C U U Y N S U E W
U S S G I S U N N I U N Y S O
S T S L U S E D F N S S A S R
G X N U S K N O L P S U D U S
E U N U N U U G O A U N N N H
S U V U U D S T W S N B U B I
S C S W S N E S E R S U S E P
S U N W A R D C R J E R U A P
S U N P O R C H K B T N H M E
S U N S U N D R E N C H E D R
```

SUN DANCE	SUN-DRENCHED
SUN DECK	SUNDRY
SUN HAT	SUNFLOWER
SUN PORCH	SUNKEN
SUN WORSHIPPER	SUNLIGHT
SUNBEAM	SUNNIEST
SUNBOW	SUNSCREEN
SUNBURN	SUNSET
SUNDAE	SUNSPOT
SUNDAY	SUNSUIT
SUNDEW	SUNTRAP
SUNDOG	SUNWARD

Costume Party

```
Z O N Z L B A N S R E P U M A
O T W E W C R S U C O I B D Y
M V G X I N S U A G L A N M C
R N O X T E F M L F T O M E P
A O B O C I A P C M S U W G G
V C L N H L S S A R M N X N E
I U I I A A P N T S O H G B I
X R N D A V Q S N R N L Z O B
P X D C Y S V H A S O U C P M
F I S R L V I T S W H N R Y O
N T I F I P H H I P Z R A S Z
B A Z K P G P Z M B O J D U E
F L I Y I K A T O B O R D Y T
E N L N V R L S U P E R M A N
G A K S D W O R C E R A C S H
```

ALADDIN	MUMMY
ALIEN	NURSE
ANGEL	PRINCESS
ASTRONAUT	ROBOT
BATMAN	SAILOR
CLOWN	SANTA CLAUS
FAIRY	SCARECROW
GENIE	SUPERMAN
GHOST	VIKING
GOBLIN	WITCH
HIPPY	WIZARD
KNIGHT	ZOMBIE

Hiking Gear

```
T V K C A S K C U R S K M W F
K N E F I N K X F K Y D Q O M
S K E Y I U Y T C R R K O X E
A R J L S R M O E K A D X O L
L P E M L U S E H K X C R D O
F Q S W P E N T L C N I S F P
M H E T M S P G A T R A R V G
U T O A O G L E L I S O L O N
U H P X E O S J R A D I T B I
C O F J V E B A R T S K H F K
A R U E H A R E M A C S I W K
V E S C S S A P M O C E E T E
H T T B I N O C U L A R S S R
R A F I E L D G U I D E W N T
M W T E N O H P E L I B O M I
```

BINOCULARS	MAP
BLANKET	MATCHES
BOOTS	MOBILE PHONE
CAMERA	RUCKSACK
COMPASS	SCARF
FIELD GUIDE	SOCKS
FIRST-AID KIT	SUNGLASSES
FOOD	TORCH
GLOVES	TREKKING POLE
HAT	VACUUM FLASK
INSECT REPELLENT	WATER
KNIFE	WHISTLE

Power Rangers

```
A S O U N O R N E I L R A H C
T T I D E U S N U X S Y T A A
X T R L D Z H O A H E E N Y U
E O M E E G H Z R A N N U I Q
D C K A G N Q Y F T O L V Q N
R S O N B U I T Z D S W I F Z
O N R B I R R H U H R E H L N
F E A O S N T C P M A R C O Y
A J G W C U J F E L C N R R D
R D G C F G C O B I E E E A
I E A K G T V R R N G D U Y C
K X N X T H B X O G D G A P A
C H A D L E E R A C I M O U S
O Q P M A O A D D H R S F D E
T R I N I K W A N S B H V F Y
```

BRIDGE CARSON	KIRA FORD
CASEY	KORAGG
CESTRO	LEANBOW
CHAD LEE	LILY
CHARLIE	MAYA
CORCUS	NINJOR
DAGGERON	THEO
DAX LO	TIDEUS
DELPHINE	TRINI KWAN
DOGGIE CRUGER	TYZONN
JEN SCOTTS	UDONNA
KARONE	ZHANE

Oils

```
H D H A K L F X P T U N L A W
J I X B B V A U N L A W R Q Y
T E D U R C J L I C H X Y B S
T S W B S E S A M E F S A U X
O E U Q Q U R V O O T B I J L
O L I C L Y T A L M N N D F Y
F X J O N H J P S E E D I B L
S B O U E F X M Y S E S A C T
T W J L K A G D Q L A R O J U
A K O V A W E C I G A C O R N
E L B V N E D T H R O C A U A
N H A P S H A L E N L F U M E
X H A N O L E K U O X E U E P
L L I I O G T T V X T Q K E M
M L P V R X U E Y R H O W Z L
```

ALMOND	LINSEED
BABY	MACASSAR
CLOVE	NEAT'S-FOOT
COCONUT	PALM
CORN	PEANUT
CRUDE	ROSE
DIESEL	SESAME
EUCALYPTUS	SHALE
FISH	SNAKE
FUEL	VOLATILE
HAIR	WALNUT
JOJOBA	WOOL

Curtains and Drapes

```
F W Q N O G F W Z H Q L Y D L
I L R P W V U M S V O R A I C
X Z J E A O E F X T M O N C I
T E K D O A D R R S A E K M E
U S I N G L E N E I D G F S F
R G Z G B M A E I I L J E C C
E N V A L A N C E W T L S H Z
S R Y C I T C F Y O X R T J T
T E T R N E C I R B A F O J N
S T E N D R E T S E Y L O P I
G T F N S I R E W O H S N P H
Q A A Q H A N O T T O C S R C
T P S U I L S E P X N N P C T
X Q E L K C A R T F A O T N K
J W S W M C P L A M R E H T X
```

BLINDS	PATTERN
CHINTZ	POLYESTER
COTTON	PORTIERE
FABRIC	RAILS
FESTOONS	SAFETY
FIXTURES	SHOWER
FRILL	SINGLE
HOOKS	STAGE
LACE	THERMAL
LINED	TRACK
MATERIAL	VALANCE
NETS	WINDOW

```
B A I R B M U P M N G E F Q D
E L E R E S I L I U N A K S A
I E O T B H Y T I O R A Z V J
K N C Z R S R S H M R C T T I
S T H S A A V R G L O E I V K
L E L Y T K V P N L R U B A H
E J E R I O L N R E A Y S R Y
B O N A S J O E N M N R M I O
U J V G L G Q M T A T S U B N
L G E L A H S E T H D C W S H
V S U R V T S T E H R P K P K
T X A Z A I I S N A V A R R A
O A S N L R S R A V B V D Z M
K C R O B E W B O E C A S L A
K C M N N O E L Y L D T U R N
```

ALENTEJO	MOLISE
ALSACE	MURCIA
ARAGON	NAVARRA
BRATISLAVA	NERETVA
BRITTANY	NITRA
GLARUS	OREBRO
HESSEN	RHONE
ISERE	TARN
LEON	TIROL
LIMOUSIN	UMBRIA
LOIRE	VOSGES
LUBELSKIE	ZUG

Geographical Features

```
J H I E G D I R X P V C M Y X
N C J B L C T C J Y E A S R K
L A O H S L O P E O R I N O V
Q E E X L C A X F S K Y R T A
F B N C N T F F H G C S E N L
L H U W O F S H R S O G V O L
E Y I L M X I N R E W K A M E
D Y L J Z L G A B U T A C O Y
G O G A L E P I H C R A M R Q
E S C A R P M E N T P M W P N
E N I L T S A O C R H L O W Q
Q C I C T V F R I O I P A O D
Q O A S I S R E S E R V O I R
M V M P Y X N C E N H Q E E N
D U F J E H F O L R J A A R C
```

ARCHIPELAGO	OCEAN
ATOLL	PLAIN
BEACH	PROMONTORY
CAPE	REEF
CAVERN	RESERVOIR
COASTLINE	RIDGE
ESCARPMENT	RIVER
HILL	SHOAL
LEDGE	SLOPE
MARSH	SWAMP
MOOR	VALLEY
OASIS	WATERFALL

Occupational Names

```
A X T G K R N V C F R V R X T
D C R E H C R A T E P E B D E
N O S A M E S G W O N N O D U
J Z Y X N A A E R M A E W U H
E T W N D R R T U M G T M B S
V D I D D B E S T I H D A S X
G K L E R R B I H R M R N R A
S E N A E A P A X A K T E E D
R E G C H G W M K E L K Z R K
R O E O P A K E R E L L E O Z
M S H N E T A N T A R Y O W R
J M V O H A L J W S D C E M A
M I K Y S C A R P E N T E R G
K T B J K N W R E T X A B C Y
X H R E M R A F R E B R A B A
```

ARCHER	GARDENER
BAKER	MARSHALL
BARBER	MASON
BARKER	PITMAN
BAXTER	PORTER
BOWMAN	SADDLER
BREWER	SHEPHERD
CARPENTER	SKINNER
COOK	SMITH
DEACON	STEWARD
DYER	SUMNER
FARMER	WALKER

Volcanic

```
N H O E V I T C A D K W G M X
U S U D E C U K S S E S A G O
S M A M R N P H H L W T V K D
C R C K O I U M E L M A E T S
O H A R U N M H S A T D N P D
N G L H R E I V H V I A E L L
D Y D V A T C E E A M S X A E
U C E S N L E C F R M X L T I
I N R V N O G K O M U S K E H
T F A S D M I D M J S S W S S
K L Z G K A W T C C R U S T T
J A Q Q L C J M P J U U W I J
P N P Y W O O L Y U Q A Y A F
W K Z H Q N X R S C R A T E R
A M G A M E M A N T L E O G F
```

ACTIVE	LAHAR
ASHES	LAVA
CALDERA	MAGMA
CONDUIT	MANTLE
CONE	MOLTEN
CRATER	PLATES
CRUST	PUMICE
DORMANT	ROCKS
ERUPTION	SHIELD
FISSURE	STEAM
FLANK	SUMMIT
GASES	VENT

Plumbing

```
M S E R O T C I R T S E R C Q
F O T K Z M S F W E P X E N V
T L E D F E B O W N A P L T W
A D C Y A Q L K A I R P L S A
O E U L S U I E S H T F V U G
L R A G U K P K T C S I N K G
F N F Q P I A T E A R U X Q I
T O U K P E P M R M O M C E P
C U R L L S U O Y G T D E V R
Q G I C Y Q M O B N A X Y L E
A O K Q E F P R Z I I F P A T
S E W A T E R H X H D B D V L
D U W R K E A T P S A E E Y I
X U L F M U I A F A R G T N F
Q S B K V J K B O W T A N K D
```

BATHROOM	RESTRICTOR
BEND	SEALANT
BIDET	SINK
FAUCET	SOIL PIPE
FILTER	SOLDER
FLOAT	SUPPLY
FLUX	TANK
FORCE	TRAP
LEAKS	VALVE
PLUG	WASHING MACHINE
PUMP	WASTE
RADIATOR	WATER

At the Marina

```
B V E M P E G N A I B S A S R
R S G N I R O O M Y U Z U H Y
O F D A A N K L X P B P Y T V
K C O D C R E M V O P S I X W
E Q R N A U C F L L Y R K D O
R S J S F E E S I O U G T F F
O J U B E J M E U C F I K C I
R R E O S I S B E Q X R T N S
X E R A H B T S X A H O A T Z
K E E T G B D I T S L F H H E
H N L S U E U R L I T C X W W
G I I Y A R E L P I A H G H Q
E G A R O T S T C Y C A G Y W
W N R A A H K C O L L A D I T
L E T W N O O T N O P R F V L
```

BERTH	LIGHTS
BOATS	MOORINGS
BROKER	PILOT
BUOYS	PONTOON
CAFES	SECURITY
CLUBHOUSE	STORAGE
CRANE	SUPPLIES
DOCK	TIDAL LOCK
ENGINEER	TRAILER
FACILITIES	WATER TAXI
FEES	WHARF
FUEL	YACHTS

Carnival

```
T J M S V Q E J G J D F X W L
E E S S E C F A S C H I N G S
E X N D I S K R B F E E Q E T
R H W L F M R A O U P S S C A
T A O I G B L O D N O T D H B
S P L U K L X J H F N A F A O
D M C G O S U J L A M S H R R
A K O O K G D O N I M A X I C
N Q N K G N A N I R W U L T A
C S U L J T E J A A J O S Y A
E Q E S S P B U R B R B D I N
R R G G P K X D X R Y E R U C
S B Z A O V S G I P G V U R Q
B I N L R E V E L R Y E M R O
P C W F S K S S E M U T S O C
```

ACROBATS

AWARDS

BALLOONS

BANDS

CHARITY

CLOWNS

COSTUMES

DANCERS

DRUMS

FASCHING

FIESTA

FLAGS

FLOATS

FUNFAIR

GUILDS

HORSES

JUDGES

JUGGLERS

LORRIES

MUSIC

PENNANTS

POLICE

REVELRY

STREET

Ancient Cities

```
O H C I R E J A K U E L A P H
Z M A O B E C S R X R G X P N
U I A N G K O R E Y Y C M E S
H A R S G A E R D B M T J R R
C P T I N A A Z E S E L T S P
C P S N T E M Z T M G H A E A
I A I M O O Q S I I J F T P I
P R N A U M R I I O K R X O R
U A A L S M E K A T A A T L D
H H T O Q P A R A L P V L I N
C R D T M U Y G T N E E N S A
A O R O Q C Q I R N Q P L B X
M O P C A L N E H E E C P X E
Y K N O S S O S I Y P K G O L
F O W M S U S E H P E W D Q A
```

AKROTIRI	MACHU PICCHU
ALEPPO	MEROE
ALEXANDRIA	PALMYRA
ANGKOR	PERGAMUM
CALNEH	PERSEPOLIS
ENTREMONT	PETRA
EPHESUS	POMPEII
HARAPPA	SODOM
JERICHO	TANIS
KNOSSOS	THEBES
KUELAP	TIKAL
LEPTIS MAGNA	TROY

Photography

```
B I J X R H T L X P L S E K O
Z L U R E D N I F W E I V F C
A H U D N E O X E E D Z R A N
A R S B O P R T C T O A L Q S
B G E N T D Y U T U M H G M E
F L N M A X G A T E S L L N G
A K U I A P M E R X A H I H A
P Z L R N C S L O Z E N F R T
E R M A G N I F I C A T I O N
R W I A U H A N K C P T E X O
T F F S V L G P I R E X I F M
U E L C M O T V I A N L L E S
R K A L S O H N X J W A G W G
E F S T O P T X A L R R J N B
J H H L X S T N M E P G G S A
```

ANGLE	MAGNIFICATION
APERTURE	MATT
BLUR	MODEL
BULB	MONTAGE
CAMERA	PANNING
DODGE	PRINT
FIXER	PRISM
FLARE	SNAPS
FLASH	SPOOL
FRAME	TEXTURE
F-STOP	TONER
GLAZING	VIEWFINDER

Stitches

```
Z Y E F K G R G G G N O L I L
O H J Q A M N N G D T E N T T
K Z C Z X I I E N S M B W N O
X H G W T K N I A H C K F K M
N I S S C P L C P Y R L I H F
Z I A A R B R I F Y O H B E Y
B B T P L E L O H Q S L L M R
L A S A V S K K H A S O A M E
Z Y T O S S B A S Q H C N I D
D A R N I N G F M N C K K N I
B O E B L N C H O L W Y E G O
D N T A E A A T J D I L T M R
W N C C D M T P O E N A G F B
F B H K I U C N Q W B J S A M
V Y V F B A H X V W H I P N E
```

BACK	LOCK
BASTING	LONG
BLANKET	OVERCAST
BLIND	SAILMAKER'S
BUTTONHOLE	SASHIKO
CATCH	SATIN
CHAIN	SLIP
CROSS	STRETCH
DARNING	TACKING
EMBROIDERY	TENT
FAN	WHIP
HEMMING	ZIGZAG

Popos

```
T M W D U W C S S E N T U U W
S K E X D P U O C O N R E U X
U A N A I R E C N E B E I X I
I U I R E L H O C A S D G A S
C T T T C S C O N I Z A J U D
I J N C P U N H C F L M T S E
L A A O A N S N V U V A E U J
P Q T Q I I A U A R D S L N A
M R S H W R U P I O T U S O W
I S N N F Y N S E B N S U D W
S U O F E H M D S F E L I X P
S C C I O P A K N P M S L I L
K R S J F E C R E T E P U T Y
E A Y I X Z O D N A L S J E W
G M X K X X Y R A H C A Z S E
```

ADEODATUS	INNOCENT
ANTERUS	JOHN PAUL
CAIUS	JULIUS
CLEMENT	LANDO
CONON	LEO
CONSTANTINE	MARCUS
DAMASUS	PETER
DONUS	PIUS
EUGENE	SIMPLICIUS
EUSEBIUS	URBAN
FELIX	ZACHARY
FRANCIS	ZEPHYRINUS

Famous Building and Monuments

```
S C A E G N E H E N O T S Z X
V D L H L I S I L O P O R C A
P E I O A L K Q C S P A H C F
I S M M H M U E S I L O C N B
E U A E A E S U A H U A B N V
M O S W M R X A A R A X H T I
A H A O J K Y M L N B R Q O L
D S C O A M B P U A T B D W L
E I D D T R U K L M C W V E A
R N E C A L A P L A T S Y R C
T N L H I K X K M U M P A I A
O E N O N E H T R A P X P L P
N W C I T Y S P I R E J U V R
T I K A L E G A T I M R E H A
T E I N O R I T A L F H F C J
```

ACROPOLIS

ALHAMBRA

BAUHAUS

CASA MILA

CITYSPIRE

CNN TOWER

COLISEUM

CRYSTAL PALACE

ENNIS HOUSE

FLATIRON

HERMITAGE

HOMEWOOD

KINKAKU

KREMLIN

LA SCALA

NOTRE DAME

PARTHENON

PYRAMIDS

SHARD

STONEHENGE

TAJ MAHAL

TIKAL

UXMAL

VILLA CAPRA

Rivers of Canada

```
E H I L E R V O Y A R H H C Z
L N H K B T N I I H R P B F I
I W F S H J I A B I T I B I H
I W X I B E Q H M D Z P O N O
J J X N O K U Y W H N O A M R
T V F I K W Y A Y Y C M W V T
H D S W A W L Z D L D N J V O
N S T N N B A T T L E S E A N
O T I V A U D F O E W M N R N
S V E N G R M D G P F D I R F
L Y Y Z A Y R R W R E D E K T
E H Q I N P J M A R E V A E B
N I L S E T S S A E V A L S
E G R A N D E O U S H K H E R
H S Y J D R N T O T I T E P X
```

ABITIBI	OKANAGAN
ALBANY	OLDMAN
ANDERSON	PELLY
BATTLE	PETITOT
BEAVER	RIDEAU
FRASER	SEVERN
FRENCHMAN	SLAVE
GRAND	SPANISH
HORTON	TESLIN
LIARD	WHITE
MOIRA	WINISK
NELSON	YUKON

Weighty

```
Y V Y P R E S S U R E S E M U
T F X V W A V Q N O B C C A B
I D A R A O L I F T G A N R E
V X Z Q U E M P S N W L A G A
A V N N Y A H E B S H E L O R
R Y C T S N C U T G E S A L I
G E F S F R N O S N A R B I N
D E I Q O W N R U I V N P K G
H V C F I E B X P H I E K P D
E V U E T A S S P S N D V C O
F P L B L L N W O U E R R X W
U D O L R O N H R R S U E M N
Y V A U T R C A T C S B S S F
Y S S E N I T H G I E W Q G A
T M G D U D Y Y H D L O A D Q
```

BALANCE	LOAD
BALLAST	MASSIVE
BEARING DOWN	OPPRESSIVE
BURDEN	OUNCE
CRUSHING	POUND
FORCE	PRESSURE
GRAVITY	SCALES
HEAVINESS	STONE
HEAVY	SUPPORT
HEFTY	TONS
KILOGRAM	UNWIELDY
LIFT	WEIGHTINESS

Night Creatures

```
L R E P I V H S A L E Y E O O
E I B C C R H D R G G T T L S
L E V A Q Y B A A Z A T T T Y
O I C E D F E U J O E E I A T
M Z E N D G A X T R J O G R O
E J Y K A N E S H R G R E S L
A Q A M E L A R G N A J R I E
O J E B K M E I I M P W L E C
J Y Y O U V A D N A P D E R O
B E A P A E S K R A V D R A A
H L R E D F O X A E M X E I I
A G B B X J O W W K F S J X T
K R D D O C V R G N A V A H P
L O O E J A M U S S O P O T E
R O T C I R T S N O C A O B M
```

AARDVARK	MOLE
AYE-AYE	NIGHTJAR
BADGER	OCELOT
BEAVER	OPOSSUM
BOA CONSTRICTOR	OTTER
DINGO	PUMA
EYELASH VIPER	RED FOX
FER-DE-LANCE	RED PANDA
JERBOA	STOAT
KAKAPO	TARSIER
KOALA	TASMANIAN DEVIL
MARGAY	TIGER

Islands

```
F I J I Z M A U G M E U L G N
T U K J C S P B V J A L U T Q
H A H C O R F U U E F E I Z D
G M A B J A V A N C R Q Q N D
I B R V T I J I A N M M A H S
W P G U R O U Q S A O L O A G
F F Y P S G B E D D T I R G R
K N A N W I Y A O O O K I W D
H C S E J R G M G E Z E K O Q
C X N N I A O X N O O H M Z E
P B I D S K J R B E G I O C O
X C P C C G O U S F N H C L A
V H A P H B L S D I I W J B V
N R H B I V V C C G Z K I A L
V I S O A Z B A F F I N T S H
```

BAFFIN	ISCHIA
BORNEO	JAVA
CAPRI	KHARG
CORFU	KOMODO
CUBA	KOS
DOMINICA	MADAGASCAR
EIGG	MAUI
FIJI	NEW GUINEA
GOTLAND	SARK
GOZO	SHAPINSAY
GUAM	TOBAGO
GUERNSEY	WIGHT

Birds of Prey

```
S P A K W A H W O R R A P S E
O E N O C L A F R O D N O C Z
S U C W O R C N O I R R A C G
P B A R N O W L B N E H D H H
R K R B E L W O Y N W A T X K
E W A K L T Y Z N P W R C N W
Y A C M I R A U E E R R M O A
A H A J X T R R R Q O I E F H
B H R X P D E U Y L Y E R F N
J S A W A G T K E B E R L I E
A I R O R L S R B L I J I R K
E F R I U I T O G D W R N G C
G E N V F S H A B E E V D W I
E E D R E I E G R E M M A L H
R M F K W A H S O G S F E I C
```

BARN OWL   JAEGER
CARACARA   KESTREL
CARRION CROW   KITE
CHICKEN HAWK   LAMMERGEIER
CONDOR   MERLIN
EAGLE   OSPREY
FALCON   PEREGRINE
FISH HAWK   ROADRUNNER
GOSHAWK   SECRETARY BIRD
GRIFFON   SPARROWHAWK
HARRIER   TAWNY OWL
HOBBY   VULTURE

Goodbye

```
P A H T A H C T A P S E D U C
I A U F W I E D E R S E H E N
R F D E P A R T U R E S T S U
T V C X U D C G O O D D A Y G
T W P G N I V A E L T L K K E
N A Z E A V G O I N G A W A Y
A D V O V S O L O N G Y T H B
S I C R E D E V I R R A K A D
A O W Q S P E T O O D L E O O
E S C H E E R I O V E R U A O
L N Z W Y A N V E D O X J A G
P U A B P N Q D E E P S D O G
G V E T A J S E O E Y I A X E
E Y L L E W E R A F E M P L B
B S A Y O N A R A U F D C F M
```

ADIEU	GOING AWAY
ADIOS	GOOD DAY
ARRIVEDERCI	GOODBYE
AU REVOIR	LEAVING
AUF WIEDERSEHEN	PARTING
BYE-BYE	PLEASANT TRIP
CHEERIO	SAYONARA
CIAO	SEND-OFF
DEPARTURE	SO LONG
DESPATCH	TA-TA
FAREWELL	TOODLE-OO
GODSPEED	WAVE

Zoology

```
E U N G U L A T E M P D M E S
N U P R P N N N D J D E E L Y
I V B T N A I Z R Z T O N I Q
N F E E E U L A W A Y T E G Z
A U L T G O L L B G V N U A C
C I W N A U J O I N T E D V O
D C A I L R L Y A U U V K I L
E V L A V I B R L D M E F P O
R B C R C G U E N A A E E M N
C Y M H M N N U T X C D L A I
L Y T C A D O I T R A S I N A
Y R E D I P S M S T E V N T L
U S A U M A W Z E N A V E L F
H P P O S T E R I O R G Q E R
Y A C A U D A L L M Z P S N N
```

ACAUDAL	FELINE
ALULAR	JOINTED
ANGUINE	MANTLE
ANNELID	METABOLIC
ANURAN	PALLIUM
ARTIODACTYL	PEDATE
AVIAN	POSTERIOR
BIVALVE	SCALY
CANINE	SPIDERY
COLONIAL	UNGULATE
COMPOUND	VAGILE
EVEN-TOED	VERTEBRATE

US State Nicknames

```
M E N U G X T D G P V U Q M A
E N E S Z C B S U N S H I N E
G O E E I R I A R P U C S O N
R T R K B W Y E S I N A O U O
E S G A R A R J I I F E O E L
I Y R L S U D E L T L P N C D
S E E T S N P G V Z O H E M L
O K V A C Q U S E A W X R B I
O B E E H I V E R R E Q H V N
H R W R N A E C O W R B A H E
T L T G R A N I T E Z A W L A
D E M W O H S M T G L H K Q G
Y O R E M M A H W O L L E Y W
R G Y K X F R H H F J X Y A R
N E D R A G D A P U Y I E D B
```

ALOHA	KEYSTONE
BADGER	OCEAN
BEAVER	OLD LINE
BEEHIVE	PEACH
EVERGREEN	PRAIRIE
FIRST	SHOW-ME
GARDEN	SILVER
GEM	SOONER
GRANITE	SUNFLOWER
GREAT LAKES	SUNSHINE
HAWKEYE	TREASURE
HOOSIER	YELLOWHAMMER

Tennis

```
A S E H I K H I A M Q P T Y S
I E O Z E G O V S O S C I L I
N L X B A H O E H W H T P R A
C S W H G S U M E I I E O G G
O A T R I Z M A N E W N A H Q
L M W D W B K G M V C S G C S
E S I I B K I Y A G S I H D E
Z A M B J S Q T N I K O L B C
V I B A B N Q T I A P N S S A
A P L R S K P A X O D I I K C
M G E B E H C Q N E N A L D G
Z A D A W X X O E G I C L R S
K U O I I V S S L G O O A T Q
Q M N H S D G E E B C S E T S
Z S C U S T S K B P S N H Z A
```

ACES	NETS
AGASSI	SEED
BLOCK	SETS
BREAK	SHOTS
CHOP	SINGLES
EXHIBITION	SLICE
GAME	SMASH
GRASS	SWING
GRIP	TENSION
HENMAN	VAIDISOVA
HINGIS	WIMBLEDON
NADAL	WINS

Sushi

```
N I G H K B S P T D E W D W Z
O W H A D R F I U H C A I U O
M I P S E P K Y B B I S U D D
L P G T U U Z K I U R A Q E I
A X S A R Z R O L L S B S E Q
S Y H A N G E O A E C I D W Q
O N A O E U W R H E A C R A B
T J M N S E W Z A N L F A E T
B Q O O W U T A N N L K H S U
H T J M V T P O U E O E C J N
O A I I E M Y O N J P Z V I A
C M E K T A N R T O B I K O P
H A V A M O R E L C I X M Z L
O G L M D E F S S J O C J D A
D O Q X M J C U J N S Y T A V
```

CRAB
HALIBUT
HOCHO
IKURA
KAPPA
MAKIMONO
MAYONNAISE
NAREZUSHI
OCTOPUS
OYSTERS
PICKLE
RICE

ROLLS
SALMON
SCALLOP
SEAWEED
SHAMOJI
SQUID
TAMAGO
TOBIKO
TOFU
TUNA
UNAGI
WASABI

```
Z P B O Q R J O T K C U R T C
M M O L A D E P B A L L O O N
D N E E Z A P T N X O R X P Z
H P I H S E C A P S Q B Z W H
W C O I D N B O F O U B E A T
Y Y T A N A H T A P C X P H Z
R R P E R O C Y R C M I K A M
E R B G K A I A K C H Q L A C
T O E C P A F Q R S U P R E W
H L M L I N E R E M I T C G H
G E L U M Q D S K H A A T D Y
I X R N X K I T S N M D G E J
E O N A C U A R D E R Y A H R
R E M W R X I E L C Y C I B L
F I L C I A M G D S E D A N Z
```

AIRSHIP	HELICOPTER
ARMADA	KETCH
BALLOON	LINER
BARGE	LORRY
BICYCLE	MULE
BOAT	PEDALO
CAMEL	SEDAN
CANOE	SPACESHIP
COACH	TANDEM
CRUISE SHIP	TAXI
CUTTER	TRAM
FREIGHTER	TRUCK

Windows

```
Y L Q W D I J S Y H T E X Y P
T L O S L A T S S D W R H A U
S B L C A E C A S I N G N B Z
I P A I K B S D K X L E L R B
M P X F X V M F Y L C E A Y U
E A A D C L E H L B Z E I K C
T T R L E A D I M P L E S R R
T T T R A N S O M C R E R R O
E E A R U L I E V F F B Y E S
S R F R A M E A M J A M B T S
O N Y K L V U T T E E C E T P
R E M R O D E V H S N Z X U I
D D J X X I E R X G U T P H E
O R P H X W Q L S F I H K S C
E I S U O L A J Q E Y L H U E
```

BAY	LOCK
BOW	ORIEL
CASEMENT	PANE
CASING	PATTERNED
CLEAR	ROSETTE
CROSSPIECE	SASH
DIMPLES	SHUTTER
DORMER	SILL
FRAME	SLATS
JALOUSIE	STAINED
JAMB	TRANSOM
LIGHT	TRAVERSE

Things That Are Measured

```
N A T Y S E S N A P X E L A I
V Y M A S J K X F T N R C D N
V T E G A N N O T G A U L E L
P F X R M B H J I R P S L R R
X W O U E L G N A O S O I U U
T H G I E W H V T W V P Y T T
I W Q I J L O E T T A X A A L
S H T P E D N P A H F E I R S
P K C N D T U C X T R N R E S
N U G U I I P R H A T P F P E
R T L A R S Q F A E V P L M N
H I L S I R C C L T E H O E D
E M E Z E B E A D D I N W T R
K E E H K G C N X T M O W R A
H T D I W S S R T C K D N E H
```

AIRFLOW
ANGLE
AREA
CURRENT
DEPTH
DURATION
EXPANSE
EXPOSURE
GROWTH
HARDNESS
HEAT
LENGTH

MASS
POTENTIAL
POWER
PULSE
SCALE
SIZE
SPAN
TEMPERATURE
TIME
TONNAGE
WEIGHT
WIDTH

Sauces

```
T I A M I F C Y T R E P P E P
J E Q E U E E S E E H C H Z V
D D R F G L A P L L E E O E A
A R B I S H P P P G T F L M U
R R A R Y R P M L I R O L G P
M C A T E A N L H U U E A Y O
O P A N S L K W U T D S N R I
R E U P O U O I E R X I D R V
I S R T E B M N E N B B A U R
C T Y A O R R V G E G U I C E
A O J T I M A A O A N O S P M
I R U E S S A H C W P S E L D
N A I O L I P T O P B S Z A R
E H T A J L E R O J N A E M T
E X S N M V B A O C S A B A T
```

AIOLI	MUSTARD
APPLE	PARSLEY
ARMORICAINE	PEPPER
AU POIVRE	PESTO
BROWN	PLUM
CAPER	SALSA VERDE
CARBONARA	SOUBISE
CHASSEUR	TABASCO
CHEESE	TERIYAKI
CURRY	TOMATO
ESPAGNOLE	VELOUTE
HOLLANDAISE	WHITE

```
M R T U M S E L T S I R B Z A
V C O H H D V I B C C C B Y W
I S R E P P I L F G A S Q W L
U B U D V M T J M N L E I W L
S G N A F L I A T U O N S Z E
M E X H I M N L D B G I D X H
Z S A P N E E G O S M P O L S
U I R M S R S S P O T S O O O
K C O U S H E X L L K O T C F
Y S H H F A P L A E W S T N Z
D O T O V M I I L X K T M A P
A B M O C B R E C A R A B R P
W O D V Z T T R O Z T U E F V
S R S E M O S J A B D C E B D
R P P S N R N H T Y Z F V J I
```

ANTLERS	HUMP
BEAK	MANE
BILL	PROBOSCIS
BRISTLES	SHELL
COAT	SNOUT
COMB	SPINES
EXOSKELETON	SPOTS
FANGS	STRIPES
FINS	TAIL
FLIPPERS	THORAX
FUR	WINGS
HOOVES	WOOL

Washing a Car

```
J L P S J K Y Y T G G R G X H
D X O R E T A W J N W I Z U B
W B F O S C D L I I N Y E G J
O C I R H P H N S S E A S N V
D C D R S A A S G N H W O I F
Q L O I I E R C U I V E H B K
E M T M L F D D B R X V N B E
E M S C O H W S W U B I E U L
T R I P P M T B W O H R D R C
S J S R O H G A T E R D R C I
H P S Z G N X D H P X K A S H
I I A I C I G S Q U E E G E E
N G L O N G U E H S R O O D V
E T G G S F F F O G N I Y R D
U L Z D B I C E S L E E H W Q
```

BRUSH

CHROME

CLEANING

DOORS

DRIVEWAY

DRYING OFF

GARDEN HOSE

GLASS

GRIME

HARD WORK

HUBCAPS

LIGHTS

MIRRORS

POLISH

RINSING

SCRUBBING

SHINE

SOAP

SPONGE

SQUEEGEE

VEHICLE

WATER

WAXING

WHEELS

Varieties of Rose

```
S O R M A A D F K A U E N K F
C I W Y E N I N N H C S W L W
E N H R J W I A E A G K Q I H
E F V I X T U T E G T V R M H
U S G A D G I P A S E R S B S
M B L M I E S F N L K L U O H
B N I U A D A O F A J O T S O
C A I L P S W R R A R P G R T
I M I C A M H D E Y N R J Q S
U N B D A M I R M S E Y O M I
P E R G O N J O A B T Q T R L
R D I T A L H K E M P I O Y K
O C D L M A E C I G B X U G J
U C E T N R I U T E U D J Q U
D E Z A G U H C T L C S X Z J
```

ASHRAM	LUXOR
BRIDE	MALIBU
DEAREST	MOHANA
DENMAN	MOYES
ICEBERG	MYRIAM
IDOLE	PEACE
IGUANA	PROUD
IMPULSE	SHOT SILK
KARDINAL	SNOW MAGIC
LATINA	TIBET
LEGEND	TIFFANY
LIMBO	TRUST

US State Capitals

```
C  S  I  L  O  P  A  N  N  A  L  B  A  N  Y
Z  D  J  E  C  N  E  D  I  V  O  R  P  A  K
S  P  R  I  N  G  F  I  E  L  D  V  U  Z  F
S  K  T  Z  I  P  X  A  I  B  U  T  T  B  Y
U  N  F  G  N  I  S  N  A  L  U  A  P  T  S
Z  C  X  M  N  W  C  T  U  M  T  Y  I  C  E
A  F  H  E  A  O  C  L  Q  J  R  C  R  H  K
K  R  O  A  L  D  O  J  A  N  E  F  N  E  E
E  H  E  N  R  N  I  I  O  K  N  I  G  L  N
P  B  S  V  O  L  P  S  A  N  T  A  F  E  N
O  D  I  H  N  M  E  L  O  S  O  B  S  N  E
T  O  O  B  Y  E  T  S  U  N  N  F  A  A  Y
L  V  B  L  X  L  D  A  T  A  L  D  L  R  E
T  E  O  H  A  H  U  X  H  O  M  P  E  K  H
P  R  N  S  E  R  R  E  I  P  N  U  M  T  C
```

ALBANY	MADISON
ANNAPOLIS	OLYMPIA
AUSTIN	PHOENIX
BOISE	PIERRE
CHARLESTON	PROVIDENCE
CHEYENNE	SALEM
DENVER	SALT LAKE CITY
DOVER	SANTA FE
HELENA	SPRINGFIELD
HONOLULU	ST PAUL
LANSING	TOPEKA
LINCOLN	TRENTON

```
S K N I L R S Y Z H J B A M N
C I G O L E E O D R D I A P L
K S Z Q Z A E W L R T R Q O S
V E T A Z D I H S V G G Y S E
G D M V E Z Q X W N E F Z E L
W O M K T U C A A D A D I R D
H C D Y O F S T C X R X O D D
S G R T R G G D E R P O I H I
X E E E I O U A E X Y L W A R
S S M J N U M B E R E P Z N H
E U N A T S Q E O M G F T J J
U D A J G U Z X M E T H Y I X
L O T P D M X A Z A I Q F E C
C K W R E S A E T N I A R B P
M U O N O K L H K S U B E R U
```

ANSWER   MEMORY
BRAIN-TEASER   NUMBER
CLUES   POSER
CODES   QUOTES
CRYPTIC   REBUS
DILEMMA   RIDDLES
GAMES   SOLVED
HANJIE   SUDOKU
JIGSAW   SUMS
LINKS   TANGRAM
LOGIC   THINK
MAZES   WORDWHEEL

Chickens

```
G A R D B D N R O H G E L A D
K R E W R O V S M T N A T M R
X T V S A A S V G L I C H H A
F A A U M A R A N S K R G A B
O M H L S G Q A P D R O I R G
R U S T G O K L U E O N R B E
P S D A Y F W Q Y C D I B M L
I N E N I H C O C F A M E P M
N O R F O L K G R E Y N S Q A
G F M S P H A M B U R G A S E
T E Z Q K E L Z Z I R F X U R
O D Y Q Z H K A E I K L I S C
N H T R O W X I L U N K O S I
A T N X A P P E N Z E L L E R
S K C O R H T U O M Y L P X Q
```

APPENZELLER	NORFOLK GREY
ARAUCANA	ORPINGTON
BRAHMA	PEKIN
COCHIN	PLYMOUTH ROCK
CREAM LEGBAR	RED SHAVER
DORKING	SASSO
FRIZZLE	SEBRIGHT
HAMBURG	SILKIE
IXWORTH	SULTAN
LEGHORN	SUMATRA
MARANS	SUSSEX
MINORCA	VORWERK

Wood Types

```
L A C G G L O D F L S R H L G
X I G U U S E L T W I L L O W
H J Z T N A C A I S H W A G C
Z C S I L M U V U V U I K S H
H B R I A R R T A G E C A C H
C C C A F N P T S R M K E N F
H A Z E L Y S L U A Z E T I W
E T Q T L Q G F P N B R R Z G
R N C A Y E V L F A T K A O T
R N C T N Z E D X D L S O S P
Y U B F O A Q B U I T Q E U E
E L A R B L X I M L F A U H Q
H I L Z E D N R O L E M E Z C
M K S M W E Y C F A T B L R P
X K A B I R X H P E N W X E M
```

ALDER	FIR
ASH	GRANADILLA
BALSA	HAZEL
BEECH	LARCH
BIRCH	MAPLE
BRIAR	OAK
CHERRY	OLIVE
CHESTNUT	SPRUCE
DEAL	TEAK
EBONY	WICKER
ELM	WILLOW
EUCALYPTUS	YEW

Good-looking

```
S U O R O M A L G E T X E M E
U T B R D Y H S I E T M Q L R
A W I R S A T R E F O U B O C
H A B Y E U N X A S B A C V N
F A V T N A Q D N D N R E E X
B O N N Y U T I Y O I P L L A
E N I D I Q W H I B H A D Y T
S N J S S I A H T G R A N D T
G U I S C O S L E A P V R T R
U T O F M A M C L P K R V Z A
E T B E F A O E E U U I K T C
X I H T G M R R G I R L N N T
W Y T T E R P T A O N I Y G I
Z O D L T J O H N K O G N B V
S T Y L I S H G T W W C O G E
```

ALLURING	FINE
ATTRACTIVE	GLAMOROUS
BONNY	GORGEOUS
BREATHTAKING	GRAND
COMELY	HANDSOME
CUTE	LOVELY
DANDY	PRETTY
DAPPER	RADIANT
ELEGANT	SMART
EXQUISITE	STUNNING
FAIR	STYLISH
FASHIONABLE	WINSOME

Ready

```
D E C A R B T D E N N A L P C
W T S S C T K E E S Q N S O V
D E X I F P D Z S R H H E U W
P O C N S M H S I L A L F E I
D P K O T O B L W R L P D N K
G X N R R R L P I Z A E V G
I K P D I P E F G W F S H R G
D M C E G A E L W N L T S E P
E Z M R G R S Y A W I C I P G
N A K E E B M K D R L T N D G
I S R N D D I S C E R N I N G
L T I P O I Q F V G E P F A V
C U K M U V A E Z A A P K P W
N T N M T I R T M R D J S Z X
I E Q U I C K D E G N A R R A
```

ALERT
ALL SET
ARRANGED
ASTUTE
BRACED
CLEVER
DISCERNING
EAGER
FINISHED
FIXED
IMMEDIATE
IN ORDER

INCLINED
KEEN
PLANNED
PREPARED
PROMPT
QUICK
RAPID
RIGGED OUT
SHARP
SPEEDY
SWIFT
WAITING

Beer

```
O R Y U C R N J S X R P T G Y
T I A C E E O Q R R O U Q I L
O U L H L N I E E G L X U M U
C L O B L S T R E N G T H P T
A P D T A L A W B I D S R E S
S L B A R I T R E T R O P R E
K V A L L P N A T L L H E I F
S N R G E E E B I A J A A A R
J W L T E R M P H M L F C L E
T J E Z C R R I W A Q F J T B
U S Y P A L E A L E B C R S O
O A A U J G F E B D M L G R T
T B I E P O R U H J Y E O D K
S P I C Y D W I D K K D J N O
J Q V H U C C M Z W O E P G D
```

BARLEY	MILD
BARREL	OKTOBERFEST
BLOND	OLD ALE
CASKS	PALE ALE
CELLAR	PILSNER
FERMENTATION	PORTER
HOPS	REAL ALE
IMPERIAL	SPICY
KEGS	STOUT
LAGER	STRENGTH
LIQUOR	WHITE BEER
MALTING	YEAST

DAY Words

```
Y R E G R U S C E S A E L E R
N A O Z O T T C T O Q S D A G
A C F A O H J O F R E S T H Y
X Y T J M G R J M U A V E I K
L L H Q J I E I Y P Y D J A S
V I E N R L D A A C A R E T F
Y L W B E A R R K H S R N R L
L B E L M L A O O Q B E Z W O
E R E I A N O S C T M C A Z W
S E K N E B B U F G V T V Y E
C P F D R V K I D Q C E E K R
H P P N D K H U W H T M C O L
O I D E L S J O H I H I G A O
O R E S N F R X K R E T U R N
L T O S O K P T F E Y M D O G
```

BLINDNESS	OF THE WEEK
BOARDER	RELEASE
BOOK	RETURN
BREAK	ROOM
CARE	SCHOOL
DREAMER	SHIFT
FLOWER	SURGERY
LIGHT	TIME
LILY	TRADER
LONG	TRIPPER
OF JUDGMENT	WATCH
OF REST	WORK

Ability

```
E B C L V S S S E N I D A E R
K C O O G Z Z C R X T D E W L
C O M J W C R E N E R G Y O L
A T P S E O L Q U C W K E H I
N D E U F V I E A S F O D W K
K E T I F K I P V S C I P O S
M X E N I U A Y M E A N S N C
A T N E C B P Y P N R Y Z K O
S E C G I R T T H T E N E N P
T R Y L E M I L I I H T E P E
E I I H N I T U H O Z L R S I
R T U W C G U C O R X E G O S
Y Y O D Y H D A E D R I A L F
A H C U O T E F G A E P I Q U
B G F H L G U S S E N T F E D
```

ADROITNESS	FORTE
APTITUDE	GENIUS
CAPABILITY	KNACK
CLEVERNESS	KNOW-HOW
COMPETENCY	MASTERY
DEFTNESS	MEANS
DEXTERITY	MIGHT
EFFICIENCY	POWER
ENERGY	READINESS
FACULTY	SCOPE
FLAIR	SKILL
FORCE	TOUCH

Easter Passion

```
N N U S T S E I R P F E I H C
S N R O H T C P N F A G E S B
N O I T C E R R U S E R N L N
S X M A S T E T I Y K N E E J
L C W E N A K U O B E S L G O
I L M O C L M R J S E S A N I
A S M S A I T O I K S S D A N
N I M U L P H R H O T U G U I
S Y C S V S I S R T E O A V N
S T J E A U E C A L C O M T T
U P O J R I V O G V P E T B H
A Y E N Y T E U E R K E J P H
M I J A E N S R N M C O T C O
M N Z I R O J G I H H S F E U
E A H N B P N E V N E S F O R
```

ANGELS
CALVARY
CHIEF PRIESTS
CROSS
EMMAUS
JESUS
JOHN
MAGDALENE
NAILS
NINTH HOUR
PETER
PONTIUS PILATE

RESURRECTION
RISEN
SCOURGE
SCRIBES
SIMON
SPEAR
STONE
THIEVES
THOMAS
THORNS
TOMB
VINEGAR

Cookery Terms

```
Y J V B X T K K C J B E N Z I
C O J U T H A U N D V L Y O C
E A O T H Q E N E G L O E K R
R R S Y C N E R O M T N O M A
C E S S C P N I T A R G U A F
A O S A E T T E U Q N A L B J
L G C U U R T Y M D E P C R A
A A E O O T O J A G M S S O Y
A R D J T S E L U N A E Q U M
G N A Y R T F L E L R H C I O
T I L A L D E N T E I O J L C
C K U D E T U O R C N E M L H
L Y O N N A I S E L A N N E A
W R R W H V E B U A D N E N Y
E T O L L I P A P N E R Y U E
```

A LA CRECY
AL DENTE
AU GRATIN
BLANQUETTE
BROUILLE
CASSEROLE
COCOTTE
DORE
EN CROUTE
EN DAUBE
EN PAPILLOTE
ESPAGNOLE

FARCI
GARNI
JULIENNE
LYONNAISE
MARINADE
MOCHA
MONTMORENCY
MORNAY
ROULADE
ROUX
SAUTE
SOUSE

Bills

```
J B R F Y W G Y M S V L X B W
T I E B E R Y D L W E F Y E D
H U H A M N W M X K X T R S R
U E C D U O O A A X N B A O B
L E A D R M R T L N E A G G M
L W E R R C O R X N G E H T A
U T R U A O L N I A R E Y S Y
B R T S Y D T U T S P Q D I N
N E X S R Y K B E S A Y I U A
R P F E K E Y Y A U L W T Q R
U H V L Z E V H O I T M N N D
T J X L L T W A G D L K Y H I
F J Z A K C G D R I D E C E U
K Y H N O X T O H T N I Y R L
N O T N I L C X H O V E E M P
```

BAILEY	PAXTON
BEAUMONT	PERTWEE
CLINTON	REHNQUIST
CODY	ROGERS
GATES	RUSSELL
HALEY	SHANKLY
LAWRY	TIDY
MAYNARD	TRAVERS
MORRIS	TREACHER
MURRAY	TURNBULL
NIGHY	WERBENIUK
ODDIE	WYMAN

First Names

```
E P E W Z U N N A C A S S E T
P B N X U R R N L L X K B C V
O A I S E M U Q K A U A D A M
H R L D S T H M K Q G S H T U
C T E A M G T Q E G S R R S D
L H U E N I R E H T A C A U G
J O Q R H C A R N I T M L E G
I L C L E M E N T I N E S H F
N O A L A D Y S O J O L I V E
K M J I O V N B R E T T C S L
F E H P N D E A R U N O N H I
G W R E K O A I X G Y N Z A C
U I I M E Y S G L E B A O D I
N L E I R U M C H N L A G V T
L R W O A Z X Z K E U A W G Y
```

ABEL	EUSTACE
ADAM	FEARGAL
ALEXANDER	FELICITY
ANTOINETTE	HOPE
ARTHUR	JACQUELINE
BARTHOLOMEW	LANCE
BRETT	MURIEL
CATHERINE	OLIVE
CLEMENTINE	SONIA
CLODAGH	TESSA
ELTON	URSULA
EUGENE	YVONNE

Shades of Pink

```
E N H N E B C Y E Y P F D O D
K V L A R O C H N S X E N C Z
N I O I P R P O S S I I A P P
I L L L M R E O T U R R H C S
P A Z U G A I R W E L K E K H
E V O H P X A C F D B S N C O
V E U T F W O L O L E I H E C
O N L I B D O F A T P R A R K
L D T E W S A N B A B A I M I
C E R G O N C B N G S M S A N
Q R A E D M G I L A W A H G G
Y S L A A M H T L U A T C E Y
R O N N P C R M I G S T U N C
K G G P E S O R P L T H F T F
O E C A R N N O I T A N R A C
```

APRICOT

BLANCMANGE

BLUSH

CARNATION

CERISE

CHINA PINK

CLOVE PINK

CORAL

FANDANGO

FOXGLOVE

FUCHSIA

LAVENDER

MAGENTA

PAEONY

PEACH

POWDER

ROSE

SALMON

SHOCKING

SOLFERINO

STRAWBERRY

TAMARISK

THULIAN

ULTRA

Famous French People

```
U N T H V M A T I S S E J X X
A O M A D E P A R D I E U J D
E E L I I X G O E N L S W C D
T L H V A R L B Z A A B Y N R
S O N C Y E E C H I R A C J O
U P E N D R Z E N R E R G R B
O A P D G H C T B B N D I U E
C N W E N U L B K U O O C E S
W J R B N A K U L A I T R T P
I A Y E U E L C A E R T E S I
C M A R S C P L N T R P S A E
C O E L A R I U O A G I S P R
I N E I M A Q X S H R P O Y R
T E B O U M X E F C Q F N T E
N T O Z D E G A U L L E B B X
```

BARDOT	FRANCK
BERLIOZ	HOLLANDE
BLERIOT	MARCEAU
CHATEAUBRIAND	MATISSE
CHIRAC	MONET
COUSTEAU	NAPOLEON
CRESSON	PASTEUR
DE BERGERAC	RENOIR
DE GAULLE	ROBESPIERRE
DELORS	SAINT LAURENT
DEPARDIEU	SARTRE
DUMAS	VALLS

Obstinate

```
T N E T S I S R E P I D T Q E
Q T S H E A D S T R O N G D Q
D N E T I N F L E X I B L E Z
E A V Y I M U N B E N D I N G
L M I E D F M C T H S R P I F
L A T L S R F O I D E X W M D
I D S H U T U D V P K U L R S
W A E D P F E T H A R D S E T
F I R M E B L A S F B U N T U
L O A Z O X O I D M X L O E B
E R Z U R D I L W F U D E D B
S M N Y T B I F E D A L C K O
U D O G G E D G V U P S I B R
U N R E L E N T I N G J T S N
S U O I C A N I T R E P I U H
```

ADAMANT	PERSISTENT
DETERMINED	PERTINACIOUS
DOGGED	RESTIVE
DOUR	RIGID
FIRM	SELF-WILLED
FIXED	STEADFAST
HARD-SET	STIFF
HEADSTRONG	STUBBORN
HIDEBOUND	STURDY
IMMOVABLE	UNBENDING
INFLEXIBLE	UNRELENTING
MULISH	WILFUL

Dragons in Myth and Story

```
M P O U E Z I Y B B C C T Q Z
U P U Y E R I A R E M E T Q T
T A P F I A L N Q Q U L I I L
F I S N G H Y C L U D C N N F
A T M O O T I A M A T O T G V
L A A I O A A L R I D J A L Q
K K U R M C F A N A T T G O O
O H G E I S G G L Y D E L N X
R E W S H A R O N R C N I G O
H W A I H I L N T Z F O A J K
B K W V A E A Z G K I T U Y P
B J E U E D J R D E A L G I N
Y E L N I D H O G G Z U A L K
T E G Q M M A L E F I C E N T
L I Z O M O K W V C X S U N T
```

ANCALAGON	QINGLONG
DANNY	SCATHA
DULCY	SCULTONE
FALKOR	SMAUG
GLAEDR	TEMERAIRE
GRIAULE	TIAMAT
IGNEEL	TINTAGLIA
IMOOGI	VHAGAR
KATIA	VISERION
LADON	WAWEL
MALEFICENT	ZILANT
NIDHOGG	ZOMOK

Farm Animals

```
T G D S L E R E K C O C G G Y
O H U L F Z E S E I N O P J N
J G M C V H K M S S D F U B E
L O S S H I D A U B E S N W Z
L S D S T I U R M H M V U P S
B L S T A C C E A B W A L M G
U I E T H S K K U K R D L A V
Q N Y M T O S L E K E Y O R C
S G R W W W L W G N C S A G P
W S E P J S E U I L S G S E S
C W I L E S P J I B L S V S W
M G I Y T G L O B W O T Q E L
S J T T E T L L L A M A S E T
H O R S E S A K T O L O R G H
S R E D N A G C J G X G R S E
```

BOARS	GEESE
BULLS	GOATS
CALVES	GOSLINGS
CATS	HORSES
CATTLE	KIDS
CHICKENS	KITTENS
COCKERELS	LAMBS
DOGS	LLAMAS
DRAKES	PIGS
DUCKS	PONIES
EWES	RAMS
GANDERS	SOWS

A Words

```
L B A O W A N T U A Y I J P A
D U N T X S N S U T U R N F Y
I X N X N U D Y M R A F W Q F
N A E N O E A J Z M H A V A R
H H T M A R M I S T I C E J E
C E A E A A J H I A B Z T A C
A S C T A T T A C K E R T I N
R S H N L J M B A A Z T E C A
A V E R A G E R G V T S X D W
A A S U N D E R R T E T A Y O
S E R F W B N D A Q A N A C L
P A T T M F Q E Q Z K I U N L
E L Q A I J Z P T A K D F E A
C A T T E S T L R T E P A G A
T Y L P P A T A N I A T T A F
```

AGAPE

AGENCY

AITCH

ALLOWANCE

AMBER

AMOUNT

ANKARA

ANNUL

APPLY

ARACHNID

ARMISTICE

ARMY

ARTIST

ASPECT

ASUNDER

ATTACHMENT

ATTACKER

ATTAIN

ATTENDANCE

ATTEST

AVENUE

AVERAGE

AWRY

AZTEC

Varieties of Rose

```
W Y W L P B H J F J V W T E O
E J A C K W O O D G M S T S B
L I M W P A M K B O E Y I H M
O W L R G J U I H F U L F O I
D U O L C T N A R G A R F T L
I U L X G A N E J A E K A S A
D I L K F A B E J G M M N I D
M P E V K O A E V N M A Y L N
A I H K T N R C E O A I I K A
R G T C G A G A J L L R L V C
H U O I C W D E Z I I Y W S S
S A O E B L W P U M B M B E C
A N O O M E U L B M U D Y A H
O A F S R A T S R A L O P K B
C A R R O T T O P W M N S S E
```

ASHRAM
BABY LOVE
BLUE MOON
CARROT TOP
FRAGRANT CLOUD
IDOLE
IGUANA
JACK WOOD
JEAN GIONO
LIMBO
MALIBU
MILONGA

MOHANA
MOYES
MYRIAM
OCTOBERFEST
OTHELLO
PEACE
POLAR STAR
PROUD
SCANDAL
SHOT SILK
TIBET
TIFFANY

```
A X H A L L E R E D N I C D I
B E O X K G L T I M I M L L T
A T W O E E B T T G E C E O R
B K X N T L G S U H X S M E N
I W I E P V T P C N N M K O B
L E R G E E E T E A Y A N M Y
A G S C D S I E H T M N U A L
D N I Q F W U P U E E H J R S
W L E G I Q L C O I T R G Y S
A B L H W O K H D M G I P M E
R L H O D E S T O A A K I A C
V D N U R E D T K N B S W R N
E S R B N T R Z T W E N D Y I
S D I A M R E M E L T T I L R
V J K N I D D A L A K H F S P
```

ALADDIN	PETER PAN
ALI BABA	PRINCESS
ALICE	RED HEN
CINDERELLA	RUDOLPH
DWARVES	SHOEMAKER
ELVES	SINBAD
GENIE	SNOW QUEEN
GIANT	TOM THUMB
GRETEL	TOMMY TUCKER
HANSEL	TROLL
LITTLE MERMAID	WENDY
MARY MARY	WITCH

State of the Nation

```
K E O T D S L W E P I E A M C
G C O U L R B X P Y T M R I A
D E O L P N E S N A E C O N B
A O I U G O I A M A X S L I I
U H C D N I W I L R H F F N N
M S N K D T L E C M Z M E G E
A L L Y S C R K R S H D S S T
C I Z E C U G Y W I A X R A P
G R D N R R N K D R X P E R F
R V D E I T K D T U E R F M Q
O H M R M S V A C O U A J Y B
W H T G E N W D P T U J Q T L
T S T Y V O K L A N Z N I E A
H P R I N C E N A N L V F P W
A C O L L E G E S Z D G L T K
```

ARMY
CABINET
CLIMATE
COLLEGES
CONSTRUCTION
COUNTRY
CRIME
DOCKS
ENERGY
FAUNA
FLORA
GROWTH

HILLS
LAW
MEDIA
MINING
NATURE
OCEANS
PEOPLE
POWER
PRINCE
REALM
TOURISM
TRADE

Dances

```
U U A X W B A K D Q C E C Z Y
Q M G E E K A H S O S V T T D
V A H A G N O C F E W I W L C
Q S Q V K R N A N O E J I A A
N H O D N L U I B L X I S W N
O E D P I P U D L M L T T G C
T D I M N G O I W G U L R O A
S P B E E I R B K B E R G O N
E O O B M D J C Y E O L R B T
L T J L A O Y I R Y R O C J S
R A S U K M J R G T L A G W E
A T Q A M A M B O J U T A I G
H O S I M O K R J T A N G O E
C D H U B B M A Z U R K A E K
A S R D R Z A F F F C K B N J
```

BEGUINE

BOOGIE

BOP

CANCAN

CHARLESTON

CONGA

FOXTROT

HORNPIPE

JIG

JIVE

LIMBO

MAMBO

MASHED POTATO

MAZURKA

POLKA

QUADRILLE

REEL

RUMBA

SAMBA

SHAKE

SHIMMY

TANGO

TWIST

WALTZ

S Words

```
S S S H S P R S K T S U N I S
S S A G Y E O S C W A Y N R E
S E J B F M D D L S B O S F E
M S I B B S H I E P I R T S T
R N I R O A E N M I D R O S H
A E E C T J T S F E S R K V E
V R R S L N N H I B N O E O S
O Y E A S M E S O F S T S E U
M Z M L E L C S E A S Z A R S
A A M R Q H A T F S E S N R Z
S X U L O E S E M A I S T E Y
S F S O Q T T W N D Z R H C S
I J L P S Y S I E N I W S C U
O S N S R R Y N N H N V V O L
R E T F I S S G S O G G Y S S
```

SABBATH	SIFTER
SAFETY	SINUS
SAMOVAR	SOCCER
SCHOOLS	SOGGY
SEASIDE	SOMBRERO
SEDIMENTARY	STEWING
SEETHES	STOAT
SEIZING	STOKES
SENTRIES	STORMY
SHEARER	STRIPE
SHIRT	SUMMER
SIAMESE	SWINE

Indoor Games

```
R B S K N I W Y L D D I T C E
B S R I A H C L A C I S U M R
C R G G N O J H A M M I S P I
A I I U L L A B Y E L L O V A
R R S D C H A R A D E S U A T
M W T P G S T S J P L M B T I
W C H Z Y E S M C T X I A O L
R C S S E O A E E R L N A L O
E H T E Z N N K T L A I Z E S
S E R V C I A A I T K B V P L
T C A E H M C A F I E I B O N
L K D N E O R C D C F L O L X
I E C S S D I O J B K P U Q E
N R B A S K E T B A L L K O N
G S E V I F O S E L B R A M R
```

AIKIDO	I SPY
ARM WRESTLING	MAH JONGG
BASKETBALL	MARBLES
BILLIARDS	MUSICAL CHAIRS
BRIDGE	PELOTA
CANASTA	POOL
CHARADES	ROULETTE
CHECKERS	SCRABBLE
CHESS	SEVENS
DARTS	SOLITAIRE
DOMINOES	TIDDLYWINKS
FIVES	VOLLEYBALL

Wise Words

```
P H D T B L U F T H G U O H T
V S W S H N D E M R O F N I F
I I E S I G T W T E A P A E I
E L R K A I I N X V O M L V R
D W H A D S E R B E B T S I A
U O S U D D K X B L E R R T T
C A R O U N D S L C R E Y P I
A E M R O E T U T S A T E E O
T H P W N J F D H S W C L C N
E N I R W D E T O S A L B R A
D N A E N R C N I R Q S I E L
G E M I O G A N E A A V S P N
L X M T O B V F P S B A N N Y
L R U G L O U L S A P I E N T
O T V E I L X Y D S N G S W A
```

ASTUTE	PERCEPTIVE
AWARE	PRUDENT
BRIGHT	RATIONAL
CAREFUL	REASONABLE
CLEVER	SAPIENT
EDUCATED	SASSY
ERUDITE	SENSIBLE
INFORMED	SHREWD
KNOWING	SMART
LEARNED	THOUGHTFUL
MINDFUL	TUTORED
OWLISH	WISDOM

Bays

```
S W A J D P G V O Z C O K M X
A J H S D L U N E K O R B S A
R N U I E Z A L I N A M I X B
E S F V K G N S I H Z V A Y U
D A Y L W Y T A S P R F B D K
N N T A A U A E G E O R X E I
A F I W H B N P J N A P K S R
B R L I G Y A O A C G A J E S
S A L N A N M P K L E N D T F
G N B C E W O L M P A N A J H
S C S A B E E L A A U C L H P
S I E E F S R S A H T R H G P
B S L P H F E G T H J G P E N
M C Z A X H I T A B L E S A E
Z O M N C G I N P H U D S O N
```

ABUKIR	HA LONG
APALACHEE	HAWKE
BAFFIN	HUDSON
BANDERAS	JERVIS
BISCAYNE	MANILA
BRACKLESHAM	PHANG NGA
BROKEN	SAN FRANCISCO
CHESAPEAKE	SHARK
FAXA	TABLE
GALWAY	TAMPA
GREEN	THUNDER
GUANTANAMO	WALVIS

US State Nicknames

```
Q W V V K R R C E A M T H Z H
V N H O E T E E G C P S D O R
H H O V P I R R G E P E C E O
V Y A R E N O O S D Y E I H L
Z E G B T S M I P E A T G C D
B E O E N H H T K N N B A A L
M Z L E H F S C R O E R R E I
F A D H E R U T R E E V D P N
I P E I E B R F A E A P E R E
R E N V T B T D T R J S N A N
S L L E D S N N A B N O U I N
T I J L A I U L E T I N A R G
S C Q L K L O S O C X H G I E
Q A Q T O H M E M W O H S E T
P N D V A C H C N A T U R A L
```

ALOHA	NATURAL
BADGER	NORTH STAR
BEAVER	OCEAN
BEEHIVE	OLD LINE
BUCKEYE	PEACH
FIRST	PELICAN
GARDEN	PRAIRIE
GEM	SHOW-ME
GOLDEN	SILVER
GRANITE	SOONER
LAST FRONTIER	TREASURE
MOUNT RUSHMORE	VOLUNTEER

R Words

```
Y I R N R J Y T N I K E M A R
R R T A R E C N E R E V E R R
A H R R V E C F T V R R R D P
S G I C R R S R R O I J O L R
O N H A W K E T O E P R M A G
R I L S R N G D I R T D P B N
Y L R S T N T T E T G I E I I
Y L B A Y E R O V F U J R R H
Y O L R L A R A B B I T S E S
K R F G R H O D I U M N I Q U
S Z N E F O C R L R R Y E O R
I I B Y A R T R U F F I A N N
R I U R R V I T V R I B B O N
T D Z A M Q X C E D R R H Y E
R R E L A X S S E N I D A E R
```

RABBIT	RIBALD
RALLY	RIBBON
RAMEKIN	RINGLET
RAREBIT	RISKY
READINESS	RIVET
REDEFINE	ROLLING
RELAX	ROMPERS
RENTAL	ROSARY
RESTITUTION	ROTTEN
RETIRE	RUFFIAN
REVERENCE	RUSHING
RHODIUM	RYEGRASS

HARD to Start

```
T E S E E H C E T R U O C M Y
X N T K N O C K S P X J F F T
A M U H N A S S L E V J R O L
A T S A F D N A V S E I P O C
L C K R Z K D I S S E L L C U
Z H U C M Z R Q D N E O O K T
T S S G U D O O X A A V S S G
D D B A D L C S S P E I J I N
E R C K C D K E F R Z A L D I
D E G O E Q H N M T W J V S K
A M R S O F H E A R I N G D R
E E O A M O D F Y A U M R I O
H N Z M W D R V T I M E E Z W
J Z Z F E E L I N G S K K S B
D E S S E R P M E Z R C O W S
```

AND FAST	KNOCKS
AS NAILS	LUCK
CASH	NOSED
CHEESE	OF HEARING
COPIES	PRESSED
CORE	ROCK
COURT	SELL
COVER	SURFACE
DISK	TIMES
DRIVE	TO PLEASE
FEELINGS	WARE
HEADED	WORKING

Trucks and Vans

```
H H W E G D O D R E E O F D C
T R A N S I T Y O L C C D N U
R A S C A L S S E L A E R A H
O O H R T W T U R W P V O L V
W M C V E H Q L Z T S I F Y J
N D S O J N A C I U E F D E G
E O U C M R I M D B P I E L D
K T K C A M R L E A R P B T I
B F A T A N E H T S H E R P A
Q R I I E T I R I H N F T P Z
B V I V Q H O A U N G D A E D
H O H S S L N L G R O I F R P
V R E H T U R G N I L R E T S
P T J S T O K Y V G C Y D R N
L K A D B C L D N E D O F E F
```

BEDFORD	LEYLAND
BRISTOL	MACK
COMMER	PATROL
DODGE	PETERBILT
DUCATO	RASCAL
ESPACE	RHINO
FODEN	SCANIA
FREIGHTLINER	SHERPA
ISUZU	STERLING
IVECO	THAMES
JEEP	TRANSIT
KENWORTH	VITARA

Costume Party

```
N R E I D L O S K W V Q U A J
I O T H B I G F O O T B I B H
D P C C W O R C E R A C S E W
D L C T H B K Y Y T H B W L E
A L L I R O G T X R A I W Y R
L A P W M N A M E R I F L O E
A P C O W B O Y N L K A B G W
Y A R T A P O E L C B O F R O
C C E P E Y Y P W A T Y A A L
L I E S I R M T T T I F P G F
O F R W U R J M S W A C E A P
W U M B M V A F U O L N K L X
N Y B A F N F T X M H S G I B
P L N X W Q E U E A K G T E I
E C I V G Z Z M R N R P E N L
```

ALADDIN	GARGOYLE
ALIEN	GHOST
ANGEL	GORILLA
BARNEY RUBBLE	HIPPY
BATMAN	MUMMY
BIGFOOT	NURSE
CAT WOMAN	PIRATE
CLEOPATRA	ROBOT
CLOWN	SCARECROW
COWBOY	SOLDIER
FAIRY	WEREWOLF
FIREMAN	WITCH

F Words

```
F E B A F A Y J Y X E D F U F
O K L R Q R Y H T G H K E O A
G Y B B A L F Q D B G T A F N
T F D Y I F A U F Y J O F H E
H D T Y R X F S I Y P O F I N
G U F E F A E F E R R I K A F
I F S U O P I L I E A I F K R
R H F Y S F E R F G A F F N E
H V W X S I X R F R M R I A T
T F N O I O O U Q O D E G R S
R Y E O L N R N G F D A N F O
O O A N T L M F P Y V K T T F
F E J G D N A N F D E Y A L F
F U R T H E R F M Y P P O L F
Z E F J X O R Y L D N E I R F
```

FAKIR	FORGERY
FALLOW	FORTHRIGHT
FENDER	FOSSIL
FEZ	FOSTER
FIFTH	FRANK
FIGMENT	FREAKY
FLABBY	FRESH
FLAYED	FRIARY
FLEXIBLE	FRIENDLY
FLOPPY	FUDGE
FOGGY	FURTHER
FOREFRONT	FUSION

Narrow Things

```
C T U R O X N Z T R Z V D V O
W G W G L E N P A E N I L T H
L E O K M T H I C N Z Z A A T
F E Q M C V L E N N A H C P H
E L P L N E R T W R O B N E R
H O V O I I N R T W Z B F R E
G H E D R N R E I P A R B W A
Q Y S W Q T R A L H S O M I D
S E S G L Y H G W T N J M S R
F K A E R T S G A A T V A T I
F E O R E D J V I P A O E H D
U M I N R F E Q K T H N B M K
M S A H C W T Y V W E F B U G
O L P I N S T R I P E L C S Q
E O N A C U Y H E L Q B J M Z
```

ARTERY
BEAM
BOTTLENECK
CANOE
CHANNEL
CHASM
GLEN
ISTHMUS
JETTY
KEYHOLE
LANE
LINE

PATH
PIN STRIPE
RAIL
RAPIER
RIBBON
RUT
STAVE
STREAK
TAPER
THREAD
TIGHTROPE
VEIN

Inventions

```
I C K R E V L O V E R S U S S
O R C L E V L Q H C Q E A E N
O A H R E T P E K V Z L H F E
S D M E C F E W E S B C D A L
Q Z E I L O C M I H T Y Y S T
L M M P U I R E O A W C N C C
A M I O R C C K M D N I A A A
W C S C T O O O S E E B M C T
N E A O R O T M P C N E O I N
M G A T E O R C P T R T P T O
O O Q O S Q S C L A E E X S C
W C R H A E D C A O S R W A G
E V H P L V Y Y O R C S U L A
R C O R D I T E R P B K Y P N
E N E L Y R E T S I E R X C O
```

BICYCLE	LAWNMOWER
CAMERA	MATCHES
CAT'S-EYES	MICROSCOPE
CEMENT	MOTOR CAR
CLOCK	PHOTOCOPIER
COMPASS	PLASTIC
CONTACT LENS	REVOLVER
CORDITE	SPEEDOMETER
CORKSCREW	TERYLENE
DYNAMO	TORPEDO
HELICOPTER	VELCRO
LASER	WHEEL

Customer Service

```
B Y Q T U N P H O W Q K G Y A
E T N H E Q A F S Z C R M J N
M I P T E S T A A U G K A L Z
O L S D N L I T C E P S E R R
C I S R O O E T N X X P T R I
L B K P T Y N N R E C N O C G
E A I R E A C T I O N R F R H
W I L V C L E Z O F O K R O T
O L L Y I T P R J V L T O D S
T E E E O Y H A N D L I N G P
F R N R V P O B D H X P T U E
O T U P A I N C E F X T L C O
C P G S T C E L K I M A I K P
U L I J T P P X F S Q C N J L
S O E C I V D A W C E T E L E
```

ADVICE	PHONE
CARE	REACTION
CLIENT	RELIABILITY
CONCERN	RESPECT
FOCUS	RIGHTS
FRONT LINE	SKILL
HANDLING	SUPPORT
HELP	TACT
LISTEN	TEAM
LOYALTY	TRUST
PATIENCE	VOICE TONE
PEOPLE	WELCOME

Moods

```
X D M W N J Y M U L G P J Q Y
H Y Z A L L U F R A E T B S R
W M U X J E C S T A T I C O A
Y D O O M B V H L S W M D T E
J V E Q O D X V A Y S C E D R
P X D P A L O V I N G S N E D
O S Z E R O Q L V G T E R T G
Y A X S T E T K O Y W F E S A
U P E E V I S H J U F V C U N
Y C P U V Y C S U L K I N G X
Q M S A H S B X E M D S O S I
U W O C H U C O E D N S C I O
I U T O A W Q A R W I O H D U
E E U K L P U D O E M R Q L S
T L U L V G B D F D D C V Q P
```

ANXIOUS	HAPPY
BORED	JOVIAL
CONCERNED	LAZY
CROSS	LOVING
DEPRESSED	MOODY
DISGUSTED	PEEVISH
DOWN	QUIET
DREARY	SULKING
ECSTATIC	TEARFUL
EXCITED	TESTY
GLOOMY	TETCHY
GLUM	WARM

TAIL Endings

```
L L G L L L C T A C O F H D L
I L I I I I I O O L L I I U I
A I I A Y A A A C O I S G C A
T A L A T P T T T K X H H K T
G T J I T T T R B E T T T T K
A G L P A N L U U O D A A A C
W I L I Z T A I R C B I I I A
T P L I A L T F A N O L L L L
A E O R A T I R A T T A I L B
I M N E L T W A I J S A L I T
L I A T N I P O T H B E I G A
T H S A A L A I L Y S T R L I
A O Z I I I K T H L N K A A L
I B T L U L L F M W E O Q I M
L I A T E V O D T A I Y P I L
```

BLACKTAIL

BOBTAIL

COAT-TAIL

COCKTAIL

CURTAIL

DETAIL

DOVETAIL

DUCKTAIL

ENTAIL

FANTAIL

FISHTAIL

HIGHTAIL

MARE'S TAIL

OXTAIL

PIGTAIL

PINTAIL

PONYTAIL

RAT-TAIL

RETAIL

SHIRT TAIL

TURN TAIL

WAGTAIL

WHIPTAIL

YELLOWTAIL

Cakes

```
S L E R R D D I T U N O C O C
Y E T G A N L I D E E D N U D
U M S I I T O K O R A N G E C
L O E N S N M R O H S U R U F
E N R G I R E Y F D Q O P Y U
L S O E N M R B S F E P K O N
O P F R S O I E L F A C Y A H
G O K G E C N Z I L Z S P M Y
K N C G Y H G M V T A I X R E
N G A N U A U T E O Z Y I S R
P E L I O F E Y D R V A E E T
T N B C F J D T A R F E T R I
B X L I Y R M M H A H S W H U
X E N L E N M I S C A E I C R
T U N L A W D N A E T A D Z F
```

BLACK FOREST	LAYER
CARROT	LEMON SPONGE
CHEESE	MARZIPAN
COCONUT	MERINGUE
DATE AND WALNUT	MOCHA
DEVIL'S FOOD	MUFFIN
DUNDEE	ORANGE
EASTER	POUND
FAIRY	RAISIN
FRUIT	SAFFRON
GINGER	SIMNEL
ICING	YULE LOG

Words Starting ILL

```
I L L L I G S E V I S U L L I
H D B I L L U S E Y I L L I S
I L L I C I T I E R L W Z U W
K J J I L L U D E N L Q O D D
D E V I E C N O C L L I I E I
I A A I R Y L L I D R L T R L
L L I B L E G L E T L A I B L
L I L M M L L T S F E I L L I
I L L U R F A U I R L L L L B
N L L E E F L T T L A L U I E
O L O D L L T L E K Q T S W R
I U A L I I L G P A I I I L A
S C I C N I A I L L S M O L L
I K U G I L L O G I C E N I L
I L L E G I B L E B N D L L I
```

ILL AT EASE

ILL LUCK

ILL WILL

ILL-BRED

ILL-CONCEIVED

ILLEGAL

ILLEGIBLE

ILL-FATED

ILL-FED

ILL-FITTING

ILLIBERAL

ILLICIT

ILLINOIS

ILLNESS

ILLOGIC

ILL-TIMED

ILL-TREATED

ILLUDE

ILLUME

ILL-USE

ILLUSION

ILLUSIVE

ILLUSTRIOUS

ILLYRIA

Tickets

```
Y Y R E L L A G G N I K R A P
R A T S O R U E N D M M F Q N
A R O V I W S Z I F A A G W W
R W I S W T K L N D Y N Q L I
B O Z A E S R I A H C K C E D
I H N K F M U S E U M C E E Y
L T R E C N O C L S V I L O F
E F Y A W N U H C M G R F A Y
F Q E I L A P F Y L K C F M R
X W P R R O Y Q R L K U A E E
R E T U R N B L D T E S R N T
M Q T T F Y H M R J J T A I T
S P I R T H C A O C P L A C O
S X Y A W L I A R T P J R T L
L C H Z M N S P E E D I N G S
```

CINEMA	LOTTERY
CIRCUS	MUSEUM
COACH TRIP	ONE-WAY
CONCERT	PARKING
DANCE	PLANE
DECKCHAIR	RAFFLE
DRY-CLEANING	RAILWAY
EUROSTAR	RETURN
FERRY	SPEEDING
FUNFAIR	STATELY HOME
GALLERY	TOMBOLA
LIBRARY	TRAIN

Archery

```
C E T H G I S F O E N I L A R
S P L A T E G M Q V W Y L O O
E L T I Q Z N K R T F Q E O V
S R I J P J I B R H O L D W E
O O U N V E K S U A X H Y B R
O Q U E G R C L T Z M S S N D
L T R U G N A P X T O T P H R
E T A Q S L T J E B U F I I A
T Q E R S A S C H A M B N R W
L S W O C H P N G E O N E E I
L P A T B H A A U W T T C K N
X E Z F E M E F A D N O J C G
W E I G H T S R T I N Z B I E
I R O W Q B M A V A W Q J L K
T C G N I R T S W O B N O C K
```

ARCHER	NOCK
ASCHAM	OVERDRAWING
BOW ARM	PILE
BOWSTRING	PLATE
BUTTS	SHAFT
CLICKER	SHOT
CREEP	SLING
FAST	SPINE
HOLD	STACKING
LINE OF SIGHT	TORQUE
LOOSE	WEIGHT
MARK	YEW

Flower Arranging

```
R T N A L P E S U O H B V D X
A E C A V Q S H C N U B D I S
R V B Q U X A B E R R I E S N
E C H Q F P V V O B O W L P R
B G D H P A N T R V S Y I L E
R Q Y O T R M N E F P A V A F
E P T V U B E E N L G G E Y B
G S C V U A G M I O J E R F X
S R P S X Q A E A R X S Y L T
W M A R W J I G T I E O T E H
Y A E V A G L N N S W N K D C
L O T T E Y O A O T L S A N D
Y X R E S L F R C Q A V O X S
G P C D R A C R D B Q K H I L
A L A N O I T A N R A C M M L
```

ARRANGEMENT	GERBERA
BASKET	GRAVEL
BERRIES	HOUSE PLANT
BOWL	NOSEGAY
BUNCH	POTS
CARNATION	ROSES
CONTAINER	SAND
DELIVERY	SOIL
DISPLAY	SPRAY
FERNS	STEMS
FLORIST	VASE
FOLIAGE	WATER

QUICK Words

```
T D T K E N L G D P K D K Z Y
R W K I R T E N N E E X C T A
I L A N N S H I J T T N U L J
C D E R A K Y R T S O H B U N
K S E E D L E I F I I H G F Z
S D L H G E W F S U O L C I P
M E Y W C Y H S S D Y Q V L S
R Y M R E R E T A J R Z Q E L
C E R Q U C A J N C M A E B R
N S I W C W Q M D O K H Y W B
E T F U G H X O E G N A H C Z
Z E S M S O E E M D H C N U L
O S N G N J H F I V L I M E L
R S V S N O H C T A C O T B T
F A E C N E R E F E R P J I A
```

ASSETS	ON THE DRAW
BEAM	REFERENCE
BUCK	RELEASE
CHANGE	SAND
EYED	SIGHTED
FIRING	SILVER
FROZEN	STEP
KNIT	SUCCESSION
LIME	TIME
LUNCH	TO CATCH ON
MARCHED	TRICK
NESS	WITTED

Written by Hand

```
D R A C U O Y K N A H T R E E
L H H P L E X A M P A P E R R
I N V I T A T I O N W K D U O
R N O W F S N R P I B F N T C
I E I I G R W R L I R M I A S
K M C Z T I E L U E H E M N C
L U I E O P F P T O E S E G I
N D T B I P I T O Y J S R I S
S N S A M P E R T R P A S S U
L A I N L L T A C A T G Y A M
E R L N T C G C L S G E G W Y
B O O E P O L E V N E X E T R
A M D R A C Y A D H T R I B A
L E O C K D R A C T S O P S I
Z M T X G R E E T I N G N N D
```

BANNER	MEMORANDUM
BIRTHDAY CARD	MESSAGE
DIARY	MUSIC SCORE
ENVELOPE	POSTCARD
ESSAY	PRESCRIPTION
EXAM PAPER	RECEIPT
GIFT TAG	REMINDER
GREETING	REPORT
INVITATION	SIGNATURE
JOURNAL	THANK-YOU CARD
LABELS	TO-DO LIST
LETTER	WILL

In the Shed

```
L W A S W O B E E D J S E L Q
I E D T T K N N E G E D B Y X
D W W F R I T L Q N I K O S Y
O N X O W E C C A C S E A A E
O W F T R Y S C I X I K S R A
F P D X C T O T O U E T A E B
T A L I S O N B L S V R E A P
N I B A B E L A R E E T G C A
A N Y M D O E E L E V O H S R
L T A O O D D I S H F A Z B T
P B R T A I E P A S R Q C G E
A R W P P B F R A C F N V J S
D U S S K B A N O I L C A N U
B S P H W E D A T E K C U B O
C H O P C R L R E P P O H C M
```

BAG OF SAND
BAMBOO CANES
BICYCLE
BOW SAW
BUCKET
CHARCOAL
CHOPPER
DIBBER
FORK
LADDER
MOUSETRAP
OILCAN

PAINTBRUSH
PLANT FOOD
RAKE
RODENTICIDE
SHOVEL
SIEVE
SPADE
SPIDERS
TOOLBOX
TRESTLE
TROWEL
TWINE

Indian Towns and Cities

```
X A L L A H A B A D J H W P I
E N U P W X X D Q I N B Q A H
A E V L A K S T A N Y A A T L
I R U K V U F J B B A N M N E
M A G N R A W E G G N G B A D
A Q R A J P D W L I T A P Z D
N S T U R S N O A R L L H U E
A C X W D A Z N D B Z O D D R
I M D D S A N K O A D R B J O
H L X H Y E M C R F R E I S D
D T I K H C N U Q C W A A Y N
U K O C H I P L F N I T B Q I
L L S R U N I J A N A P M P W
M M N M A R A J K O T C U U P
K O L K A T A T U R E E M J Q
```

AGRA	LUDHIANA
ALLAHABAD	MADURAI
BANGALORE	MEERUT
CHENNAI	MUMBAI
DAMAN	NAGPUR
DELHI	NASHIK
DHANBAD	PANAJI
INDORE	PATNA
KANPUR	PUNE
KOCHI	RAJKOT
KOLKATA	SURAT
LUCKNOW	VADODARA

GRAND Words

```
O N J Y J K B N W L S L O R X
C N M C A F X E Q R Y C I Z I
L R S S E H C U D Q F M X R
T V O S V P T B A D P Q A T P
O Y F S E J U U C A N A L G Q
C Y M N S Y G E R V L A S R L
M N T F E H T E E A Y R L A C
A E M N T S N S N C E Q T S H
S C A E U T R O G H E O S O I
T R R D S U I I T E T I O Q L
E A N F O T U O R B L T N O D
L L I T A J M S O M Z C S C R
H K E N U V P I A N O T N C E
Z H R R B D B A B P F Y M U N
X V Y A S R E T S A M Q S A R
```

CANAL	NATIONAL
CHILDREN	NEPHEW
CROSS	NIECE
DAUGHTER	PARENTS
DUCHESS	PIANO
FIR	PRIX
ISLAND	SLAM
JURY	SONS
LARCENY	THEFT
MARNIER	TOTAL
MASTER	TOURS
MOTHER	UNCLE

Fishing

```
L V Z M C X M L S S S Y F T R
G F D A B C Q H E C V K X S S
A V P I K E S P Q R H C I H V
R D U S T I I A R A F O X N E
T A O L F A W T E B E P O T N
E L C L F R K E F D L V R L I
R R A S B T K R T J J E G B L
G O E S J Z Q N E S E H V N T
C B C L K F L O K L N R R H F
T B G F C N E S S X O I A Y I
I W I C B A G T F S L S G U R
D O L U R E N E M R A X W R D
E B A D U C A R R A B B O Z D
K B Y V O H C N A M A E R B Y
I S W P C K G I S B X Q M P N
```

ABALONE	LASK
ANCHOVY	LURE
ANGEL	PATERNOSTER
BARNACLE	PIKE
BARRACUDA	RAGWORM
BASS	REEL
BREAM	SCHOOL
COALFISH	SEPIA
CRAB	SKIN
DRIFT LINE	SOLE
FLOAT	TIDE
GARTER	TOPE

Islands of the Cyclades

```
I  L  I  D  I  L  O  S  I  K  N  O  S  A  J
F  U  S  N  T  V  D  X  Q  N  X  W  T  R  M
A  S  A  O  E  W  A  I  H  C  A  P  T  Y  A
N  C  T  S  F  M  K  E  R  O  S  G  K  F  K
A  I  O  X  S  I  M  F  F  Z  A  O  I  O  R
I  J  B  G  W  U  R  A  G  N  R  J  T  O
W  O  H  R  S  N  O  E  K  O  E  R  P  A  N
N  A  X  O  S  W  B  N  S  X  K  E  A  K  I
Z  B  R  O  F  X  O  S  O  B  N  R  O  J  S
J  Y  N  A  T  A  A  L  O  D  M  Q  A  M  S
S  O  R  A  P  N  J  T  I  L  U  I  R  M  O
V  O  G  D  E  M  K  Z  I  A  E  F  O  C  S
O  R  L  T  T  X  M  H  D  N  D  D  C  S  I
U  E  F  E  S  C  H  A  T  I  O  I  P  V  O
S  H  T  O  L  A  G  E  M  H  N  S  F  D  C
```

ANAFI	MAKRONISSOS
DELOS	MEGALO
DILOS	MYKONOS
DONOUSSA	NATA
ESCHATI	NAXOS
FTENA	PACHIA
IOS	PAROS
KAMMENI	SERIFOS
KATO FYRA	SYROS
KEA	TIGANI
KEROS	TINOS
LIADI	VOUS

Canadian Lakes

```
K M L Z E O H C A N O N Z N S
T K A J S D N A L S I L P P O
I A T L I N R S U P P C M F U
I B T L U Y T E I G A R R Y T
B A I H O C C S B Q B H W E H
O S D T L Y S B M A C K A Y E
H U N A I I A D Q C F A O Z R
C P I H N B N L K E O U W H N
T R T G I N A A D D Z J B G I
S W L N H E E V R A Y D H L N
I L E B R A S D O R L A K E D
B T U T O L A F F U B M K D I
V I N I Q H B Y X P D A R N A
J O B S I Q B P O Y U J M E N
M W L I M A K A S B K K J L R
```

ABITIBI	ISLAND
AMADJUAK	LOUISE
ATLIN	MACKAY
BABINE	MONTREAL
BISTCHO	NIPISSING
BRAS D'OR LAKE	NONACHO
BUFFALO	NUELTIN
CEDAR	OXFORD
CREE	SAKAMI
ENNADAI	SOUTHERN INDIAN
FABER	ST CLAIR
GARRY	TATHLINA

Hippies

```
T P B A M R A K K V Y M O D C
X T S D F K T A A V W N R C M
F F A Y C I F Q O O T I P H S
R L N L C T I O L R W E M I I
E O F D A H R L A V P V E L L
A W R N R G E P U O U O D L A
K E A E T M O D S O B L I O R
O R N I G I Y T E M H S T U E
U P C R C R E O I L P C A T B
T O I F K R L D A N I Z T T I
G W S B S P S F Y V C C I A L
U E C E J Z I V S E K E O C P
V R O R E L A X E D J T N I T
T S E T O R P R E Y A R P S X
G N I C R E I P C O M M U N E
```

CHILL OUT	MELLOW
COMMUNE	OP ART
FLOWER POWER	PAISLEY
FREAK OUT	PATCHOULI
FRIENDLY	PIERCING
GROOVY	POSTERS
INCENSE	PRAYER
KAFTAN	PROTEST
KARMA	PSYCHEDELIC
LIBERALISM	RELAXED
LOVE-IN	SAN FRANCISCO
MEDITATION	TIE-DYE

People in Uniform

```
T A C O A R U E F Y O M Y D R
D B B T O M S E N E E U R L E
R C P X G W H L L T Z A F C V
A S U K N C J A E F W C W S I
U O R S I U R R F E I R A C R
G L W B H I R D T D X I I L D
D D Z M M E O S E Z L G T E Y
T I L D A O R M E O L U E A B
U E A D R I A F R O W I R N E
O R E M A R I O U K T D E E E
C R A J A W O C I E R E T R R
S N A P D S U R G E O N R L E
T O L I P A Y J X P B H O T F
G P M J Y O B L L E B J P Y E
G Z Q H Z P A H D R V I X M R
```

ADMIRAL	NURSE
AIR STEWARD	PARAMEDIC
BELLBOY	PILOT
CHEF	PORTER
CLEANER	REFEREE
DOORMAN	SAILOR
DRIVER	SCOUT
GUARD	SOLDIER
GUIDE	SURGEON
MAID	USHER
METER READER	WAITER
MIDWIFE	ZOOKEEPER

Capital Cities of Asia

```
A R X E N A I T N E I V D J J
A S H G A B A T T E H R A N R
S I N G A P O R E N K M I P A
Z N K R V C F V E O P S U G T
Q V A S S K R S Y Y L J D T A
D T B E K P J H O A K A N T A
P A U O U T A N M Y O W A I B
H I L U V L G A I V K S M D N
N P R L I Y B H O G G O H U A
O E P N A A L D N A N A T S A
M I A N D E Q I A C A O A H L
P M G K D U J Z H D B C K A U
E Z B W A I I T A S H K E N T
N L E D E H A T R A K A J B G
H N P B W A D I Y P Y A N E D
```

ASHGABAT	NAYPYIDAW
ASTANA	NEW DELHI
BANGKOK	PHNOM PENH
BEIJING	PYONGYANG
DHAKA	SEOUL
DUSHANBE	SINGAPORE
HANOI	TAIPEI
ISLAMABAD	TASHKENT
JAKARTA	TEHRAN
KABUL	TOKYO
KATHMANDU	ULAANBAATAR
MANILA	VIENTIANE

Occupation

```
T I P K W R Y T A N H E R K R
V E E R E F E R E O A N O I E
R Z V H O D J B M A P O N T R
E A L B J J I S W G C V U I E
K N Z E X T E T C A T H P U T
N M R Q C R S C O U L O E T S
I P L R G T R I T R L G L R A
T O L E H T U G T I E P C I L
L C A T N O A R T N O L T R P
F N Z T E X H I E R E N E O Q
T E R O S L C R A R C D I Z R
F V M P Z I A S K E L C A S V
R E M V A L R V R E N I A R T
L K H N N U P M W T E O P A Z
M R G C B A R M A N H T K O R
```

BARMAN

BURSAR

CHEF

CLERK

COOK

DENTIST

EDITOR

GENERAL

LECTURER

PILOT

PLASTERER

POET

POLITICIAN

POTTER

PROJECTIONIST

REFEREE

SCULPTOR

SERGEANT

TEACHER

TINKER

TRAINER

VALET

VET

WELDER

Flying Machines

```
P U V O E A S P N T T J E Y C
R S P U T N I K E E T N G V T
B E Q D S H A J K F N X A G L
F A O P S M P C A G M Z R H A
R P L R A M O R I H K H I D N
C L I L U R C S E R K S M O C
O A M J O R A L Q O R H Y D A
N N S H I O I G O U A U O A S
C E M A Y C N N L R I T H N T
O R T U O F I M R I C T X R E
R E P P O H C I Y B D L O O R
D B T T C H E R C U L E S T Z
E E M I C R O L I G H T R Y K
R Z E P P E L I N K N P N O T
E R I F T I P S Q H E N O R D
```

AIRCRAFT	LANCASTER
AIRSHIP	MICROLIGHT
BALLOON	MIRAGE
CHINOOK	MOSQUITO
CHOPPER	PARAGLIDER
CONCORDE	ROCKET
DRONE	SEAPLANE
HARRIER	SHUTTLE
HELICOPTER	SPITFIRE
HERCULES	SPUTNIK
HURRICANE	TORNADO
JUMP JET	ZEPPELIN

Double O

```
R O F D M O O W Z E O J F O E
O B K O E U J C L I O M O O S
C O A O D P P D O I E E D X O
R P O L G S O R E P O O R T O
K O R B L O M O O B M A B S N
N A O A P O P E C O G O H M H
O L L M C O O R K S T X O E R
O F O O Y N E N D M O G S L N
N R O I O Y I E A D O O G S G
R E H J Y F K N I O I R F P H
E K C O D O H L B L T N P O E
T O S H O O O O D O O V R O O
F O T H O U O O V I P S O K H
A C E D W K I W D E T O O B N
V C O P S A I G N P C H F I F
```

AFTERNOON	NOOSE
ALOOF	POODLE
BALLOON	PROOF
BAMBOO	ROOMY
BLOOD	SCHOOL
BOOKS	SCOOPED
BOOTED	SPOOK
COOKER	TROOPER
GLOOM	UPROOT
GOOD	VOODOO
HOOKED	WOODY
MANHOOD	WOOL

Consumer Electronics

```
M V T Q V S N A M D O O G M P
X Q H Y R D N B O A Y O O N O
S P I L I H P P H N I T U J P
V Q X S O H C R A Z O N T Y D
F S N E M E I S I R S O N Y M
S A M S U N G V O G S K B K I
C K X J Q E U L A H Q I L E S
U J H U L S A V I A K A R N S
C C A P G V M B M C P I C W I
Z D P M Y P A S W O R R J O O
E A R C A M T N E W A S C O N
N J H Q M R U N G O H A E D E
I S F H A F E I E N S F N I B
T V Y D H G S L N I Q A J V C
H L N A A A K Q O Q Q J M F O
```

AMSTRAD	NOKIA
APPLE	PHILIPS
ARCAM	QUAD
ARCHOS	SAMSUNG
CASIO	SANYO
COWON	SHARP
GOODMANS	SIEMENS
JVC	SONY
KENWOOD	TOSHIBA
LINN	VIZIO
MISSION	YAMAHA
MOTOROLA	ZENITH

Stores

```
H T I R E G N O M N O R I F R
G D R E N R E C O R G V J A T
Z N Q P H A R M A C Y G A Y F
T O B A C C O N I S T Z T R A
R E B R A B R L E M A A N I R
R E L D D A S Y C B I Y E A M
E S O F R E N I L L I M W D E
H T P L G M M B O Z N O S C R
C A P O H S E R A W D R A H S
T T X R E T T I F T U O G E M
U I Z I B O U T I Q U E E M A
B O W S T A K E A W A Y N I R
W N R T P Q K U D S V C T S K
D E L I C A T E S S E N F T E
R R T E K R A M R E P U S E T
```

BAKER	HARDWARE SHOP
BARBER	IRONMONGER
BAZAAR	MILLINER
BOUTIQUE	NEWSAGENT
BUTCHER	OUTFITTER
CHEMIST	PHARMACY
DAIRY	SADDLER
DELICATESSEN	STATIONER
DRAPER	SUPERMARKET
FARMERS' MARKET	TAILOR
FLORIST	TAKEAWAY
GROCER	TOBACCONIST

Things That Go Round

```
U V P G A F E C A R O U S E L
Q K U E H M A N Z I G K P E I
R R P J N O O N I D M I A T B
T E M O C O L D B B A L C I R
T C L L T N L L A E R X E L A
F O E L L G E C I N L U S L C
T R E D O I N A Y M R T T E I
H D H D R R R I Q C D O A T N
E N W O B C O D N F Y N T A G
E B T P C U T T I N G D I S C
A O D W T J V E E V I I O W A
R B V H H P I M N R E P N A R
T E L D N I P S J A W O S E S
H K T F A H S M A C L U F B H
G R I N D E R K A M D P F T F
```

CAMSHAFT	ROLLER
CAROUSEL	ROTOR
COMET	SATELLITE
CUTTING DISC	SPACE STATION
CYCLONE	SPINDLE
DRILL	SPINNING TOP
FANBELT	THE EARTH
GRINDER	TORNADO
MOON	TURBINE
PLANET	WHEEL
RACING CAR	WHISK
RECORD	WINDMILL

MAIN Words

```
F K S Q M T U E S U A L C S E
I G F X S V A D I A G O N A L
R M N A S C A L O W H R L R S
E K M I T O X K A K C E D O N
A E N T R A N C E N S V F T S
S I N W M P T O U N D F T O L
O I E I J E S U X T I V J E I
N N Q M E P C R Z C I Y E C A
V P E H A I Q S E Y N L W N S
E U S N C R S E I J E S E A P
T F I Q B S F B S C E W D H O
T S E N I L Y T T W Q C G C T
H S T R E A M R E C A R A N N
T Z N A R B I R W P R Q O R M
F B M D Y C J D T R E T A W B
```

BRACE	OFFICE
CHANCE	REASON
CLAUSE	ROADS
COURSE	SEWER
DECK	SHEET
DIAGONAL	SPANISH
ELECTRIC	SPRING
ENTRANCE	STAY
FRAME	STREAM
LAND	TOPSAIL
LINE	WATER
MAST	YARD

Sports Equipment

```
G D X K L L A B E S A B C T S
P Y V D C V K S R E I R T E K
U U M V F A G G T T V N V U A
C L T E Y M J O Q R O E D Q T
K S E R Y C A A T T A G Y C E
N M G F I J F L I E L D D A P
E A R E N N D P L Q T E V R N
E K A E D D G O G E M W V I E
P S T D O T K S U W T L L H G
A S E W P U T T E R E E S W U
D X R O G P M S X K V H Y O L
S V J A H H H O R A Z B D R G
N P B K O S H O J D Q K Y R Z
C L I M B I N G R O P E V A C
G L V E L S D X B P Z X T W O
```

ARROW	OARS
BASEBALL	PADDLE
CLIMBING ROPE	PITON
DARTS	PUCK
ETRIER	PUTTER
GOALPOSTS	RACQUET
JACK	RINGS
JAVELIN	SHOES
KNEE-PADS	SKATE
LUGE	SNORKEL
MALLET	TARGET
NETS	WEDGE

Active

```
K E T N E I C I F F E M L S N
C K N G S U P P L E N A I U I
I R R E L I G A T C T N V O M
U U F O R W A R D M H I E I B
Q N B V W G S P R Y U C L R L
D N R U L T E C Y Z S Y Y T E
E I T F S X A T R I I F S S P
T N Z S E T K A I G A R N U N
A G I U B D L D N C S L J D B
M I P O H E K I L A T I V N P
I H P R R S K W N I I V F I V
N U Y T I R B I M G C I A I P
A F T R O U W I N Y R N X L W
X B B W I I G Y D F A G K V X
E P S E Q X D E T I R I P S E
```

AGILE	LIVELY
ALERT	LIVING
ANIMATED	MANIC
AT WORK	NIMBLE
BRISK	QUICK
BUSTLING	RUNNING
BUSY	SPIRITED
EFFICIENT	SPRY
ENERGETIC	SUPPLE
ENTHUSIASTIC	VITAL
FORWARD	WORKING
INDUSTRIOUS	ZIPPY

Abide With Me

```
A Z J I Q T O E K T V J W R N
N O E V I L K E U T U X E I G
R L T M W O E N N N Y S A V G
Y A T S O P Y A O N I T W W N
S I E R T A T S H D S T S I K
U M B B A S Y C E U R U N G I
A G C W N P A F S Z F D T O F
S E A O T M O L L F J S V S C
A I C A O O S Z E D E I U Z I
T N R T T U L R X R N Z O R G
Z R S H R B S E T T L E E U L
Y G O V E N D U R E S M T O H
F L I W D W E L L A A G D T H
D V J Z Y G L O H I T G S L A
E F Y L G H G L N Z E E S B L
```

ATTEND	LODGE
AWAIT	REMAIN
BEAR	RESIDE
BROOK	REST
CONSTANT	SETTLE
CONTINUE	STAY
DWELL	STOMACH
ENDURE	SUFFER
FOOTHOLD	SURVIVE
KEEP	SUSTAIN
LAST	TARRY
LIVE ON	TOLERATE

Insurance

```
E G A R E V O C Y R A U T C A
U S P J M U I R O T A R O M T
G N C O M P A N Y U G Z L V O
R M D C T H I R D P A R T Y N
E W U E E N D O R S E M E N T
E I H I R S I O B U N O S C I
N N L E M W T N X O H R P O N
C V O A A E R I D P N H E N E
A E A F C L R I F E O U C T J
R S D T L U T P T O M L S R O
D T I L V E B H T E R N I A C
O O N O I S R E V E R P I C F
N R G I N S U R A N C E V T Y
U A T S T E S S A M I A L C Y
T N E D I C C A E N T K W Z P
```

ACCIDENT

ACTUARY

ASSETS

BONUS

CLAIM

COMPANY

CONTRACT

COVERAGE

ENDORSEMENT

GREEN CARD

HEALTH

INDEMNITY

INSURANCE

INVESTOR

LOADING

MORATORIUM

POLICY

PREMIUM

PROFITS

PROTECTION

REVERSION

THIRD PARTY

TONTINE

UNDERWRITER

B Words

```
B H U J T S G K B K Q E L K B
L A N O I T C E R I D I B B T
F B H Y P M U B A I M B O F P
B L L B W E L C S Y L S D C Y
A U G A B P H E B A S H E G B
M R K M G B B S D Y P W G H E
K B E B N N O E U B G A A B R
B Z U I I A E I A R B O E U B
I O E G D B A B S F B N N V E
Y J T A I R E B Y T E A C E R
B E K M B L A O R F E I O B V
S B M Y B E O B I A B R L T D
E L B B U B Y T M V S D O E L
T C A B L P R E Z O D L L U B
B B P J B R B O H E B Z L W S
```

BABBLE	BLURB
BABEL	BODEGA
BAGGY	BOISTEROUS
BELIEF	BOMBARDIER
BENEFIT	BOSSY
BENGAL	BRUSH
BERBER	BUBBLE
BESIDE	BULB
BIDING	BULLDOZER
BIDIRECTIONAL	BUMPY
BIGAMY	BUOY
BLADE	BYGONE

```
L D I N O I S R E V I D Q K Z
I S E U H D S N J T G J Z H M
G J K R A Q R B B R I H L C O
H P Y O U K M U E E G A R A G
T Y R S G S P A R K I N G B M
S S D L I N S F G G G D Y I E
O R T R A E O E S N L B R O C
T E U E A N M I R R O R E H H
S P R V E U G T T P H A T S A
L I N I Z R L I R C C K T I N
E W I R Z L I I S A N E A S I
E B N D Q E X N C W F U B S C
H M G B X U K B G S E F J A V
W Q T S R F R E N R O C I H X
S O N P N O I T S U B M O C M
```

BATTERY	LIGHTS
CHASSIS	MECHANIC
COMBUSTION	MIRROR
CORNER	PARKING
DIVERSION	PRESSURE
DRIVER	ROADS
FUEL	SIGNAL
GARAGE	STEERING
GREASE	TRAFFIC
HANDBRAKE	TURNING
HYDRAULICS	WHEELS
JUNCTION	WIPERS

Anger

```
K J K X P O E W Q T D H E P U
H H E A W T I B U O T E L F O
E V G P Q U A R R E L L D P R
F S Y B E P S Y K E X D E K J
G H U V L N T T R R P I E R E
C U C O I M I F F U N R N X B
D H T A R W F O T C F B A Q T
H R F B L S V M E N V S G X P
M A E T S P H N K A P J U Z C
I N P P A L S M R E H T O B E
J N X Q M E N I R G A H C L L
H O K R G E K A Z U J Y T Q T
U Y A A L N T K L B N T T P T
U R L L L E K S O B E H L P A
R L Q L T N E M T N E S E R R
```

ANNOY	NEEDLE
BOTHER	NETTLE
BRIDLE	QUARREL
BUG	RATTLE
CHAGRIN	RESENTMENT
EXASPERATE	RILE
FITS	ROUSE
FURY	SPLEEN
GALL	STEAM
INCENSE	TEMPER
IRK	VEX
MIFF	WRATH

Hard to See

```
C L U O D P Y H D E D U O L C
Y K Q D S Z O J T U S Q V D Y
R D E L A E C N O C S P C W K
V X H H B J P P B E G K O L O
E V N O Y K R U M L U D Y Y M
I N D I S T I N C T A P F D S
L O V E R C A S T H S M E L S
E K R A D B O B S C U R E D M
D E U V L T H E P D R E C E U
Y N U O Y I F T D U L W U N D
E U O Z T L A Y L A F G C M G
A M Z L S L D B P O A L J C E
Y U T G I L E N G V E Q F L D
F W M Z M I D G D A S C W S Y
Y M O O L G Y E R C A S T E D
```

BLURRED	MISTY
CLOUDED	MUDDY
CONCEALED	MURKY
DARK	OBSCURED
DUSKY	OVERCAST
FADED	PALE
FOGGY	SHADOWY
FUZZY	SMOKY
GLOOMY	SMUDGED
HAZY	UNCLEAR
ILL-LIT	VAGUE
INDISTINCT	VEILED

SELF Words

```
K U N X J J K D L A I N E D P
Y H S T N B E C S S E L H J O
G R T F G L F P Q S P D O P T
N O O R Y L E Q G U R E P V X
I E C T O I Y V V R R S T S E
D C S G C W E F I E E O C I R
A Q D S N I E A P D K L Y J K
O K P H R D D R R Q E C E R K
L F E W E C A A A G E N S E H
T L X C S I G T R W S E T T Q
P H E T S E R L N T A U E R J
Z I G E R E Y U O W N N E A E
T A B U S E T B U O D O M T B
Z A Q I A Y T I P J O B C S J
F F G F U T U P E L I T R E F
```

ABUSE

ASSURED

AWARE

CONTRADICTORY

DECEIT

DENIAL

DOUBT

ENCLOSED

ESTEEM

EVIDENT

FERTILE

HELP

LESS

LOADING

LOVE

PITY

PRAISE

REGARD

SEEKER

STARTER

STYLED

TAUGHT

WILL

WORTH

Dictionary

```
Y Y G O L O N I M R E T A E W
S F L A M R O F N I X D A J C
B E L W F F I C T L A R U L P
T R G E R U T C U R T S Q W N
N M E A X D A H R T N F G T G
A A Q V P I I S E K Y Y C N I
I W O R D S C E M C S E A T E
R C I L T A N O O Z J L C C R
A X N O T S U J N B S E N G O
V B R M X A N K U Q L E E N F
N Y A B E P O S K A R J V I Y
F C W B T C R C I E W K B T D
P O E T I C P D F J F G I S T
Q P I T S P E E C H X D G I O
G R A M M A R R A G L U V L S
```

ADVERB	PRONUNCIATION
DIALECT	REFERENCE
FOREIGN	SLANG
GIST	SPEECH
GRAMMAR	STRUCTURE
HISTORY	SUBJECT
INFORMAL	SYNTAX
LEXICON	TERMINOLOGY
LISTING	TEXT
PAGES	VARIANT
PLURAL	VULGAR
POETIC	WORDS

Gardening

```
L H E S U C O R C I N E G J O
S S N E L W D K I B R R X B U
H A E W H O N E Y S U C K L E
T N E P A L A T F B B W B A B
O I S A Q L I N S H S M E C H
M A L X R A N X R Z J I R K O
V T L P E M O S O M Q O R C R
B N A I B T T N F L S D I U S
S U W D M L G E I E H W E R E
E O E V U A N W S O A P S R R
L M U L C H I A F W N I S A A
P I O P U T L Z W F O G L N D
P X O N C M L R E O U C F T I
A B F S G N E B M B R R M Z S
H T W O R G W R G I W R A E H
```

APPLES

BERRIES

BLACKCURRANT

BUGS

CROCUS

CUCUMBER

EARWIG

GROWTH

GRUBS

HONEYSUCKLE

HORSERADISH

LAWN

MAIZE

MALLOW

MOTHS

MOUNTAIN ASH

MULCH

ONION

PHLOX

ROSES

ROWAN

SOIL

WALLS

WELLINGTONIA

Six-letter Words

```
N A S K N A H T K S M A S B W
E G Y Q X I B F G H I O D G A
D A X V E G A J V C V B U J L
D O E J Y T O R Q U E F N G F
A K H C T R E H T O M O T V Q
M K N A Y E N D Y S G C O N Y
A G C R N E E Y R N O D L A Y
G H E R P D H A I E M R D B W
Z L S O X P L K K A W N R L J
B E S T O W C E D S O A N O U
V L U R R A B V E M A D R N W
D B T Q B E E Q F A B L E D J
F B T Y A R E O D Y P L A O M
Y A Y D B P C T Q V L T G N I
A G K C D T O L A E Z N W B P
```

ADVERB	MONDAY
ALASKA	MOTHER
ATTACH	OPAQUE
BACKING	SORROW
BESTOW	STRAIN
CARROT	STREET
DRAWER	SYDNEY
FABLED	THANKS
GABBLE	TORQUE
HANDLE	TROPHY
LONDON	UNTOLD
MADDEN	ZEALOT

Happy

```
G E D E L L I R H T D Y T L P
N H U U I N B C H E E R F U L
I E Q P G T N A Y O U B D F W
N C P B H L S O C D W Z W Y J
N Y E E T O J F R L A I V O J
I L R A H R R J B I G K C J K
R E K T E M M I Z L N T I H B
G V Y V A Q Y V C U I P T B A
N I O C R Z G O M F L L A K G
I L E H T I L B U E I W T A Y
H J C I E F A P A E M L S K L
G O F N D C D S H L S U C M Z
U L C O N T E N T G N U E P N
A L G A I D X A X N L C J N B
L Y R Y R R E M Y I Q K V O T
```

BLITHE
BUOYANT
CHEERFUL
CONTENT
ECSTATIC
EUPHORIC
GLAD
GLEEFUL
GRINNING
JOLLY
JOVIAL
JOYFUL

LAUGHING
LIGHTHEARTED
LIVELY
LUCKY
MERRY
OVERJOYED
PERKY
PLEASED
SMILING
SUNNY
THRILLED
UPBEAT

Antonyms

```
F P S K Y E D I S N I H O N M
R E D L O C E U V Y N B C L M
O R O M T M Q Q M A E Y A C P
P O U M I N O R U D A C L Y S
T D T W B N O G I H R I G T B
I W S B E T H E R D E C R R C
M O I N S T N O C K R A F I N
I L D A Y T J Q O U I U D D W
S L E E X A B B Q G R F L A P
T A W L M I L W H T P V R E V
I H W C W I W T H K M M E S W
C S I D N R I E R O E D C D I
I P L W O X R P F R D E M A T
K L D W P E S S I M I S T I C
Z D O O H E S L A F T R U T H
```

CALM	FURTHER
STORMY	NEARER
CLEAN	INSIDE
DIRTY	OUTSIDE
COLDER	MAJOR
WARMER	MINOR
CURVED	NAUGHTY
STRAIGHT	OBEDIENT
DEEP	OPTIMISTIC
SHALLOW	PESSIMISTIC
FALSEHOOD	TAMED
TRUTH	WILD

Places That Start and End the Same

```
A A L O P K Q F W R O C L A W
J L R S T F B F L R Z X Y B C
A M A A I R E G L A T G F A W
H I A B M Z O U E S V A N C T
V P B N A S M P W T W G I E Y
X O R A A M A O O B O I L O P
J G E K R T A R L C O Y I A C
V J T D B A S L U W O R I W B
K E S W I C K A E S A N K A Q
K B E O L O L N D T A U I S K
O J H T S E S D N B R P T R J
D O C L G B W O L S R G I A O
I H O Z O Q G A K H M Z B W A
A I R R K N L Y U Y I G E X Y
K O O B E A F R I C A H T J L
```

AFRICA	OHIO
ALABAMA	ONTARIO
ALBANIA	OPORTO
ALGERIA	ORINOCO
ARABIA	ORLANDO
ASMARA	OSLO
ASTANA	OWENSBORO
COGNAC	ROCHESTER
KESWICK	RUHR
KODIAK	TIBET
KURSK	WARSAW
LOWELL	WROCLAW

Shades of Brown

```
W N G K T D P Y X P S X R P T
W W E F A L L O W I A F E A A
I A B E D E G X N J X X B R E
I F U D V E T O Y D D U M B H
E O U R J I P N U E E X U W W
U A I R U I L U N J O R W N R
V C I J A S U O A K N Z A S U
A O H P H M T I C T R C R L S
N C H X E H L Y S E E Y L X S
D O H X T S Y I V P A F E E E
Y A P R R T E A H C O M Z O T
K J A Z P N E D N O M L A E E
E E T I N B C C X L S Z H S V
H S N A B E T T E N U R B S M
S E K L B S Q G K R E G N I G
```

ALMOND	OLIVE
BEAVER	PECAN
BRUNETTE	PINE
BURNT SIENNA	RAW UMBER
COCOA	RUSSET
EARTH-TONE	RUSTY
FALLOW	SEPIA
FAWN	SINOPIA
GINGER	TAUPE
HAZEL	TEAK
MOCHA	VANDYKE
MUDDY	WHEAT

Show Jumping

```
K L R G Q K W N V H A S C L E
Z Z P M U J R E T A W N A T R
N E C B G C R R S T U O E E S
K F A U L T S R E S P D D R J
L B L O I N O L Y I A I J V A
U S C C P S E S P U R R I T S
A K A W E V E C K Q S R G E S
B L G T I S Q U S N H T A L D
U X T S R O H T R J R N N B C
I E I O L A S U F E R E A A A
H O H J U O T P L X J V R T N
N C O M P E T I T I V E A S T
V O O V L N A I R T S E U Q E
T O U C H R P G F Y Q G I F R
N G H U T Y T E K N A L B C M
```

ARENA	POSTS
BARRIER	REFUSAL
BAULK	RIDER
BLANKET	ROSETTE
CANTER	STABLE
CLOCK	STIRRUPS
COMPETITIVE	TELEVISION
EQUESTRIAN	TOUCH
EVENT	TRAILER
FAULTS	TURNS
GRASS	VERTICAL
HORSES	WATER JUMP

Double N

```
G R K T Y K P D O N N Z W N G
N A E N G E C Y N A K Z N S B
N L N J W N N C N I G Y L H H
P U N X X N L O A N N E T N A
S N E R A E C N I N C Q U N Y
W N D R N L P N C I X L N N F
Q A Y N S U N E N Z I E G E L
S T U D N I C N N H P N N A
K F O N W U I T W O N N I M I
I G E K N N Q I S D E N N W N
N T R N N F O O L N N N H N
N O E A I T O N N A C L I I E
Y R T Y N N A N T E A E G N R
Y I C N M N O E A N A Y E N E
K N N C K Y Y R N N I M B Y P
```

ANNULAR	KENNEL
ANTENNA	MINNOW
BEGINNING	NANNY
CANNOT	NUNNERY
CINCINNATI	PERENNIAL
CONNECTION	PUNNET
FENNEL	SKINNY
FUNNEL	SUNNY
GRANNY	TYRANNY
HENNA	WHINNY
INNATE	WINNING
KENNEDY	ZINNIA

Words Starting ART

```
A L E T R A R T H L A R T R A
M R Q E R E A R T H R O P O D
T R T C U L L T N A S I T R A
R K O I A B N C A R T E M I S
A W C F K R J A I R A M R O A
A X E I T C T F I T C R A A R
R A D T A R I E Y S R A T U T
T R T R R P A T R A E A R Y I
H T R A T Q A R I Y R T J T S
U L A X A R F A R R H T R C T
R E A R T I S T E D H T O A R
A S T W A R T P R A R T A I Y
R S O Y R E L L I T R A R R S
T R E K O H C I T R A R T A V
K L U F T R A L A I R E T R A
```

ART DECO	ARTICHOKE
ART FORM	ARTICLE
ARTEFACT	ARTIFICE
ARTEL	ARTILLERY
ARTEMIS	ARTISAN
ARTERIAL	ARTISTE
ARTERY	ARTISTRY
ARTESIAN	ARTLESS
ARTFUL	ARTOIS
ARTHRITIC	ARTS
ARTHROPOD	ARTWORK
ARTHUR	ARTY

Welsh Place Names

```
S Y W O P N E H T R A M R A C
N G B M A N B R O G N A B D L
C O G F C T B S S C I E G O T
S E R G R G W C W M B R A N R
H O R E H B V E A H U D G E H
M A F E A V A U N E Q Y L T B
H O R L D R L N S C H E A K C
R P Y L R I E H E C G E Z O X
F H P Z E F G B A N N H N Z L
R I K Z Y C Q I A W L W F G I
R T E N P C H L O O Y P Y L E
U E N S F Q L T M N B I W C N
E N F A X E W N J I G E Z Z Z
V B I R D E N B I G H Q N X O
H Y G X N N I H T U R V G G R
```

ABERAERON	MORFA
BANGOR	NEATH
CARMARTHEN	NEBO
CEREDIGION	NEFYN
CONWY	NEWTOWN
CWMBRAN	POWYS
DENBIGH	PYLE
EBBW VALE	RHYL
HARLECH	RUTHIN
KENFIG	SWANSEA
LLANGELER	TENBY
MAERDY	TREFOR

Edible Hues

```
S E M I L T I U C S I B T R P
P A E P L U M J T R H E X K V
B J L E O J V G A V A X T L J
T Q O M N E H X I L C R E A M
T U N I O G I O G N A M M M W
Q R N O L N A W V S G U R A B
X E Z T R E I P M L O E O C P
E H B O S F M G M S I E R V B
D Q A M G E F O X A H C A W N
Z A N A K E H A N Y H T N H A
D R A T S U M C S E E C G S J
E B N O M G G U R R E M E C D
N U A Y Y M K R A U O L I V E
I R P P Z D Y L I J X S S N C
W E T A L O C O H C A R R O T
```

BANANA	MANGO
BISCUIT	MELON
CARROT	MINT
CHAMPAGNE	MUSTARD
CHERRY	OLIVE
CHESTNUT	ORANGE
CHOCOLATE	PLUM
CLARET	SAFFRON
CREAM	SALMON
GINGER	TEAL
LEMON	TOMATO
LIME	WINE

Zoology

```
F E L I N E N L J O I N T E D
E E E R B I A L A C A U D A L
A V T C A N I N E I H J Y R M
Y L A C S V V T M A N T L E F
Q A D T J E A R C S J O V I D
E V U Y H R T N H N M C L Q A
V I A Y R T D B S U U A U O P
L N C D J E T I I E R J R R C
A U P W S B D L L I R A S O V
V E D L D R L I I E L I M I W
I A T V E A P D P U N P N R D
B Z G A P T I Q L S O N K E G
O T A I D E B A D U X L A T Q
P O B R L E A L N X Q U W N L
Z C B R D E P D F A N U R A N
```

ACAUDAL	DISJUNCT
ALULAR	FELINE
ANNELID	FILARIID
ANSERINE	INVERTEBRATE
ANTERIOR	JOINTED
ANURAN	MANTLE
AVIAN	PALLIUM
BIVALVE	PEDATE
CANINE	SCALY
CAUDATE	SPIDERY
COLONIAL	UNIVALVE
COMPOUND	VAGILE

Things We Love

```
O B L R M L S R R K U S D W G
S S T O R I E S H W O E I C K
N G R M A E R C E C I S A H T
O N M E Q P E P I A C O M I H
I I A P W C F N O A S R O L P
N L S T B O S H G E L I N D U
O K B U B B L E B A T H D R P
D C C S L C Y F S M P R S E P
E U P A E N I O M R P M Y N I
I D R U N K G L S L O R A C E
R B O A Z D A R X E R H V H S
F K R T Y Z Y C I S U M O T C
C G Q X W A L K I N G F S M D
I N C E N S E E K I T T E N S
Y L L E J N T W S K H V Y X P
```

BUBBLE BATH

CAKES

CANDY

CAROLS

CHAMPAGNE

CHILDREN

DIAMONDS

DUCKLINGS

FLOWERS

FRIED ONIONS

GRANNY

HORSES

ICE CREAM

INCENSE

JELLY

KITTENS

MUSIC

POETRY

PUPPIES

PUZZLES

ROSES

SEASIDE

STORIES

WALKING

Double F

```
F V P F F D W C H A F F E R F
X I B F E S D M F N O T F A Z
F C W I V L I E V S T A F F C
F L T U W F B D F E Y F O F H
Y B N Q F F Q A R F F F C I A
C R E E I Q L B F K O I S A U
L X D O F F L I F F P R D V F
Y A I S F U H D T Q A M T F F
F L F F F W F F O J C A O S E
W A F F U G S K F F Y T F J U
A H I F L R A F F L E I F C R
F W D F I U J I F F Y V E F W
F M F Q D T E S U Z Z E E F L
L C L I F F S N U F F E D P U
E E F M D U F F T F L U F F Y
```

AFFABLE	JIFFY
AFFIRMATIVE	MIFFED
AFFLUENT	QUIFF
BLUFF	RAFFIA
CHAFFER	RAFFLE
CHAUFFEUR	SCOFF
CLIFF	SNUFFED
DIFFIDENT	STAFF
DUFF	STIFFLY
EFFORT	TOFFEE
FLUFFY	WAFFLE
GUFFAW	WHIFF

Animals' Young

```
S P Z D E F P S P T E L G I P
P X A X L M N Y Y P F O A L D
I R U L J O W Z I Q S M X M S
D U C K L I N G W G J Z L L B
E D L B L J E U D S M K F U Z
R L I I O T S U M C W F C U D
L E V E R E T O J H H L I K U
I T Y E H K L R L P E A K Y Q
N E B B R T L S D M L C K I K
G L H N J E U J Z Y P A C K D
P G G S U N W A F N W Y I N R
O A C Q F G Z D S G Y T H T L
M E R R M Y S K A G T I C Y G
P X Y R I C E S W E I V K H O
X L S Q U A B C N T L O C O R
```

CALF	JOEY
CHICK	KID
COLT	KITTEN
CRIA	LAMB
CUB	LEVERET
CYGNET	NYMPH
DUCKLING	PARR
EAGLET	PIGLET
ELVER	SMOLT
FAWN	SPIDERLING
FOAL	SQUAB
FRY	WHELP

Birds of Prey

```
K B N G R S O Q R N D Q G I X
W W B O O O N H O O L G X S Y
D K A S F J A C A W D C F U B
S W E H F F L D O R A N R W B
P A N A H A I Y R R R E O A O
A H I W F S N R A U I I R C H
R N R K F W I C G E N N E T E
R E G E A J A F G U O N L R R
O K E T A R T R L W Y O E R U
W C R E A X E E L M H S W R T
H I E L K M R R C R E P D A L
A H P G M T B U Z Z A R D V U
W C O A S B S N E N P E L I V
K A L E T I K Y K K H Y H I X
S D K W O R C N O I R R A C N
```

BARN OWL

BUZZARD

CARACARA

CARRION CROW

CHICKEN HAWK

CONDOR

EAGLE

FALCON

FISH HAWK

GOSHAWK

GRIFFON

HARRIER

HOBBY

JAEGER

KESTREL

KITE

LAMMERGEIER

MERLIN

OSPREY

PEREGRINE

ROADRUNNER

SPARROWHAWK

TAWNY OWL

VULTURE

Narnia Chronicles

```
U Q C C B F E H S L A M I N A
Z W J N P E Y P N N Z J F S R
B N D A D R A V N A S A L S A
E C N I H R T Y R N R A Z A L
N V U R G M R I I M N N S T Z
I G M I T A M O S N Z C I S K
R T D T E R I W O R L D W A R
R M E S L C C M N N O F S H C
A S Z F M H N N I J W C E S B
D U A C A E I T A W N I L G W
Z I J R R N R U R V O N T S P
P E N F M L R M T Z D A T H I
K R H P R A O N M J N I A I R
P O H C O N D U C T O R B F Y
P P Q B Q D U S W I L I C T P
```

ANIMALS	NARNIA
ANVARD	OREIUS
ARCHENLAND	RHINCE
ASLAN	ROONWIT
BATTLES	SHASTA
CHARN	SHIFT
CONDUCTOR	TELMAR
DARRIN	TIRIAN
EDMUND	TISROC
GUIDE	TRAIN
LONDON	TUMNUS
MIRAZ	WORLD WAR

In and Out

```
P I R T S T U O O W O U T I N
O E I Y E C I O V T U O N I A
U V N N T N E D N E P E D N I
T I C I T F I B O U T T A K E
L T E F N U X N N U N O U T R
K C N E L S O N T A T Y E O Q
D A S G S U A U F E R C I O T
R N E A N C A N T A L R A S J
A I I R E I I H E L E L E S P
W N N T B X T W T F Y V E T T
T Q O U L T T U N U N I O C K
U U N O A U U I O I O C N U T
O I I W O S R O O D T U O G T
N R D N A L N I I N G E S T U
I E I N S E N T I E N T I N O
```

INACTIVE	OUTBREAK
INCENSE	OUTCAST
INDEPENDENT	OUTDOORS
INFANT	OUTHAUL
INFERIOR	OUTING
INGEST	OUTLYING
INLAND	OUTRAGE
INQUIRE	OUTSTRIP
INSANE	OUT-TAKE
INSENTIENT	OUTVOICE
INTELLECT	OUTWARD
INVEST	OUTWEARY

Rhyming Words

```
Y J W K Z O E E P E T Y R E A
O W M A G L P T T F P H W V F
K O O B K O O C H E C K N N O
H T N H M S F T E T L O W G Z
P Y Y A G P O L O R O L O E Z
G M L S M Q S P V D Y L T M Q
O H U O N B H M O P O F N P X
O H I J P C Y O N N I I W I K
H O A F T Y V P E A A O O G O
O V L O I A L V A R T W D E W
O G H X V D Z O Y M A N O F T
B J C F D Y Z U R Y B F A R O
O Y I U F A H N L W B Y R F W
E J G D O P I A P U G M H I T
I Y B E M A Y D A Y C N P W A
```

AIRFARE

BOOHOO

COOKBOOK

DOWNTOWN

FAN-TAN

FIJI

HI-FI

HOTCHPOTCH

KIWI

KOWTOW

LOGO

MAYDAY

NAMBY-PAMBY

OBOE

PAYDAY

POLO

ROLY-POLY

SLEEPY

SOLO

TEPEE

TO-DO

VOODOO

WAYLAY

ZULU

Volcanoes

```
J L O A T B U S L Y M C I U P
R U G S W F W R T I A T I A Y
K E L C H I C H O N O A H U O
Y E R Z N I B L O L I Z X X K
A N T E W M M B N A O K J H S
I E B O S L N A A M I L O C V
O E E X I O L O L I A J J C E
J L S M I Q E F M J Y N L J H
K E M J M E E A T A G U N G C
Z P U O F G U I S R F N O Z U
L F J N E N L P U U I T I R Y
T J V F A N A A R K S D M V L
I J R L W F A R U A H I E C K
O Y O Y E Y T E M S E M Y N W
M A Q R W O J M I T R H C G T
```

AGUNG	OAHU
COLIMA	OSHIMA
EL CHICHON	OYOYE
ETNA	PELEE
FISHER	SAKURAJIMA
FUJI	TAAL
JAILOLO	TIATIA
KETOI	TOON
KLYUCHEVSKOY	TRIDENT
LOLORU	TSURUMI
MAUNA LOA	UZON
MERAPI	YEGA

Things with Wings

```
T Y G S W O R R A P S G N A T
M S H I H S P S E N A R C D K
T Y H A R K A L C I I X H M T
O H W P N N H I P S A W O S M
G K A D T N C J L A R S Z T O
Y N U J H O I E M P Q U Y O T
N T I W G E R W I U L M U R H
O W N D I I T T I C I A B K S
H F R L L H S T Y D R U N I D
P A E A O I O K G O R O E E R
Y I V N R Y U E R E S X W E I
R R Y G C I V B H R W I A T B
G Y W E I Y P C I C U G C A S
O Z T L M O B M I N L S Y B Q
S O R E Z M E E B E L B M U B
```

ANGEL	GRYPHON
BAT	HAWK
BIRDS	MICROLIGHT
BUILDING	MIDGE
BUMBLEBEE	MOSQUITO
CHERUB	MOTH
CRANE	OSTRICH
CROW	SAILPLANE
EAGLE	SPARROW
EROS	STORK
FAIRY	WASP
GNAT	WYVERN

US States

```
A D I R O L F A L N A B M P I
I N E W Y O R K K W H E M J A
G T N O M R E V O S R L A N H
R E W U O I O I O H A D I R V
O K E H E I L N S L C L N H T
E N I A M L O A V V O P A O U
G O A J I G S M A R F A V D A
M X R N E N I H A H D F L E M
C F O R A C I C D A W A Y I O
V I O K H I H G V W L C S S H
S H T I V T S E R A B X N L A
X V G E U I N I B I H U N A L
Q A Y O X I P A U I V T E N K
N G S M K A M I X O L A P D O
S K K R L A S A P M L H S D I
```

ALABAMA	NEVADA
ALASKA	NEW YORK
FLORIDA	OHIO
GEORGIA	OKLAHOMA
HAWAII	OREGON
IDAHO	PENNSYLVANIA
ILLINOIS	RHODE ISLAND
IOWA	SOUTH CAROLINA
KANSAS	TEXAS
LOUISIANA	UTAH
MAINE	VERMONT
MICHIGAN	VIRGINIA

Shapes

```
Y E T N E C S E R C D A R D K
D S L A B S W M T I A J V I G
I A S B U N X R S E N A C O A
M Y I I C B A C J I G B L B Y
A N L A R E T A L I R D A U Q
R C O P H D Q T Z E V P V C Y
Y G B G N P R A Q T B S O E C
P H L U A I H S U B M O H R S
E E O O A T F X P G U W O E U
Q R N N B D C X I D J S Q H E
D J G C A E H O V L S V K P L
M L S K J S Q U A R E D C S C
E F P T I O S T I N A H B Z R
Y B G H R T W B O L R T R R I
O E R B I N E C Y Z L J S E C
```

CIRCLE	OCTAGON
CONE	ORB
CRESCENT	OVAL
CROSS	PRISM
CUBE	PYRAMID
CUBOID	QUADRILATERAL
DISC	RHOMBUS
GLOBE	ROUND
HEART	SPHERE
HELIX	SQUARE
KITE	STAR
OBLONG	TRIANGLE

Admirable Adjectives

```
G L Z S E M E R P U S V E V S
A E A E D T O Y T S U R T H P
T Z N Y G O R G E O U S I N Q
L Q K T O X O L L A I N E G W
B W B Y L L R G L L I U Z A O
W R P N R E L Z E N O X Z B O
N O E K E A A B G N S V E K Q
S U R P R I S I N G E D E A X
V I R T U O U S X F I R R L K
M M J V H S Q R E E G Y O L Y
O B I F S Y L R N C D L Y U G
D H H O N E S T M P E D X R S
E L B A S N E P S I D N I I Z
S B L B S M B R I L L I A N T
T E R R I F I C K I I K S G D
```

ALLURING	MODEST
BRILLIANT	NECESSARY
GENEROUS	OBEDIENT
GENIAL	PEERLESS
GENTLE	SHINING
GOOD	SUPERB
GORGEOUS	SUPREME
HONEST	SURPRISING
INDISPENSABLE	TERRIFIC
KINDLY	TRUSTY
LOVELY	VIRTUOUS
LOYAL	WORTHY

Composers

```
Z W D D S S U A R T S I X K C
R M I Y N W A O N I B K R T B
W A L T O N R I E A H C P R V
B H X A Z N D Z N N E U B A V
T L K A R O V D O T U L Q G C
E E F Y R S D I N I S G R L Q
Z R F O B M S D V L L A Q E U
I R B L O R Y I B A Y R E C Z
B H E L B A R B L R L D E N F
J I A B H A E A T B A D C B S
C L A N E I U R V S A H I T X
O C Q S D W R T X E L W M Z T
H E N R A E Q O F N L O F S Q
H W E N Q H L K H D U L H I I
K V S N J H R F T Q O F G L L
```

ARNE	HAYDN
BACH	HOLST
BARTOK	LISZT
BERLIOZ	MAHLER
BIZET	RAVEL
BLISS	SAINT-SAENS
BORODIN	STRAUSS
BRAHMS	VERDI
DVORAK	VIVALDI
ELGAR	WALTON
GLUCK	WEBER
HANDEL	WOLF

Drinks

```
D O A R W M N M O J N T I D I
T M P A R U E U Q I L C B N W
V P I E U P Z R G V A R I B R
Z C Z L L O A I T M A T R E X
T X H S K U N O P N R E D E E
Z Y P M G G J A D A T I P R A
Z A S H E R R Y M A C E U V Z
O C T R X I U A W Z R I N X E
P Z A F H I B L N N V E C I G
U L T R O P A C O T I O H T W
E P P E R R Y D O L H J D L Y
D U G P E S N T O G Y S X K M
A W Y N H I T V B W N A U Y A
E C I U J T I U R F L A G E R
M M F T E R A L C P P K C O Q
```

BEER	MEAD
BRANDY	MILK
CAMPARI	MINERAL WATER
CIDER	OUZO
CLARET	PERNOD
COGNAC	PERRY
FRUIT JUICE	PORT
GINGER ALE	PUNCH
JULEP	RUM
LAGER	SHERRY
LIQUEUR	VODKA
MARTINI	WINE

H Words

```
H E L Y U H E T M I S H R T H
W H T B R L C D H F G M H W M
P S A S D O H T H I H H Y H S
Y D B R A I K A U H O P E Y T
H T U W L H K C Z H V L N M S
I H W L V E J I I E E A A N P
N T Y V I Y Q A Y H L T E A H
T H O D U L E U H R H I F L U
E R K H H V V K I I J P N A B
R E S I S C X Q C N S S H H C
L H E D G E E C H O U O O U A
A T H D L H O N E Y H H B S P
N A E E E U U K L T H C B T E
D E H N G Y P G L H Q W L L H
H H W H F F W O O K H L E E H
```

HARLEQUIN	HINTERLAND
HASTE	HOBBLE
HAZEL	HOCKEY
HEATHER	HONEY
HEDGE	HOSPITAL
HELLO	HOVEL
HEMP	HUB-CAP
HICCOUGH	HURDLE
HICKORY	HUSTLE
HIDDEN	HUTCH
HI-FI	HYENA
HILLY	HYMNAL

```
F N E G A I R R A M T P X G X
C N I J I K X Y O D O O N J R
R O J B A K P A E P Q I W U P
A N E P A L A C E S K Z O E F
N S R B L N E R Q F L M I N R
M U E G O G N E O X Y O R G H
E C F V S L W E D E Z X W L K
R H O E E Q E Z S W I C E A P
R Z R P A L K Y W X A J L N S
C R M V Q E C O N P A R Q D P
J X A D U U N Z G N J N D A M
R E T S E J E O E K K Y R J C
W D I V O R C E R R Y R N E H
P Z O W Q L Q K N H X A K H C
L T N E M E L C M D T M Z Y I
```

ANNE	MARRIAGE
BOLEYN	MARY
CLEMENT	NONSUCH
CLEVES	PALACES
CRANMER	PARR
DIVORCE	POPE
EDWARD	QUEEN
ENGLAND	REFORMATION
HENRY	SEYMOUR
JANE	THRONE
JESTER	TOWER
KING	WOLSEY

Out of …

```
K M L W E Q X A Y N P U G H E
B R J C T W S R O O D Z E C O
J U A S C L T I Y V H G M A M
K L C E P Y T C E J C R A E G
P P E A H I W G K I L T E R M
Q R D G D T G L K Y T V V R T
Y Z E N V H H R N B T V F R I
T A O D E U O E E C B M U L P
E C W W R W O K R O X O W I D
X L I S Y O S C S U C O F N A
E N D T M L G U S Q N E C E N
D N V O I R Y L O E G N M E G
V C Q D Q B A I J V T I I N E
R E T C A R A H C X I A N N R
I R J Z K V S H O T H L D Q G
```

CHARACTER	LINE
CONDITION	LUCK
COURT	MIND
DANGER	ORDER
DATE	PLACE
DOORS	PLUMB
FOCUS	REACH
GEAR	SHOT
HABIT	THE ARK
HARM'S WAY	THE RUNNING
KEY	WIND
KILTER	WORK

Puppets

```
N E B D N A L L I B Z Y U E Z
H H W C M H D R T E E T H M Y
A R I A Y K R E P U L O G M K
R T E P S P I N K Y D O N O A
O F L T E D D Y M N A S M U T
O R G A S G F H M S O L N R E
L O Q I N N G R O V E R E Q K
Y I L N C T O Z N O G B H P E
B G A S W E A M W K M G C L S
O I M C L V X J E R E F T V T
O G B A D I U E P I R R I U R
L O C R U D G U D X K O M V E
R P H L Y Y N R R D A O W I L
T O O E J C V R I G I L O L T
A T P T H C M T S V I K Q C F
```

ATLANTA

BERT

BILL AND BEN

CAPTAIN SCARLET

COOKIE MONSTER

DR TEETH

ELMO

GONZO

GROVER

JUDY

KATE KESTREL

KERMIT

LAMB CHOP

LOOBY LOO

MITCH

MR PUNCH

PERKY

PINKY

ROWLF

SOOTY

TEDDY

TOPO GIGIO

VIRGIL

ZELDA

Sculpting Materials

```
I  Z  B  E  N  O  T  S  D  N  A  S  L  D  Z
C  R  S  R  G  A  L  U  M  I  N  I  U  M  E
O  E  E  Y  A  T  L  A  S  A  B  E  U  I  H
E  T  E  N  O  S  G  H  Z  D  L  X  Q  Y  C
N  S  K  I  O  O  S  O  J  B  K  Z  A  J  A
O  A  P  Y  L  T  J  S  R  F  D  L  F  W  M
T  L  O  D  Z  D  S  A  R  I  C  J  X  I  R
S  P  R  R  P  O  M  E  R  E  P  P  O  C  E
P  F  C  C  P  O  U  O  M  E  B  P  Z  T  I
A  W  E  D  B  W  N  C  R  I  N  M  I  G  P
O  R  L  I  J  O  E  I  Q  M  L  N  A  A  A
S  L  A  T  E  M  W  H  G  L  A  S  S  P  P
C  G  I  A  T  T  O  C  A  R  R  E  T  P  B
B  X  N  I  C  L  O  Y  G  G  G  R  R  R  O
E  T  E  R  C  N  O  C  E  Z  N  O  R  B  D
```

ALUMINIUM	LIMESTONE
AMBER	MARBLE
BASALT	METAL
BRASS	PAPIER MACHE
BRONZE	PLASTER
CLAY	PORCELAIN
CONCRETE	SANDSTONE
COPPER	SOAPSTONE
GLASS	TERRACOTTA
GOLD	WAX
GRANITE	WIRE
IRON	WOOD

Occupations

```
Q X N T N R K I C V E U X E W
F M A W E O I G E I B B A C I
W A I T O W J T M S L P E O T
F S R C P L A N N E R S M R X
E O M R T T C Z T M L U X E L
S N A V I U V O Z F R M N P A
T R N N C E T P A A T E W E T
I I E P I U R O R E F E R E E
M L N T A E T T R D C S O W R
A E P K N L S T Y D C P H S I
T P F I E I F W E R O T I D E
O X R P G R R J T R O Q C A A
R A H E L S V P T O H H H O B
M G R A V E D I G G E R Q R Z
X D Z P K J N U Y F F A V U I
```

AIRMAN	NURSE
CABBIE	OPTICIAN
CHEF	PLANNER
CLOWN	POET
COOK	PRINTER
CUTTER	REFEREE
EDITOR	REGISTRAR
ESTIMATOR	ROAD SWEEPER
FARRIER	SORTER
GRAVEDIGGER	TINKER
MARINER	TUTOR
MASON	VET

Rocks and Minerals

```
B L T X A R O B Z Z P O N A E
B S E R P E N T I N E S E A N
Y N J N S H A L E X L P A N O
Q O F R I B R W A A I G A O T
E C I M U P Q O T D A I R C S
U R I C B Q S E O T D U I A D
A I C H H U P T E I F J G D N
I Z S O P A E A S F L I N T A
I G G W A R L B N I G A E G S
E N I V I L O C A E H I O T V
B I R F M O W M E Q L C U D N
Y H N R N I Z A A D M A S A F
R E D M A R L L L T O Q G W F
E C G F I A Y R E M E N F D U
R X T R E H C K A S Z M Y T T
```

AGATE

BORAX

CHALCEDONY

CHERT

COAL

EMERY

EPIDOTE

FLINT

GALENA

IGNEOUS

JET

METAMORPHIC

OBSIDIAN

OLIVINE

PUMICE

RED MARL

SANDSTONE

SCHIST

SERPENTINE

SHALE

SLATE

SPINEL

TUFF

ZIRCON

Bays

```
K Y M Z Q N S X Y G T V U B A
A R H G D D E L A G O A R O X
M T A M Z G M T W V F Y I T A
O N L H X R A A L S B I K A F
R A G Z S E J M A W H J U N X
E B R O K E N P G Z A J B Y H
C N S E T N I A S S E L A Y H
A G M A N I L A G R Q X V K U
M G E Q V V R P V N D U O I D
B J E O E O R I U E G W L J S
E W X S R U S H D D Y N T W O
F S T T D G A C N I F F A B N
E O P H A W I W Q M Z Y Z H V
N C O Y K G U A N A B A R A P
A E Y E F B G Q N B T B Y Q E
```

ABUKIR	HAWKE
BAFFIN	HUDSON
BANTRY	JAMES
BOTANY	JERVIS
BROKEN	LES SAINTES
DELAGOA	MANILA
FAXA	MORECAMBE
GALVESTON	PHANG NGA
GALWAY	PRUDHOE
GEORGIAN	SHARK
GREEN	TAMPA
GUANABARA	WALVIS

Shades of Brown

```
C  T  V  M  J  Y  P  F  E  M  R  F  Q  W  A
H  H  O  V  W  S  S  V  N  D  L  L  A  T  V
N  F  O  P  Y  W  I  Y  O  M  T  T  S  W  I
C  X  I  C  H  L  N  N  T  V  Y  A  E  X  N
H  N  W  E  O  W  C  B  H  S  L  I  U  A  Q
E  A  A  C  A  L  I  G  T  O  U  B  B  P  K
S  T  Z  T  I  Y  A  W  R  I  V  R  R  I  E
T  A  P  E  N  D  U  T  A  Q  U  O  U  C  M
N  I  Y  C  L  D  O  V  E  N  U  N  I  H  Y
U  P  M  D  Q  U  U  Y  E  B  S  Z  P  A  A
T  E  P  C  N  M  D  T  C  L  P  E  Y  M  H
V  S  E  S  O  O  T  W  O  L  L  A  F  O  C
S  U  C  X  O  E  M  L  C  J  R  C  F  I  O
P  K  A  W  L  Q  H  L  O  F  Q  V  V  S  M
O  K  N  T  J  X  Q  J  A  C  A  M  E  L  F
```

ALMOND	MOCHA
BRONZE	MUDDY
BRUNETTE	OLIVE
CAMEL	PECAN
CHAMOIS	PINE
CHESTNUT	RUSTY
CHOCOLATE	SEPIA
COCOA	TAUPE
EARTH-TONE	TAWNY
FALLOW	TEAK
FAWN	WHEAT
HAZEL	WOODY

Links

```
X P U S M A E T V Y X U J U R
C H Q L D S S W W H K C I C B
S T E N F E C Z B P H S G O P
C D L J R L C C H A N C S M U
S V N E T P Y O I O K E E B S
A E H O I U S N I C T R I I E
S D S V B O S T H A G W S N I
A E N I B C C A I E W D D E T
S J I G A N B C S U N Y F S S
E O S L U I O T A I C A U T E
G I G J L S L S B Y S R O X T
D N U O S A K E G T O N I I I
I S L A L W Y P E J K K Q C N
R J P Z C O N N E C T S E L U
B L E S A B S E H C U O T S S
```

ADHERES	FASTENS
ALLIES	JOINS
ASSOCIATES	JUNCTIONS
BINDS	KNOTS
BONDS	LIAISES
BRIDGES	MERGES
CHAINS	PLUGS IN
CIRCUITS	TEAMS UP
COMBINES	TIES UP
CONNECTS	TOUCHES BASE
CONTACTS	UNITES
COUPLES	YOKES

Double T

```
B A N T T J U T T G T I E H Y
G P N R D I R A N N B E L F T
M I U G E E Y E T I N Z T B T
G H G H E T T O T T E R T U I
M S Z G T O T T J T O G E T D
U E L T H O E A O U A C K T T
T L E J V T Q W H P X L I E K
T T Y O S T T O H S S L C R I
O T M T R A A Y B C B E O S T
N A U P E T T I C O A T T T T
E B I B T R T X V T T T T T E
W Y R E T T A B Q T I U I X N
N S T M E Y C G B O P C D I X
T Q T N L F H O A N C E C T Y
T E Y O J R E T T U G Z T Z F
```

ATTACH	KITTEN
BATTERY	LETTERS
BATTLESHIP	LETTUCE
BITTEN	MUTTON
BUTTER	PETTICOAT
CLATTER	PUTTING
COTTON	RICOTTA
DITTO	SHATTER
DITTY	SPOTTED
GHETTO	TATTOO
GUTTER	TOTTER
KETTLE	YTTRIUM

Fictional Animals

```
W L H Z R A B R A B A B U L Y
R H A D E D M K U A L I D A D
V O N E R O Y E E A Y Z N M G
O O I G A L F L C H Z A B S C
E P D Y P P I K S R N S N Y C
R E V I F H M H A O X I A E H
E H Y F A A E K E A B K S P L
U T J T L L S L F B R K L Z W
K E H K O H O W I A A O A U X
O I I B A P O N L D D B N R Z
O N M S A D H N P U A W T S T
L N B N A W E G R M R O B D H
A I F H E D W I G B T O F L N
B W S I E S X U G O P W W O O
W F S C M D K L R N A S N F V
```

ASLAN	LARK
BABAR	NANA
BABE	NAPOLEON
BALOO	NIBBINS
BLACKMALKIN	RAKSHA
DINAH	ROWF
DUMBO	RUDOLPH
EEYORE	SHADOWFAX
FIVER	SHELOB
FLAG	SKIPPY
HATHI	TOTO
HEDWIG	WINNIE-THE-POOH

Historical Dig

```
Y T I U Q I T N A B S S L K S
D N L O W H S H V E E F Z T R
E I F O S S I L E T R K U Z P
T L I S S D D S I C Z H I T H
A F D N K J I S E N T O O L S
V L I D N U O M A N B S G K N
A O M G T G L V A L U U J T I
C B D K T Q N L R R W R O D R
X D V H R K G F T Y Y Y C D I
E N D S C R A P E R A P S Y H
R N T I H C H V F L T A V S N
I I O C X D R P A N T P E O E
P Y T H K U E T C N E V S R M
E I V J S Z Q P T Q A V T V V
D L W O B V V O Y C B M O R R
```

ANTIQUITY
ARTEFACT
BOWL
CAVES
COINS
DITCH
END SCRAPER
EXCAVATED
FLINT
FOSSIL
HUTS
KILN

MENHIR
MOUND
OVEN
PAPYRUS
PITS
PYRAMID
RUNES
SITES
SKULL
SURVEY
TALAYOT
TOOLS

I Words

```
I I R E L B I S R E V E R R I
J M S U I S I S O L A T E N I
I M P A L A U I U I Q S Y A S
L I P L I F D M O A I V I W I
I N R Y A L U X H C B Q S O B
I T C H I N G I N T E L N I E
I E K N I B T I R Q S X W Z R
N R G K M I M A G I N I N G I
I L I I P Y L I T I L N I K A
Q O R T E P E B N I I B I S R
U C I X T T A U U T O C E I I
I K S V U X R S T O G N I E X
T I H I O E S T C A N A U G I
Y N E H U R I E C N I N A N E
I G D I S H Y I N D O L E N T
```

IBERIA	INIQUITY
IBIS	INLET
IDLING	INTERLOCKING
IGUANA	INURE
IMAGINING	IOWAN
IMPALA	IRISH
IMPETUOUS	IRREVERSIBLE
IMPLANTATION	ISOLATE
INANE	ISRAEL
INCISE	ISTHMUS
INDOLENT	ITCHING
INGOTS	IVORY

Religious Leaders

```
H T I M S R E H T U L E I K J
G A Q G W M E I R E T K G V Y
W P Z O R O A S T E R Z N R B
A T A Q H A L T Y L Q G A O X
E R K R A E H S U G R C T L X
R J T A H D R A E E K C I I O
A H S S A P Z M Y L Q U Y Y
S Y O E U T M J L Y I Q S L Q
M L H H S H N Z W I N G L I U
U A N I E O T R V J D A A S B
S O H N J H M A R B S N H A W
P T J A T U W R R N A D D I O
B Z V O R N F O X A Y H D A J
M U O H R B W K C X Z I U H U
D B Z K J N A O F T P C B H X
```

ABRAHAM	KNOX
BOOTH	LAO-TZU
BROWN	LINDSAY
BUDDHA	LUTHER
ERASMUS	MOSES
FOX	PARHAM
GANDHI	SMITH
GRAHAM	ST PAUL
HERZL	WOLSEY
IGNATIUS	ZARATHUSTRA
ISAIAH	ZOROASTER
JESUS	ZWINGLI

Opera Composers

```
C G K C U L G I O R D A N O S
J S B E E T H O V E N S D F C
O A T B E L L I N I U I O F H
X L O R F X R E N G A W N E E
U U L M A Z Z T H M Y Y U N R
M T T A B V U M V X K C O B U
Z P E X V O I E E S N N G A B
L O Z N C A R N V N F M A C I
L D I R E D C O S V O B N H N
E E B L I S K N D K R T A T I
C D D G R I S I O I Y R T S C
R G Z N A E Z A T E N A E I C
U F C H A M B T M G L Z M N U
P B C Q F H E P I H N O S A P
P T T D I N G A C S A M X I V
```

BEETHOVEN	MASCAGNI
BELLINI	MASSENET
BERLIOZ	MENOTTI
BIZET	MOZART
BORODIN	OFFENBACH
BRITTEN	PUCCINI
CHERUBINI	PURCELL
GIORDANO	SMETANA
GLUCK	STRAVINSKY
GOUNOD	TCHAIKOVSKY
HANDEL	VERDI
LEONCAVALLO	WAGNER

Prepositions

```
Q E F C D N O Y E B M Z N R H
Q C O N C E R N I N G W B T G
O K F V G S P P N B O E U H U
A U I N E E A P Y D H O U R O
H O O N N R A S E I H C N U R
G L G K S S T S N T P J N O H
A N P Q T I P D I U N D E G T
A C O V E I D W U N E Z R H D
G S Q M T G L E C R Q N H E H
A D G E A U W D W M I Z C T X
I R G N I D U L C N I N A P A
N A O N W D N I M X I V G E P
S W K U E Q U G N S S O R C A
T O V V N A B O U T C B Y X O
P T L U Z D R A A M O M G E V
```

ABOUT	EXCEPT
ACROSS	INCLUDING
AGAINST	INSIDE
ALONG	INTO
AMONG	NEAR
AROUND	OVER
BEHIND	PAST
BEYOND	SINCE
CONCERNING	THROUGH
DESPITE	TOWARDS
DOWN	UNDER
DURING	WITHOUT

Herbs

```
P Q L J C Q L T Y E R F M O C
K O N E C W Z E A C I N R A C
R K S B R W M Q M G D V L U I
K J D S L R M F A O W E G C E
E P S H Y C O R I A N D E R C
L W P P S H L S S N M B S L A
T C E B E I Z J E D F A A N M
S G G O C A D F Y V V A A L S
I H A R X K R A M O I N U A M
H U V A Y F C M R M G H G L M
T F O G I A O Y I E T E C L L
K H L E P K N C L N S P U I K
L O Y E S B L I U H T R S D N
I Q R M G A C N S S X A O R U
M E W K E A W N I E B G Y H Y
```

ANGELICA

ANISE

ARNICA

BASIL

BORAGE

CAPER

CHIVES

COMFREY

CORIANDER

DILL

FENNEL

GARLIC

HORSERADISH

HYSSOP

LEMON BALM

LOVAGE

MACE

MILK THISTLE

RUE

SAGE

SAVORY

SORREL

SPEARMINT

THYME

Commonplace

```
N X L L A C I P Y T U T G H F
A M G C I A S O R P R L N S R
I N O M M O C A G I N A I R H
R E Z H L D L G T R I U L O L
T V L Z A U Q E Y N A S D U L
S E E I G L G N C B L U D T I
E R L E G A R E V A P R I I M
D Y R H U M D R U M A S M N E
E D T A V R E A E D K X S E H
P A X M E O O L N O Y T B E T
P Y S M U N D A N E O O A L F
P L A N O I T P E C X E N U O
E L P M I S E S K U N O A W N
R W N J W T C Y V P J V L B U
Q P A G M S U O I V B O Y B R
```

AVERAGE	PLAIN
BANAL	PROSAIC
COMMON	REGULAR
DAILY	ROUTINE
EVERYDAY	RUN OF THE MILL
GENERAL	SIMPLE
HUMDRUM	STANDARD
MIDDLING	STOCK
MUNDANE	TRITE
NORMAL	TYPICAL
OBVIOUS	UNEXCEPTIONAL
PEDESTRIAN	USUAL

Countries of the EU

```
Y W F D N A L N I F R D M R A
L U K R A I V T A L N U O O I
A N C F A D G I N A I M P F N
T I A K X N N A L G A C O K E
I T I A H A C O L N I Y R A V
Q E N E U C P E I P N A T A O
C D O H O S B A Y A M L U I L
Z K T K G M T R M N A T G R S
Y I S S K R A R E M V M A A O
L N E C B G E D I G D L L G R
C G E G N G I E Q A Q A K L E
S D O U S Z V I C C Y P R U S
A O H G R U O B M E X U L B C
Z M S D N A L R E H T E N F Y
N I A P S V D N A L E R I B R
```

AUSTRIA	ITALY
BELGIUM	LATVIA
BULGARIA	LITHUANIA
CYPRUS	LUXEMBOURG
DENMARK	MALTA
ESTONIA	NETHERLANDS
FINLAND	POLAND
FRANCE	PORTUGAL
GERMANY	ROMANIA
GREECE	SLOVENIA
HUNGARY	SPAIN
IRELAND	UNITED KINGDOM

J Words

```
J R J O R H D R D Q L J I P J
F O F E E E J E Z J W N B R
Z L J O B J L J O N J A D E D
Y I J L J T G G L I X E J Q
T A L R E J G N G L T O D R J
N J Z K S E I L U U W E J K E
U J C N T R J J A L J Q D X A
A A L B E B Y L E K O R R S L
J G J B R O Z J A K C A J L O
U U B J R A Z U W J K A L E U
W A A J U A A D E R E E J W S
J R J O C M J O T Q Y R A E G
R T E E R O B M A J I Q S J U
J O T T E R H L A K N V A E J
B J I T I C T W E J G Y J E Y
```

JABBERING	JERBOA
JACKAL	JERSEY
JACKET	JESTER
JADED	JEWELS
JAGUAR	JIGGLE
JAILOR	JOCKEYING
JAM JAR	JOINER
JAMBOREE	JOLTED
JAUNTY	JOTTER
JAZZY	JUGGLER
JEALOUS	JULIAN
JEERED	JUMBLE

Room Inside

```
Y M C M T P Y R C E L L A R C
W R I E O Z I K E A Q M X A W
G E T V U O N Y D U T S B W N
G A T S E Y R J A S V I Y B W
T I A O E Q R K D A N E I O L
E F O U I V K E A L L O B B Y
L I O R D L Y S Y O P I K E E
C J L L A I E R S O L H I A G
I V L Y T N T T E N F C T P N
B E A X R P G O O S K H C A U
U B R F K A O E R X R B H N O
C L D F M X R R R I B U E T L
T N E M E S A B C Y U G N R X
J Y R T R E R L I H S M V Y L
T R O D I R R O C L G Z U M F
```

ATTIC	LIBRARY
AUDITORIUM	LOBBY
BASEMENT	LOFT
CABIN	LOUNGE
CELLAR	NURSERY
CLOAKROOM	ORANGERY
CORRIDOR	PANTRY
CRYPT	PORCH
CUBICLE	SALOON
FOYER	STUDY
KITCHEN	TOILET
LARDER	VESTRY

Palindromes

```
X D E L I A F A I L E D P R R
K E K C I V I C K D P O U E I
A E M I N I M V K O T R P E S
Y R E D D E R V D T O N I R E
A B Y D C A E G O M O K L M T
K R S P C T F S I W H M S A O
H E L K B G E R I N O D S D V
T E E U U E R W U O T I L A O
H D R J S O O V K O T I I M T
V A T O R N F E P N O S P V E
K I T R T J P S V N H Y U D S
D T I P T O P W O A O U P V I
O M E W J O R I H S O L O S R
W E M D T T L S Y J T E N E T
P G P O O L L O O P B Z P T U
```

CIVIC

DEER BREED

DELIA FAILED

KAYAK

KOOK

LION OIL

MADAM

MINIM

MIRROR RIM

NOON

NOW I WON

OTTO SEES OTTO

PEEP

POOL LOOP

PUPILS SLIP UP

REDDER

REFER

RISE TO VOTE SIR

ROTOR

SHAHS

SOLOS

TENET

TOO HOT TO HOOT

TOP SPOT

Small

```
J G E L B I G I L G E N L N Z
J S H R I M P Y F L U A I A R
H G I H E E N K F A M D S E E
L Y M K K L A I V I R T N M V
S I R I O G N B S Y C I Z I I
Y H T P N P E E W E E N P A T
T M R T M I T W E W J Y A A U
N N E U L I A C F X M Z R I N
A D U O N E N T B I J O E D I
C V E I Z K Y O U N G G D W M
S R F P W E E N Y R D M E A I
O N O W P Q S N U I E P Q R D
I Q Y N N I H T N W E G L F R
C K J F I R L K C B A N T A M
Y K O P V M Y C A N T W A X J
```

BANTAM	NEGLIGIBLE
CLIPPED	PARED
DIMINUTIVE	PEEWEE
DINKY	POKY
DWARF	SCANTY
ELFIN	SHRIMPY
INFINITESIMAL	SHRUNKEN
KNEE-HIGH	THIN
LITTLE	TINY
MEAN	TRIVIAL
MINIATURE	WEENY
MINOR	YOUNG

Peter Pan

```
A D E Y Y D E R U T N E V D A
V P E I R R A B M J G H F O Y
O F M M S Z E S E T A R I P K
H B S H H A D S N A Y L O O T
S D R O W S F V R T A P O D D
G B M I C H A E L U U H X S N
N Q I U T Y D N E W N G D P O
I M S N W R P Y E I R I R M T
L A N T U Y E R A E A I D N G
R R H I O L G T E M N C X E N
A Y O U G R P N R C L C O Y I
D G J N E A Y E E O U R G P S
B Z U V C M M S C R G N S Q N
I J E C C Z S K L E N A N A E
G N Q X B U C Y L G M O G K K
```

ADVENTURE	MERMAIDS
CAPTAIN HOOK	MICHAEL
CLOCK	MR SMEE
CURLY	NANA
DARLING	NEVER GREW UP
GEORGE	NIBS
GREEN	NURSERY
J M BARRIE	PIRATES
JOHN	PRINCESS
JUNGLE	STORY
KENSINGTON	SWORD
MARY	WENDY

Fictional Sleuths

```
T C E K A L B N O T X E S Z C
N A G G V Z B E V T B O P S S
F G L E P I G O J K K H S Y T
O N Y L G W Z Y B E O H T G S
Y E K G I W E M E F B Y K P U
L Y L X E G U R X X E D R T A
E E Q U I N C Y F C B V E L E
S L C U G N T M A A T D X F S
N N G A E E N L A R B P I P U
A Y M G R H H A Z E L L J Z O
G L S G L T I N M G C H A N L
E C I U S Q E L R R V O Z O C
R A X S B M O R S E C R Y E R
M A G G I E F O R B E S D A N
F G E W O L R A M P I L I H P
```

BERGERAC	MAGNUM
BIGGLES	MAIGRET
CAGNEY	MANNIX
CARTER	MCGILL
CHAN	MORSE
CLOUSEAU	PHILIP MARLOWE
CREEK	QUINCY
FOYLE	REBUS
HAZELL	REGAN
LACEY	SEXTON BLAKE
LYNLEY	SGT HO
MAGGIE FORBES	ZEN

```
B K R J H T O H T N J B F Z U
E Z C E T E P N E R O A P T O
G W F N N O F K O B P M G P H
T E M H K E S U K E K W A W T
P M R U P F N Q T D Z X J T E
M E E F G R A U P Z L E T A S
A B T R R K A D T E O E D N G
A L A O E L X S A E F Q U U O
T D I S H S P H H E T N H B S
R W J A T R G U N X W K R I I
S M V Y Q E E E N F N O S S R
S U Z F O I T F R E H I Y L I
X T Z C I P Y N E T I D J A S
S Y H T H P E N A N B T U V I
T A W E R E T H I E H W H G X
```

AMON	NEPHTHYS
ANUBIS	NUN
APET	OSIRIS
BASTET	PTAH
GEB	QUDSHU
HATHOR	RENENUTET
ISIS	RENPET
MA'AT	SEKHMET
MERESGER	SETH
MUT	TAWERET
NEFERHOTEP	TEFENET
NEITH	THOTH

Artists

```
I W P H A V O N A C G T C X U
R E S R O M O S L F E J U B Y
A A B P X L L N C S P L E S B
N Q A Q A L E E S Q T R O O F
I T R M V U G B N R R S Y C F
T E T F K B N U P U J D N A A
R N E C R M A R G U X B C R Y
O O L G K I L U Z Q U W U A E
P M O Y K R E E T T Y I X C L
V K M L B T H D U M D J H C G
J B E L E Y C T R Y F U D I O
D E A R H L I R N I T A U O K
V K J S J L M P E V C S Q L I
E G R I S U A S R E A H E O M
R N I E T S N E T H C I L W I
```

BARTELOMEA	KLEE
BERRUGUETE	LICHTENSTEIN
BLAKE	MICHELANGELO
BOYD	MONET
CANOVA	MORSE
CARACCIOLO	NASH
COLE	PORTINARI
DUFY	RUBENS
ERNST	SULLY
ETTY	TRIMBULL
FRIEDRICH	TURNER
GRIS	WEST

Board Games

```
S T N T X P O Y Z A S S E Y Q
M I D C E I R R C C C S L I D
O M B D I H Y I U C P E I S I
D M X Q P S X I D S A H M R P
G U I M P E R I A L T C E E L
N S R R M L L T I U O R R V O
I R T U P T O Q K O L D A E M
K T N O M T S W A L L H U R A
T N A H O A T U S C I T Q L C
R N T P J B C B G I Q G S B Y
S S O R R Y I L O O K U T P H
E L B U O R T O U W R R I H O
Y E O D Z U I K X E U O I R T
C S H V X T E U H K D Q K C E
O D X N O I S S E S B O L U L
```

ACQUIRE	MEXICA
BATTLESHIP	OBSESSION
BLOKUS	PATOLLI
CHESS	REVERSI
CIRKIS	SORRY!
CLUEDO	SQUARE MILE
DIPLOMACY	SUGOROKU
HOTEL	SUMMIT
IMPERIAL	TANTRIX
KINGDOMS	TOTOPOLY
LOST CITIES	TROUBLE
LUDO	TSURO

Greek Mythology

```
P N N P H N M M E D U S A C P
V V L C O A G C Q O R Y A N T
C A T H E C T O R R A O J O E
X H P N A S T A C I N R R H M
Y Y A O U A U I V S I T A T P
T D R R U R Y E R A F W Y L
S R A E O C Q C O C C O N P E
E C V H E N A H T E Q N A S O
I R I C H R C U O Z Y E J Y F
W M V A G I A P C S P L O C A
K C R R L R C F P U R E R H P
H P F E R E E T U C I H T E O
Y M T N X D X Z I L A I Z N L
A H Z E C F N O D I M R Y M L
E G Y R A C F H Z O Y X A M O
```

ACHERON	LETHE
CHARON	MAENAD
CIRCE	MEDUSA
CLIO	MYRMIDON
DORIS	PRIAM
ERATO	PSYCHE
GRACES	PYTHON
HARPY	STYX
HECTOR	TEMPLE OF APOLLO
HELEN OF TROY	TROJAN WAR
ICARUS	TYPHON
ICHOR	URANIA

Sold in Boxes

```
S P Y V E R S M D C P S S A P
D A D Y E G K R S E W P O P S
A O U P G L I R N E N P R E N
P S A E I L E C R D M I P I B
G P L R L H I C I H R O W N H
N P T S S L S K M G L H W C P
I S F A S H S S A E L A R D S
R T W I B G W N V S E L I T T
U E U F R L H N I A Z O V C K
O E P T K E E S D S S S E E X
C W Q S E G W T R A I E T R G
S S E E F U F O S A T A S E P
W I M K L V S Q R D G E R A E
R Y D A S L I A N K S I S L N
M K B C E S S H O E S V C J S
```

CAKES   RAISINS
CEREAL   RIVETS
CIGARS   SCOURING PADS
DATES   SCREWS
DRILLS   SHOES
EGGS   SOAP
ENVELOPES   SUET
FIREWORKS   SWEETS
NAILS   TABLETS
PAPER   TILES
PENCILS   WASHERS
PENS   WINE

Roulette

```
O Z T N K Y M L F Z W S B N D
X C E U D H T O E W P G L P D
M I B R O S I E F E N O O A F
E E N R Z I B Y B M H L C R H
G T E B E N I L Z O L W K L O
A Z V X C G S W A A I B B E U
T I E R S L J O B C C R E Y S
N M T M O E H L U C K Y T Z E
E R Y T L S T R A I G H T U P
C P S S B C C O P O F B I V P
R B U T N H W H Z R D F N G C
E R O O A Y A G L E E D G Y G
P K Y N C V O I S I N S B P D
E Y C A E I N H B O E R S E Z
F E Q S N I L E H P R O A G T
```

BALL
BLACK
BLOCK BETTING
CHANCE
COUP
EVEN BET
HIGH OR LOW
HOUSE
LINE BET
LUCKY
ODD BET
ORPHELINS

PARLEY
PERCENTAGE
PRESS
SINGLES
SLOTS
STRAIGHT UP
TIERS
TOKE
TRIO BET
VOISINS
WHEEL
ZERO

Things You Can Peel

```
E Z P U E T K X C Y L M S F T
B N U M T S G F A B E P A R G
R B K S A R N B Q W Z E K L B
B E J R O T A T O P L Q L R E
H A K E A U S E B D Q E H M K
R S N C W B Z E L J H U T R O
N L I A I G E O G S B M O P H
O F E N N T G E G A W R M N C
I G Q B R A S G R R T I A K I
N X T O A A E B A T R S T A T
O W O R O L V P Q H S P O P R
Y T M M Y G P L S K R L S P A
K A D O Z E N D I A Y I R L K
H P M C R X O N W A Q N S E E
T O R R A C Y N G T N I A P T
```

APPLE	POSTAGE STAMP
ARTICHOKE	POTATO
BANANA	PRAWN
BEETROOT	RHUBARB
CARROT	SHRIMP
EGGSHELL	SKIN
GOLD LEAF	STICKER
GRAPE	TOMATO
LABEL	TREE BARK
NAIL VARNISH	WAX
ONION	WRAPPER
PAINT	YAM

Stop

```
Q C S R A B K E C I F C Z M F
R A W U V T T U O E P I W F F
D N D U B E H T N I P I N W O
N C L P F V Y A H R M K C A Y
A E L U U I E Q B P N R W N A
M L I T G P S R E A F R H Z L
R Z K I K D A D T X N T R M K
E S O L C E E R V O I D X Y Y
T L W P O S C U W W F F O D F
N T U S L I L A Y O F N E N L
U B I N B S K A R S V S W Q A
O V M U N T W B W C T E I S E
C O E B Q A I F T R W Q T V P
A T O T O D B Y O A R O Z O E
Q E L D Y Q K Y S P B G C G R
```

ABANDON	KILL
ANNUL	LAY OFF
BLOCK	NIP IN THE BUD
CANCEL	QUIT
CEASE	REPEAL
CLOSE	SCRAP
COUNTERMAND	SPLIT UP
DESIST	SUBVERT
DESTROY	VETO
DO AWAY WITH	VOID
FORBID	WIPE OUT
IMPEDE	WRAP UP

Saints

```
F Z A O D E C A U S C E W S L
T A O I B I E N U E X Y U X A
V T U R L R V T J Y G R R U T
E G A S D I I A L G U A V K E
N B P N U V C H D A J L J L R
I D A S P I E E M L E I Z E U
R R G T N L R W C L R H R B T
E A H E I C E T Q E O V A W N
H N M E H H R N E S M T H I E
T R R C T A I E R M E H C A V
A E M T I C A C C V E H S B A
C B A K W I Z N Q L O D N I N
I M L E S N A I Y L A F A Y O
I B Z B M O N V A N X R V X B
H P A S A M Z S S U L L A G C
```

ANDREA	GALLUS
ANSCHAR	HELIER
ANSELM	HILARY
ASAPH	JEROME
BARBE	MATTHEW
BERNARD	MAURUS
BONAVENTURE	MONICA
CATHERINE	NAZAIRE
CECILIA	NICHOLAS
CLARA	SWITHIN
DAVID	VINCENT
DEMETRIUS	VITUS

Classical Music Titles

```
M W A N I R Y M H T E B C A M
G P I F N A E D E R F N A M E
D A R H A T T A P I O L A M S
L S E S U N P E I P U J I G S
B T B P J A G C P D D Q W K I
T O I R N M H C I O D R E A A
Q R J I O B R O O N A L O R H
F A A N D T H N R Q G M C E I
E L T G E Q A C E U A J E L K
A R I L I T P E V I S U A I M
S C M E I C S R Q X N P N A O
Y A I T C V O T W O E I I L S
H R L O O N D O Y T O T D Q S
O S S I R M Y B R E N E E V A
N O I T C E R R U S E R S F T
```

ANTAR	MANFRED
CONCERTO	MESSIAH
DON JUAN	OCEANIDES
DON QUIXOTE	PASTORAL
EGMONT	REQUIEM
EN SAGA	RESURRECTION
EROICA	RHAPSODY
HAMLET	SPRING
IBERIA	TAPIOLA
JUPITER	TASSO
KARELIA	TITAN
MACBETH	TRAGIC

Dances

```
O B L I A S E R T O R T X O F
U O B S T Z E V D L A N J J A
G O K H E E Z K I N P O L K A
P G W A L T Z Q G J M A M B O
M I D K E T T O V A G U K G K
I E E E V Q U A D R I L L E C
N J A C R W G Z Q S I Y I H E
U I N A C N A C H M O N A X L
E T S L O M V I B S S R E Q M
T T V C W P M O J X L L T X F
E E I S A M B A D E M E S I N
K R P R Y P Y I S P H Y I T S
I B R U M B A T J I G H W W A
F U R K K L O B K K A K T T G
L G B S D N A Q C F F O I Q T
```

BOOGIE	MINUET
BOP	POLKA
CANCAN	QUADRILLE
CHARLESTON	REEL
CONGA	RUMBA
FOXTROT	SAMBA
GAVOTTE	SHAKE
JIG	SHIMMY
JITTERBUG	TANGO
JIVE	TWIST
LIMBO	VELETA
MAMBO	WALTZ

Double M

```
M R A M M A R G E S N E M M I
R E J V Y U M M E F C A J M T
A M M M I P T E G A M M U R M
A M M Y M H A N P G A X M F D
E U E T A C I N U M M O C X E
R S O M H M L M M L E M L M C
O K M L M J M U J P A I A W I
G E P U E E N U A A H M M Z M
R L H M D I C M N I M A M M M
A G M S T O L A M M A M I A U
M Y D I M D M S T M P M E N S
M O O M Y M M U D U S O S D M
E N A M A B M S J N M T T G I
M N N E D M G M M E G H I M O
D M M R Y D T I M M U S W M U
```

AEROGRAMME	IMMUNE
AMMAN	JAMMED
AMMUNITION	JEMMY
CLAMMIEST	LAMMAS
COMMAND	MAMMAL
DUMMY	MAMMOTH
EXCOMMUNICATE	RUMMAGE
GRAMMAR	RUMMY
GUMMED	SIMMER
HAMMER	SUMMER
HUMMING	SUMMIT
IMMENSE	TUMMY

Fashion Designers

```
G T N E R U A L T N I A S C N
X P T X R M N V O B X K N H C
E X F L O U B O U T I N B O W
C M J G T J H W O D N D I O R
A B E M A N U E L S P X R L Y
S E F Y F Z P F X I S T V D A
R R T U C O T I Y N H A I F G
E T R K L A O S V A F W S I A
V I M I S R S Z E M K U G E I
E N Y H C D L E F R E G A L C
H Q L A G C E Q K A E I X D N
A E L I K R I L U V K V S I E
Y I C C U P E C L A R K E Q L
F V J D A I N E Z I N M K L A
T I W K N X X T N K S T U B B
```

ARMANI	LACROIX
ASHLEY	LAGERFELD
BALENCIAGA	LOUBOUTIN
BERTIN	OLDFIELD
CHOO	PUCCI
CLARK	QUANT
DIOR	RICCI
ELLIS	SAINT LAURENT
EMANUEL	SASSOON
EVEREST	VERSACE
GREEN	WORTH
KLEIN	YUKI

Mythical Creatures

```
N W H M E V E I B M O Z H T U
Y F F P M I K S I L I S A B W
C O L G L T N B I M F F R J O
S Y H Z N Y F E C R H M P T B
A N C A N O S A G M E Z Y A H
M Q I L R M M L I E G N B N D
R G R Q O K A E Y R X A E U F
A P Z P C P L C W M Y S A H X
R T P F I P S Z X A S A T Y R
E I H U N X Q N G I B D T T T
M B O R U Z I A E D G T R Q E
I B E I Q H O E D I N O D L P
H O N E P M V Y N I L B O G N
C H I S A G H G W L K B Z H B
E S X J D R I B R E D N U H T
```

BABA YAGA	MERMAID
BASILISK	NESSIE
CHIMERA	PHOENIX
CYCLOPS	PIXIE
FAIRY	SATYR
FURIES	SIREN
GENIE	SPHINX
GIANT	SYLPH
GNOME	THUNDERBIRD
GOBLIN	TROLL
HARPY	UNICORN
HOBBIT	ZOMBIE

Solutions

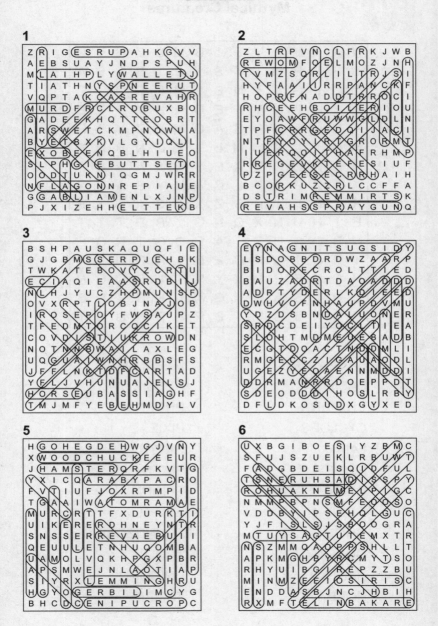

Solutions

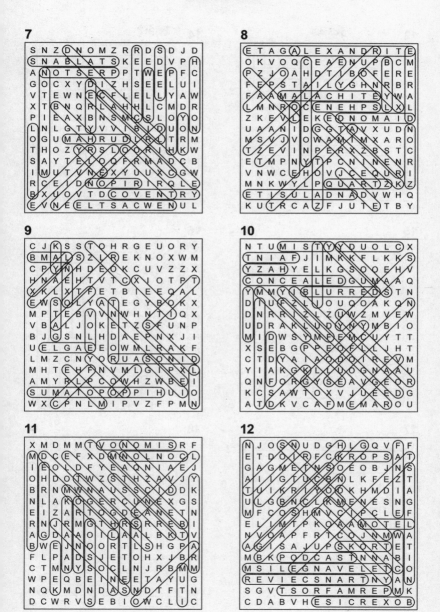

Solutions

13

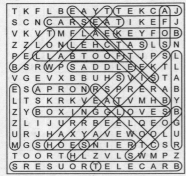

14

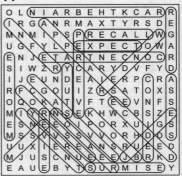

15

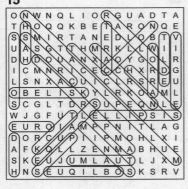

16

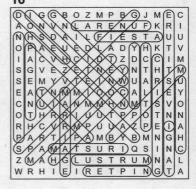

17

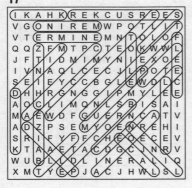

18

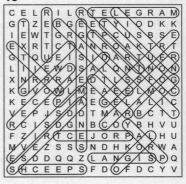

Solutions

19

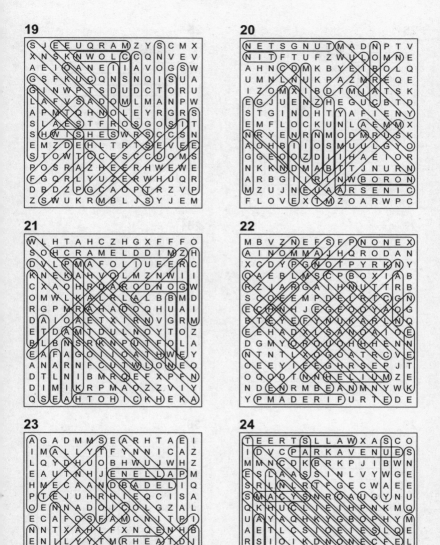

20

21

22

23

24

Solutions

25

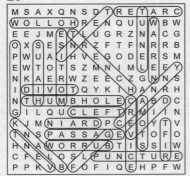

26

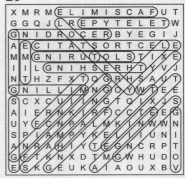

27

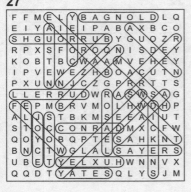

28

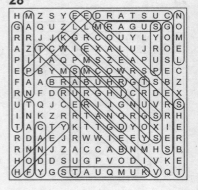

29

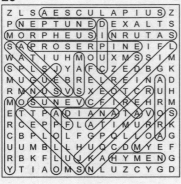

30

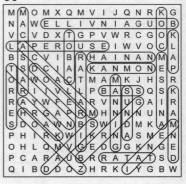

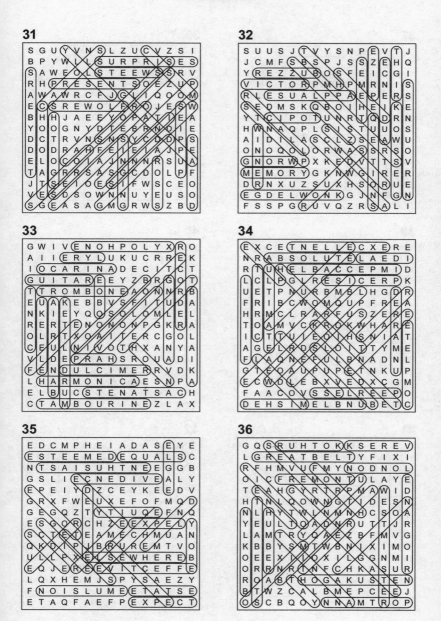

31

32

33

34

35

36

Solutions

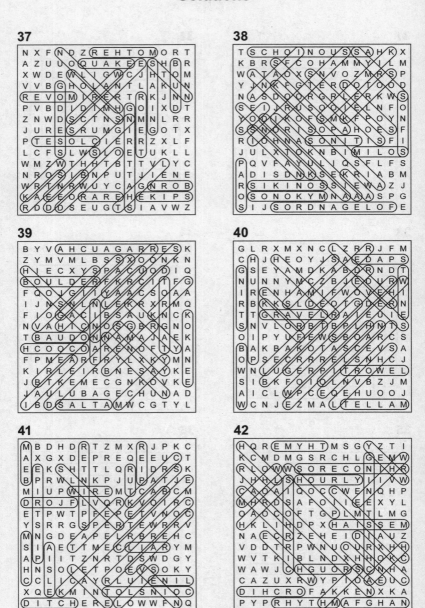

Solutions

43

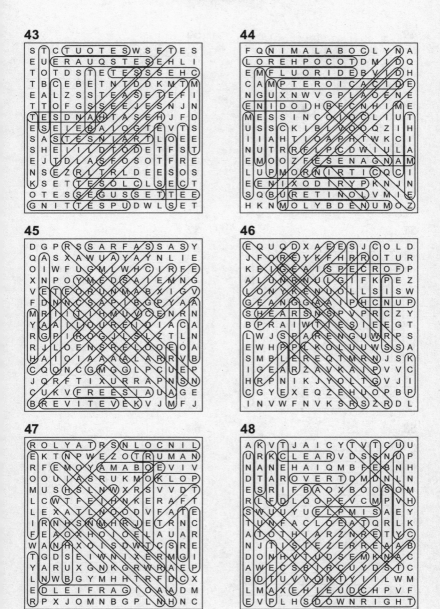

44

45

46

47

48

Solutions

49

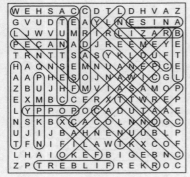

50

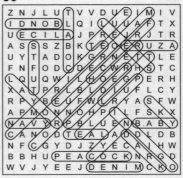

51

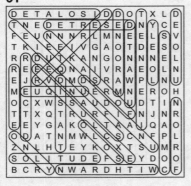

52

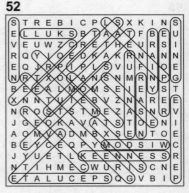

53

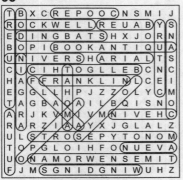

54

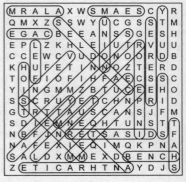

Solutions

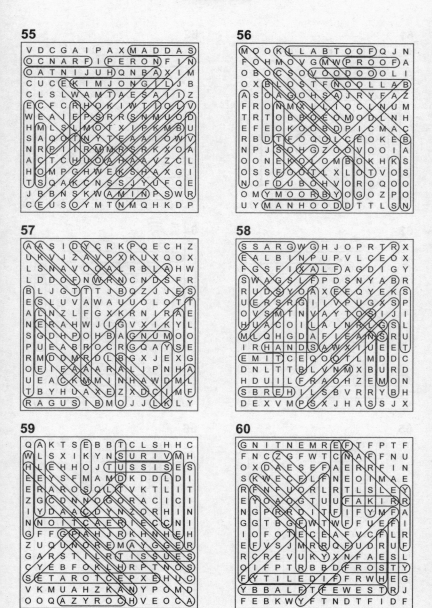

Solutions

61

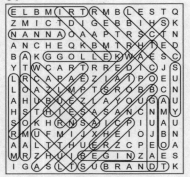

62

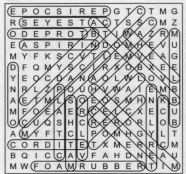

63

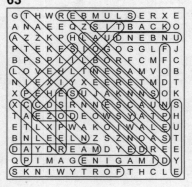

64

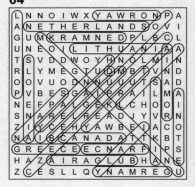

65

66

Solutions

67

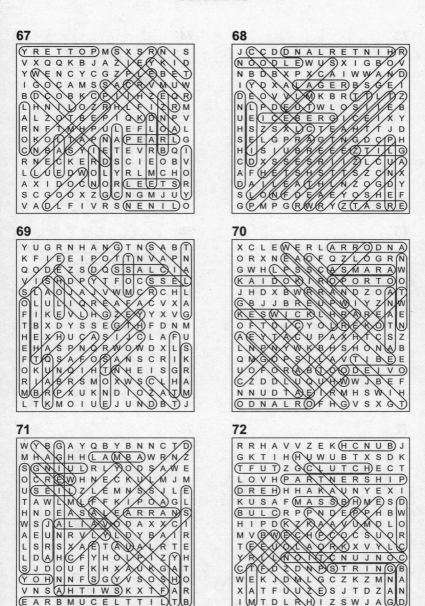

68

69

70

71

72

Solutions

73

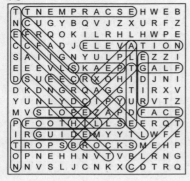

74

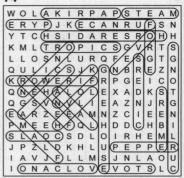

75

76

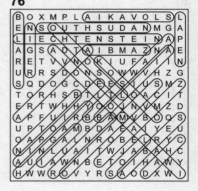

77

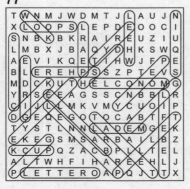

78

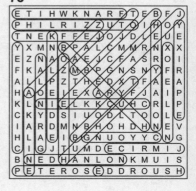

Solutions

79

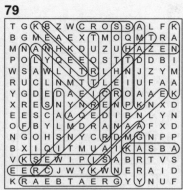

80

81

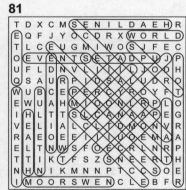

82

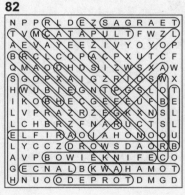

83

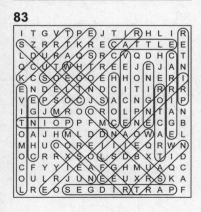

84

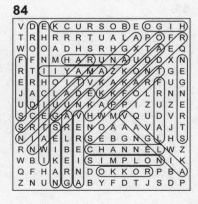

Solutions

85

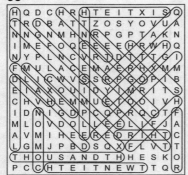

86

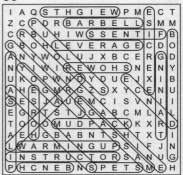

87

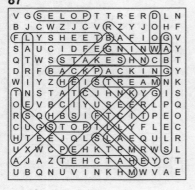

88

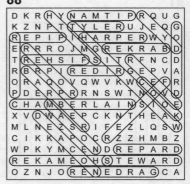

89

90

Solutions

91

P	S	A	L	C	B	T	T	E	L	K	N	A	N	C
R	G	N	I	R	G	N	I	D	D	E	W	T	S	U
P	O	R	D	R	A	E	L	A	W	R	A	H	K	F
S	I	G	M	A	W	O	B	Z	R	B	T	K	X	F
N	D	H	A	S	C	R	V	V	A	A	C	C	T	L
W	F	A	D	K	P	I	Y	N	S	J	H	W	T	I
O	I	M	E	E	N	D	G	S	S	A	N	G	N	N
R	W	T	A	B	I	L	U	P	R	C	M	H	I	K
C	V	R	B	A	E	N	B	M	P	N	A	P	E	S
Q	L	T	D	D	B	R	Q	E	I	C	T	M	S	J
S	N	E	B	U	O	S	N	P	Y	S	L	U	E	J
L	M	G	R	O	K	D	E	P	A	O	C	I	N	O
H	D	S	C	H	A	I	N	E	D	S	F	B	P	Z
B	T	H	N	N	T	Q	R	R	E	K	O	H	C	P
Q	I	U	T	T	T	B	R	A	L	L	O	C	Y	R

92

E	T	U	O	R	B	L	N	T	B	W	I	L	P	G
D	S	F	O	R	E	S	T	A	Q	N	W	O	O	N
I	E	E	G	N	E	L	L	A	H	C	H	R	R	I
S	E	C	R	S	L	S	P	I	D	E	I	T	I	K
Y	R	E	W	U	I	L	S	L	R	D	S	N	E	L
R	T	T	L	K	N	G	O	A	E	N	T	O	N	A
T	S	A	Q	A	E	X	N	C	P	R	L	C	T	W
N	Y	R	F	R	C	X	L	P	A	M	E	I	E	S
U	M	A	H	O	S	I	M	P	O	T	O	R	E	R
O	B	P	T	N	N	S	S	U	E	S	E	C	R	E
C	O	E	M	A	P	P	E	Y	U	L	T	L	I	N
B	L	S	T	N	N	E	J	N	H	O	A	E	N	I
Q	S	I	D	W	V	T	Y	K	T	P	D	C	G	A
P	O	B	A	C	K	R	E	A	D	I	N	G	S	R
N	E	C	P	N	H	S	I	N	I	F	F	F	R	T

93

T	N	E	U	I	D	N	U	Z	Y	E	O	D	Z	D
V	O	R	S	I	A	T	D	J	V	H	R	O	W	E
M	R	E	H	P	O	T	S	I	R	H	C	D	V	H
S	T	D	I	I	E	Q	B	A	D	O	V	E	G	X
Q	J	L	L	J	H	N	C	K	G	E	N	T	P	D
Q	E	E	T	U	T	B	S	X	A	R	S	A	Y	L
C	N	N	B	O	V	Q	M	E	Q	O	A	A	E	H
D	E	S	O	U	Z	A	N	A	R	W	W	Y	D	A
O	A	A	L	T	R	O	E	F	L	L	C	I	D	E
X	H	R	Z	O	L	R	W	O	W	I	Z	J	A	D
Q	S	V	L	R	M	I	O	J	R	Y	G	A	N	K
K	T	D	U	E	U	A	M	U	I	E	P	E	T	L
D	S	I	Z	Y	Y	D	S	I	G	R	E	Y	E	Q
T	B	S	R	U	B	L	I	W	H	H	F	R	Z	M
B	X	D	M	E	P	R	O	H	T	N	S	C	J	X

94

V	G	H	Z	G	L	L	E	N	R	O	C	E	L	K
N	E	W	C	A	S	T	L	E	L	L	I	L	P	I
L	O	M	P	D	I	S	T	U	T	T	G	A	R	T
F	M	D	E	O	I	V	X	I	U	G	V	E	I	F
P	N	E	N	Z	R	C	C	B	B	J	L	Q	N	L
G	L	B	F	O	C	T	I	J	A	A	F	B	C	P
B	R	U	N	E	L	N	O	W	N	O	Z	H	E	S
F	U	E	Y	B	G	H	W	D	G	X	U	A	T	L
R	J	R	B	E	E	G	E	A	O	F	R	R	O	E
E	B	A	N	L	E	R	Z	A	R	O	I	V	N	I
I	P	P	J	N	E	B	K	A	L	R	C	A	N	P
B	L	A	E	W	O	D	X	E	X	D	H	R	F	Z
U	L	V	D	N	P	I	I	J	L	Y	W	D	X	I
R	A	K	N	U	J	B	R	E	M	E	N	F	Q	G
G	F	E	R	R	A	R	A	Q	H	D	Y	H	I	K

95

A	O	M	W	T	L	B	U	K	G	S	I	B	C	P
X	S	M	D	T	W	B	O	N	S	P	U	R	S	R
T	S	A	T	E	W	Y	A	E	P	U	G	E	K	A
A	A	R	R	K	V	G	R	U	D	P	O	S	S	E
I	L	S	U	C	N	C	Y	L	Y	O	F	R	M	T
R	Z	H	S	O	P	A	T	G	A	R	R	E	T	T
A	F	A	T	R	T	I	S	Z	V	V	G	Q	B	A
L	U	L	L	C	O	W	P	O	K	E	A	H	X	Y
Y	A	R	E	Y	M	S	S	T	E	E	R	C	H	W
D	H	A	R	V	H	H	S	U	R	D	L	O	G	B
W	O	N	R	A	O	X	C	O	R	R	A	L	O	A
O	R	C	H	D	R	E	L	B	M	A	G	U	X	W
H	S	H	J	Q	N	J	V	R	O	U	N	D	U	P
B	E	I	K	C	J	P	J	Y	H	T	F	X	H	Y
R	S	S	S	A	B	M	A	S	Y	B	R	H	C	D

96

C	P	E	P	G	N	O	T	G	N	I	D	D	A	V
R	N	E	Y	E	M	O	H	S	A	L	G	U	O	D
B	R	O	W	N	G	L	A	D	S	T	O	N	E	F
O	C	V	G	B	C	S	I	R	W	N	J	N	W	K
N	H	P	V	S	Q	S	U	G	O	I	I	B	A	B
A	U	I	F	U	R	S	A	R	N	A	L	B	L	P
R	R	T	I	A	S	T	E	R	L	A	A	S	P	C
L	C	T	E	E	T	M	C	R	I	L	H	G	O	A
A	H	L	L	L	A	P	E	R	F	X	E	D	L	N
W	I	L	E	C	E	B	J	O	A	L	A	W	E	N
L	L	E	E	L	M	A	U	J	N	N	T	C	K	I
P	L	Z	H	A	A	R	P	A	B	P	H	U	H	N
E	U	A	H	G	O	S	W	M	H	N	E	D	E	G
E	M	C	A	L	L	A	G	H	A	N	D	B	R	S
L	J	F	P	J	Q	D	R	D	K	H	Z	M	L	U

Solutions

97
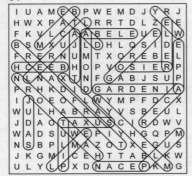

98
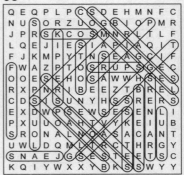

99
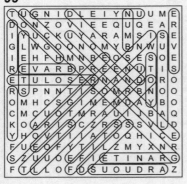

100
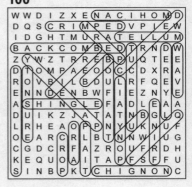

101

102
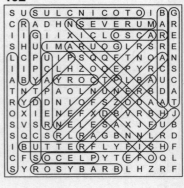

Solutions

103
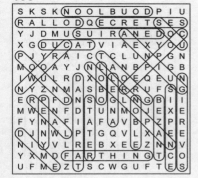

104
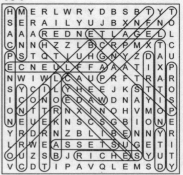

105
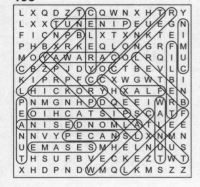

106

107
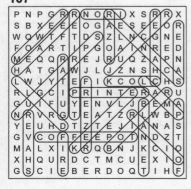

108

Solutions

109

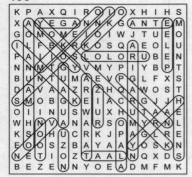

110

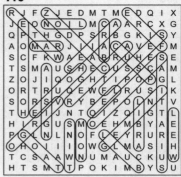

111

112

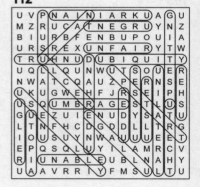

113

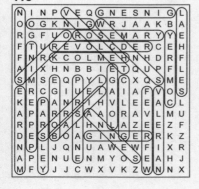

114

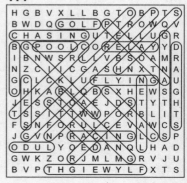

Solutions

115

116

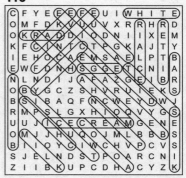

117

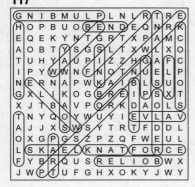

118

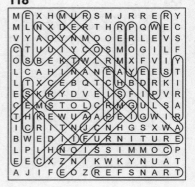

119

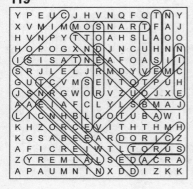

120

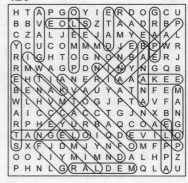

Solutions

121

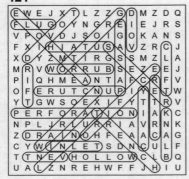

122

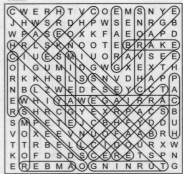

123

124

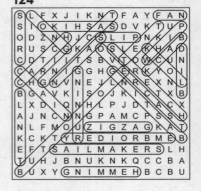

125

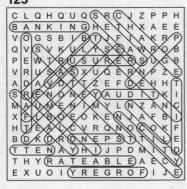

126

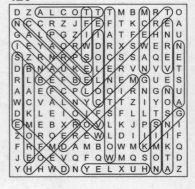

Solutions

127

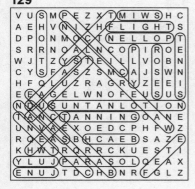

128

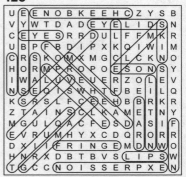

129

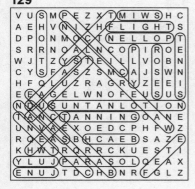

130

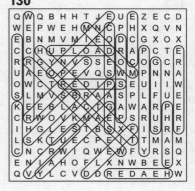

131

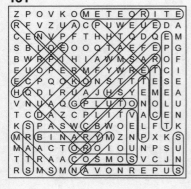

132

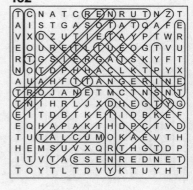

Solutions

133

134

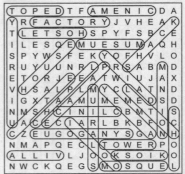

135

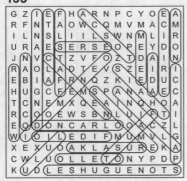

136

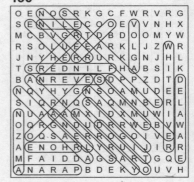

137

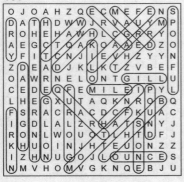

138

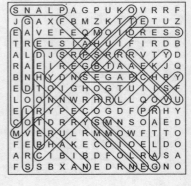

Solutions

139

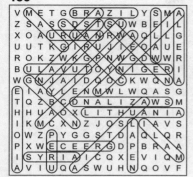

140

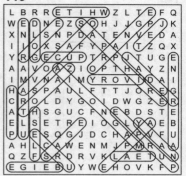

141

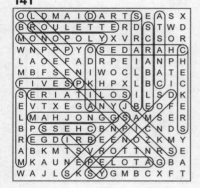

142

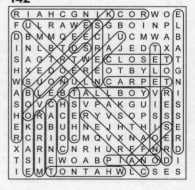

143

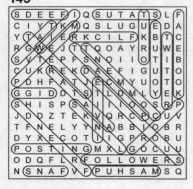

144

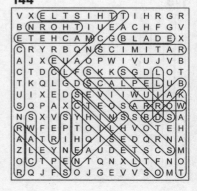

Solutions

145

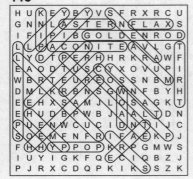

146

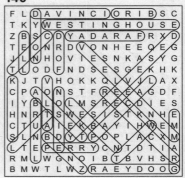

147

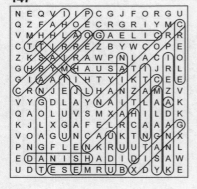

148

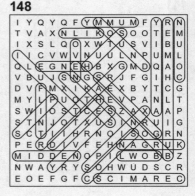

149

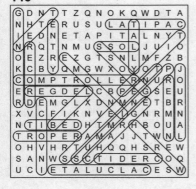

150

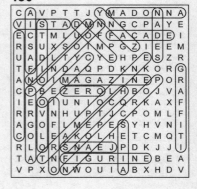

Solutions

151
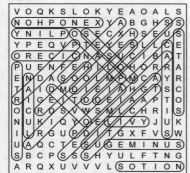

152
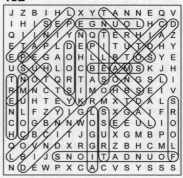

153
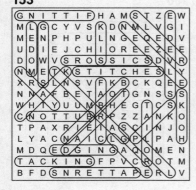

154
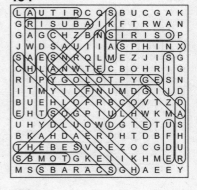

155
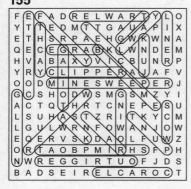

156

Solutions

157

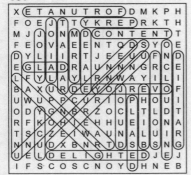

158

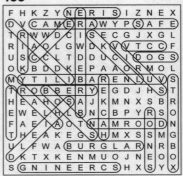

159

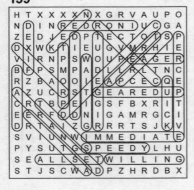

160

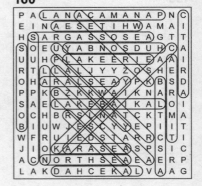

161

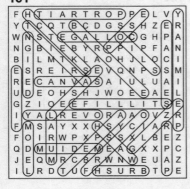

162

Solutions

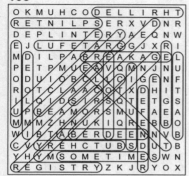

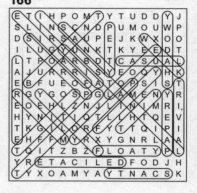

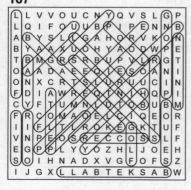

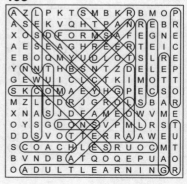

Solutions

169

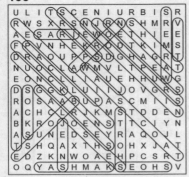

170

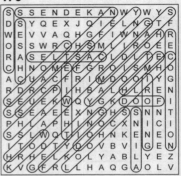

171

172

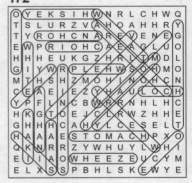

173

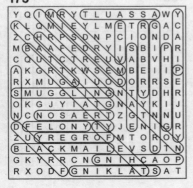

174

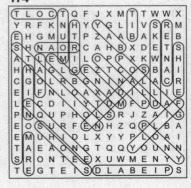

Solutions

175

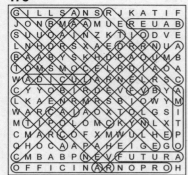

176

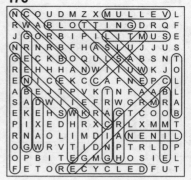

177

178

179

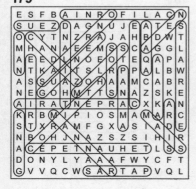

180

Solutions

181

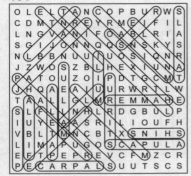

182

183

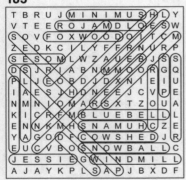

184

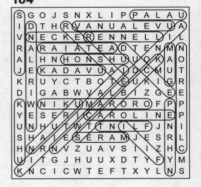

185

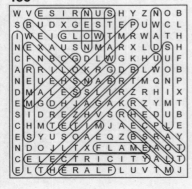

186

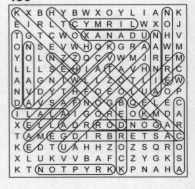

Solutions

187

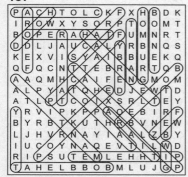

188

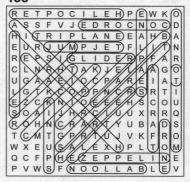

189

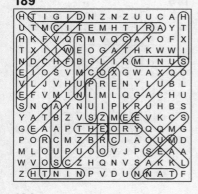

190

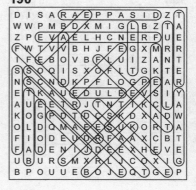

191

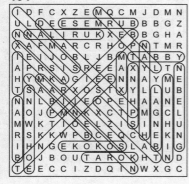

192

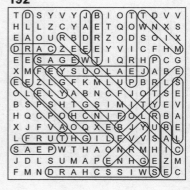

Solutions

193
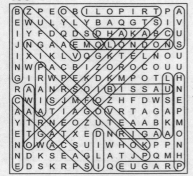

194
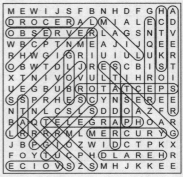

195
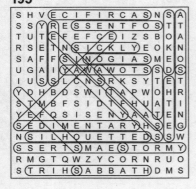

196
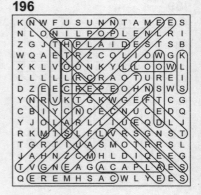

197
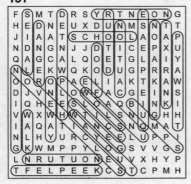

198
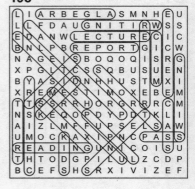

Solutions

199

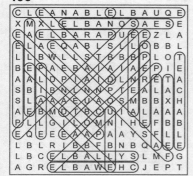

200

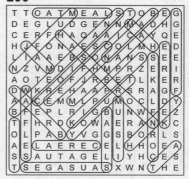

201

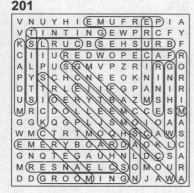

202

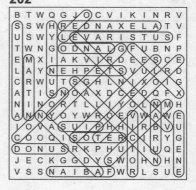

203

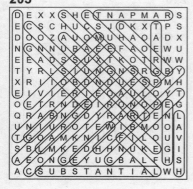

204

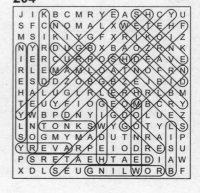

Solutions

205

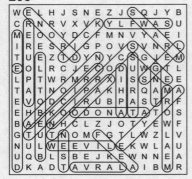

206

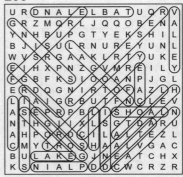

207

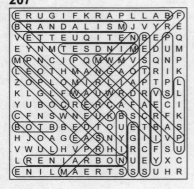

208

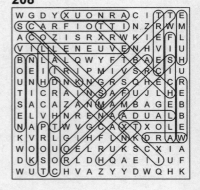

209

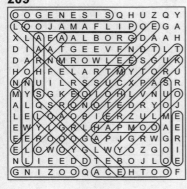

210

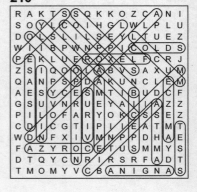

Solutions

211

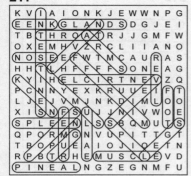

212

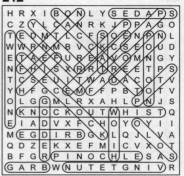

213

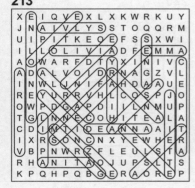

214

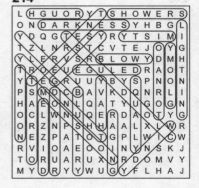

215

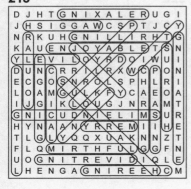

216

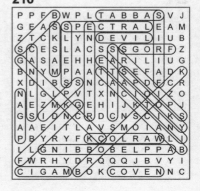

Solutions

217

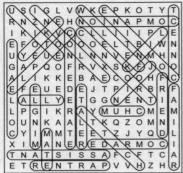

218

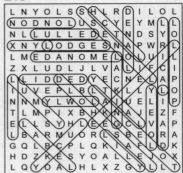

219

220

221

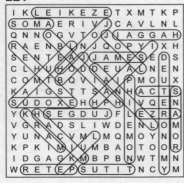

222

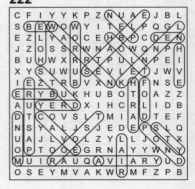

Solutions

223

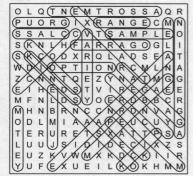

224

225

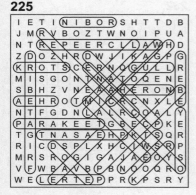

226

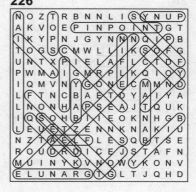

227

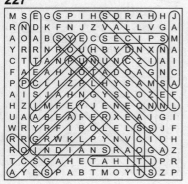

228

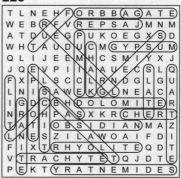

Solutions

229

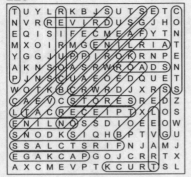

230

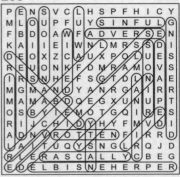

231

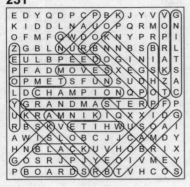

232

233

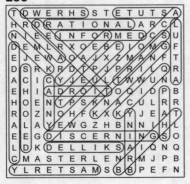

234

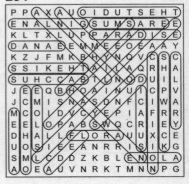

Solutions

235

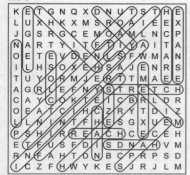

236

237

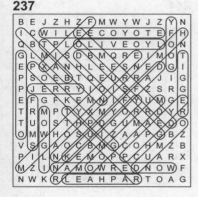

238

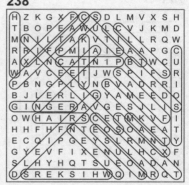

239

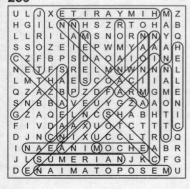

240

Solutions

241

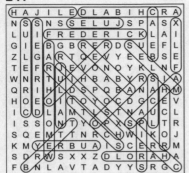

242

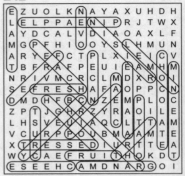

243

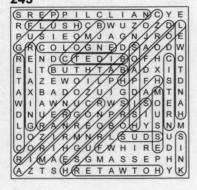

244

245

246

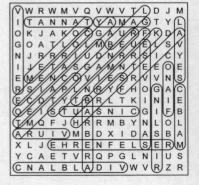

Solutions

247

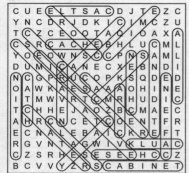

248

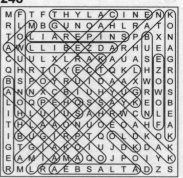

249

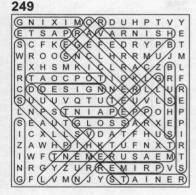

250

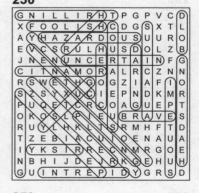

251

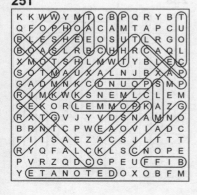

252

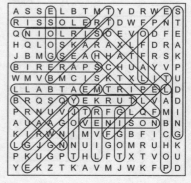

Solutions

253

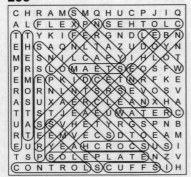

254

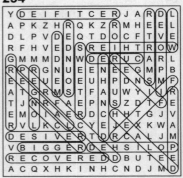

255

256

257

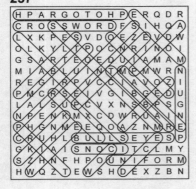

258

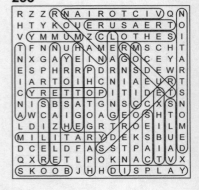

Solutions

259

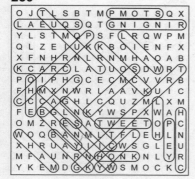

260

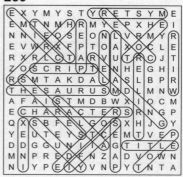

261

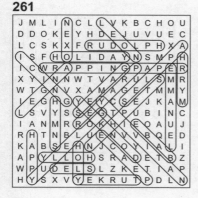

262

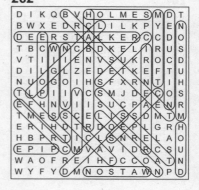

263

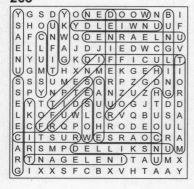

264

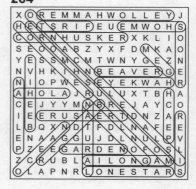

Solutions

265

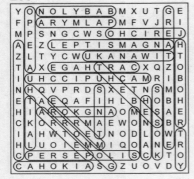

266

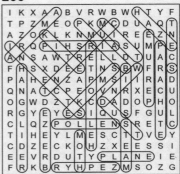

267

268

269

270

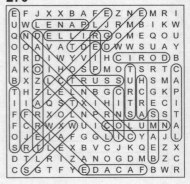

Solutions

271

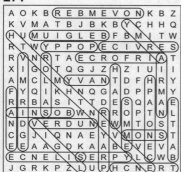

272

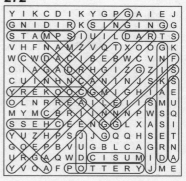

273

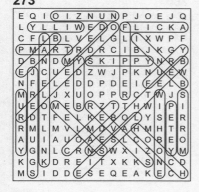

274

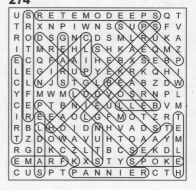

275

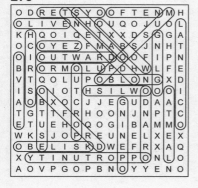

276

Solutions

277

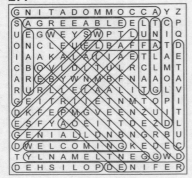

278

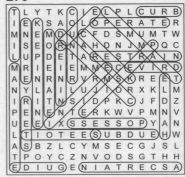

279

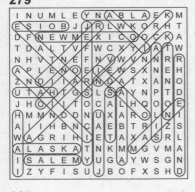

280

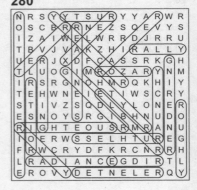

281

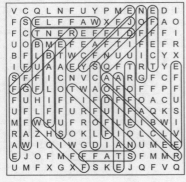

282

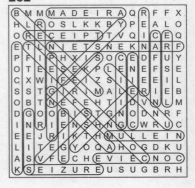

Solutions

283

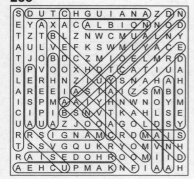

284

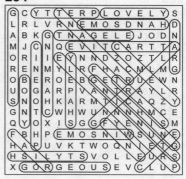

285

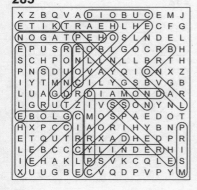

286

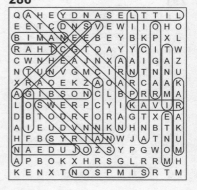

287

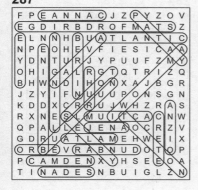

288

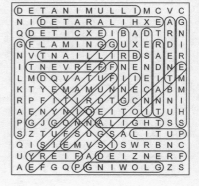

Solutions

289

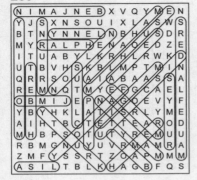

290

291

292

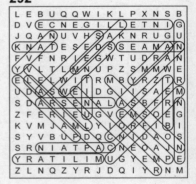

293

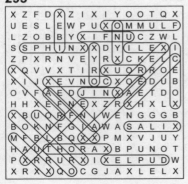

294

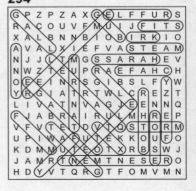

Solutions

295

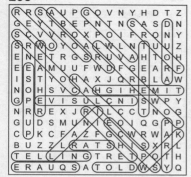

296

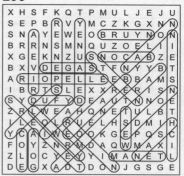

297

298

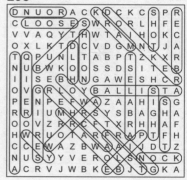

299

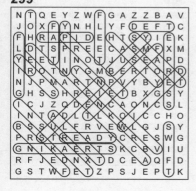

300

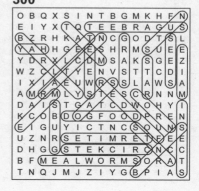

Solutions

301

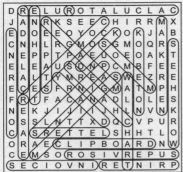

302

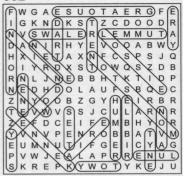

303

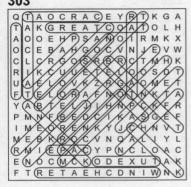

304

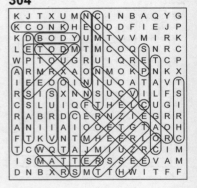

305

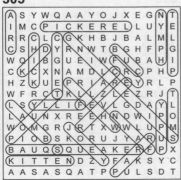

306

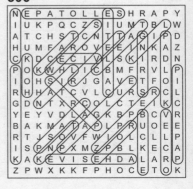

Solutions

307

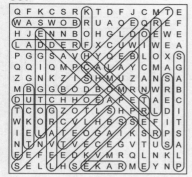

308

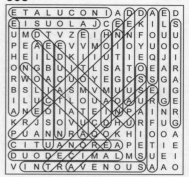

309

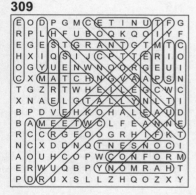

310

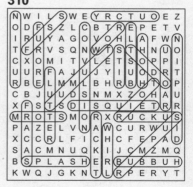

311

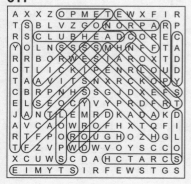

312

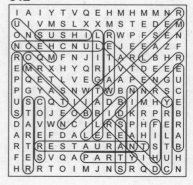

Solutions

313

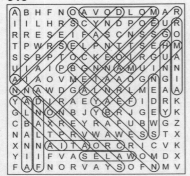

314

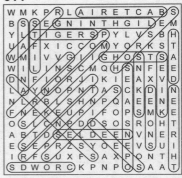

315

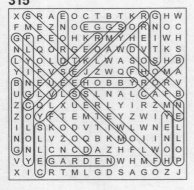

316

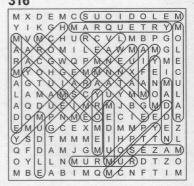

317

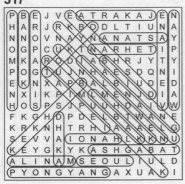

318

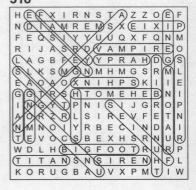

Solutions

319

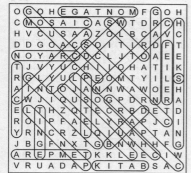

320

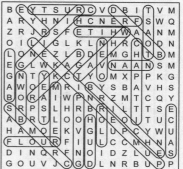

321

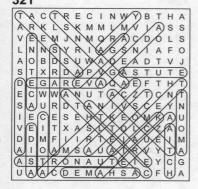

322

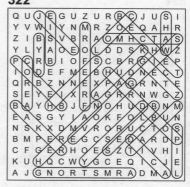

323

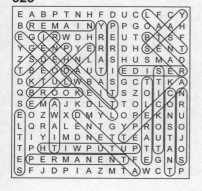

324

Solutions

325

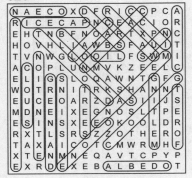

326

327

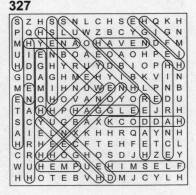

328

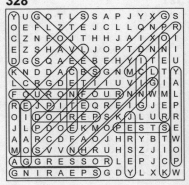

329

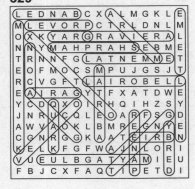

330

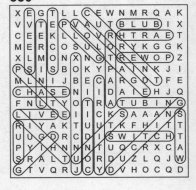

Solutions

331

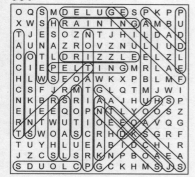

332

333

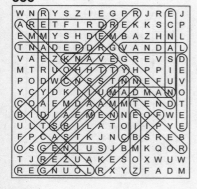

334

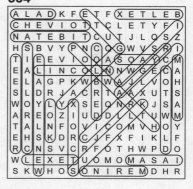

335

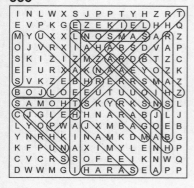

336

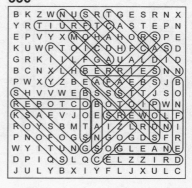

Solutions

337
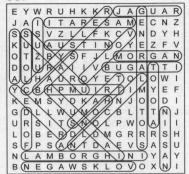

338
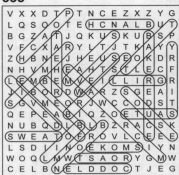

339
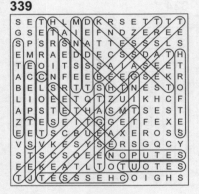

340

341
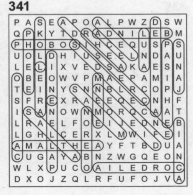

342
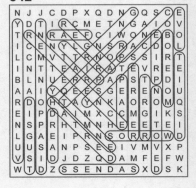

Solutions

343

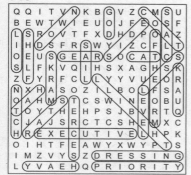

344

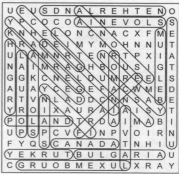

345

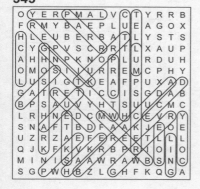

346

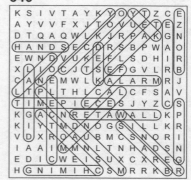

347

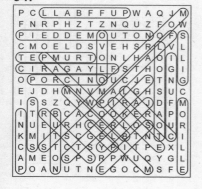

348

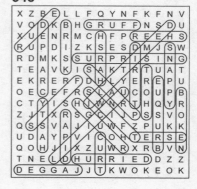

Solutions

349

350

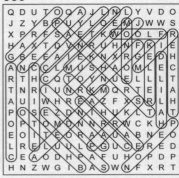

351

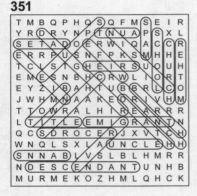

352

353

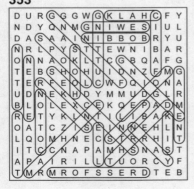

354

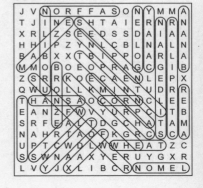

Solutions

355

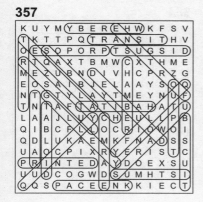

356

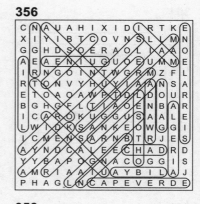

357

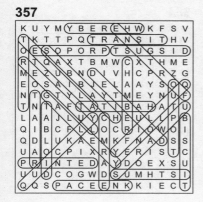

358

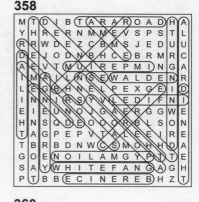

359

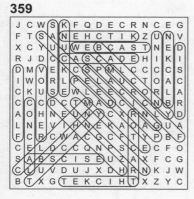

360

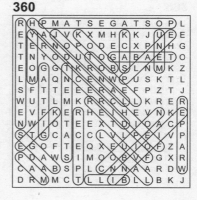

Solutions

361

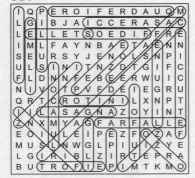

362

363

364

365

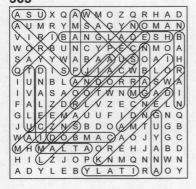

366

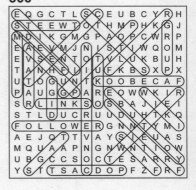

Solutions

367

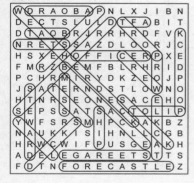

368

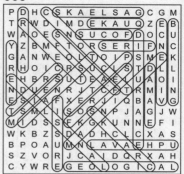

369

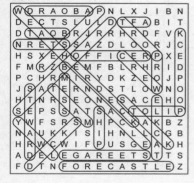

370

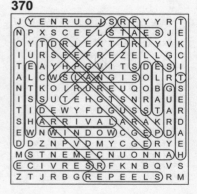

371

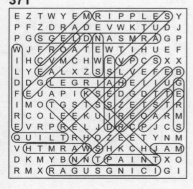

372

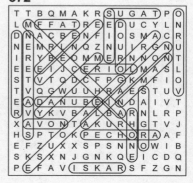

Solutions

373

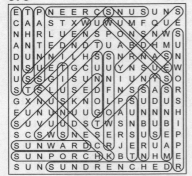

374

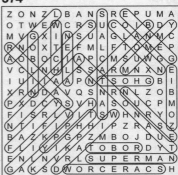

375

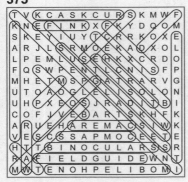

376

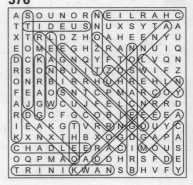

377

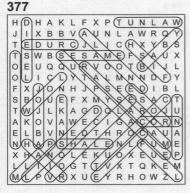

378

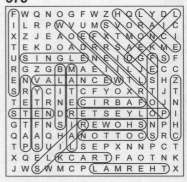

Solutions

379

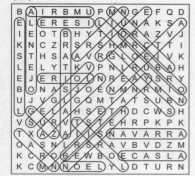

380

381

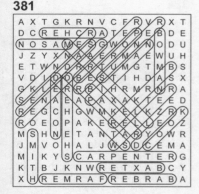

382

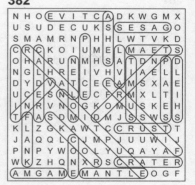

383

384

Solutions

385

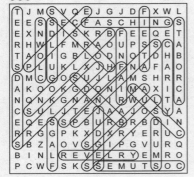

386

387

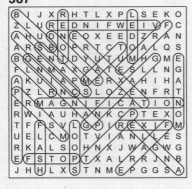

388

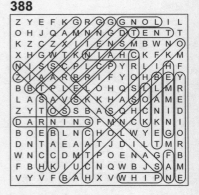

389

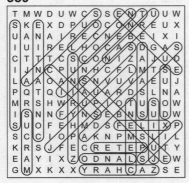

390

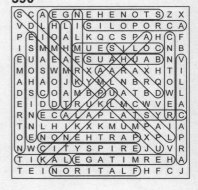

Solutions

391
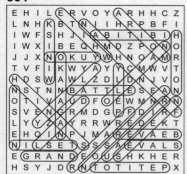

392
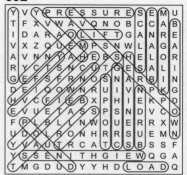

393

394

395

396
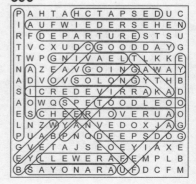

Solutions

397

398

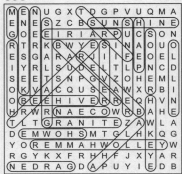

399

400

401

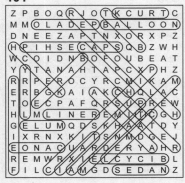

402

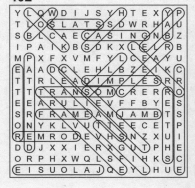

Solutions

403

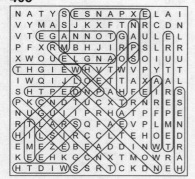

404

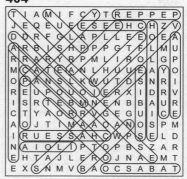

405

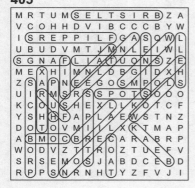

406

407

408

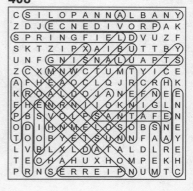

Solutions

409
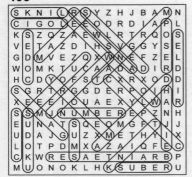

410
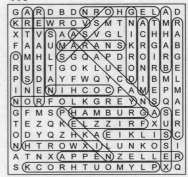

411
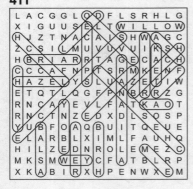

412

413
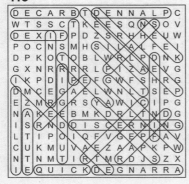

414
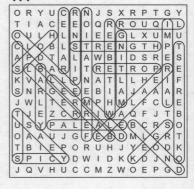

Solutions

415

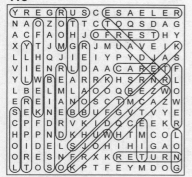

416

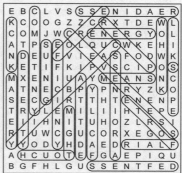

417

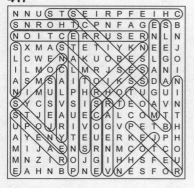

418

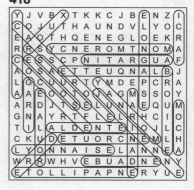

419

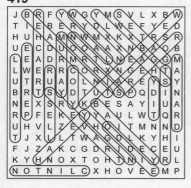

420

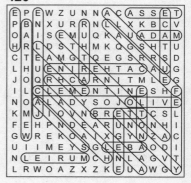

Solutions

421

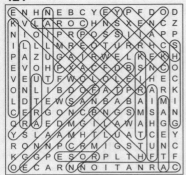

422

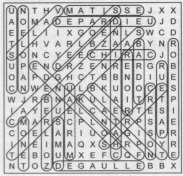

423

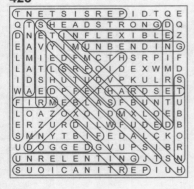

424

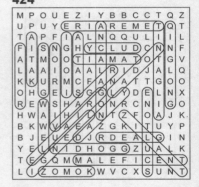

425

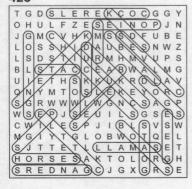

426

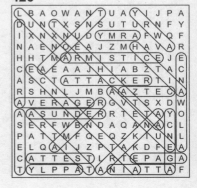

Solutions

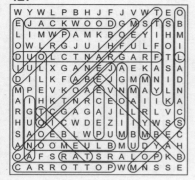

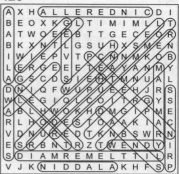

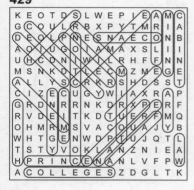

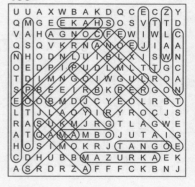

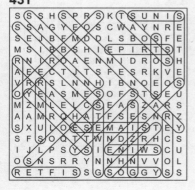

Solutions

433

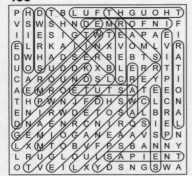

434

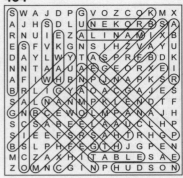

435

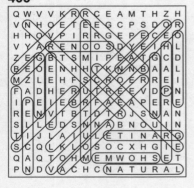

436

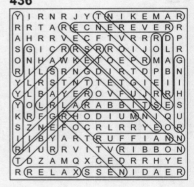

437

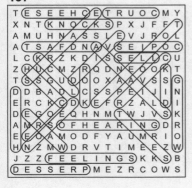

438

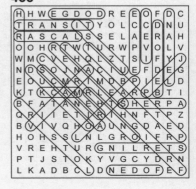

Solutions

439

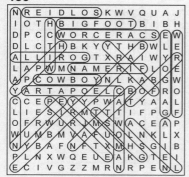

440

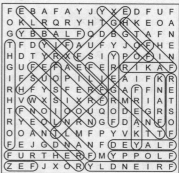

441

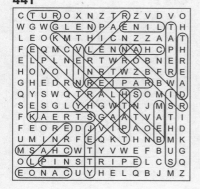

442

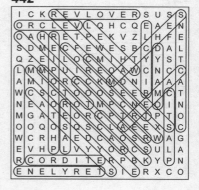

443

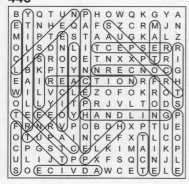

444

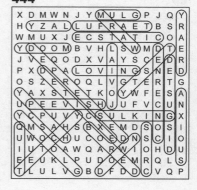

Solutions

445

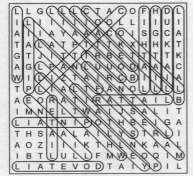

446

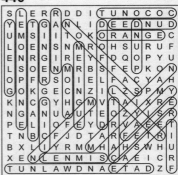

447

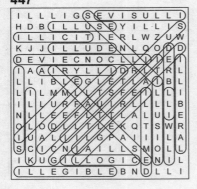

448

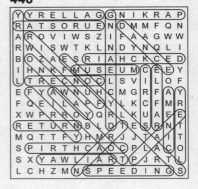

449

450

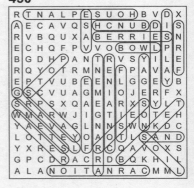

Solutions

451

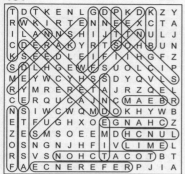

452

453

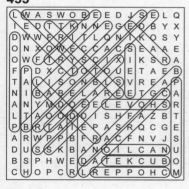

454

455

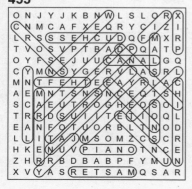

456

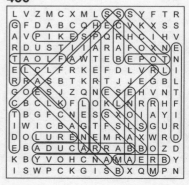

Solutions

457

458

459

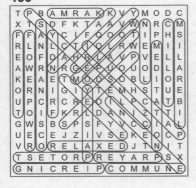

460

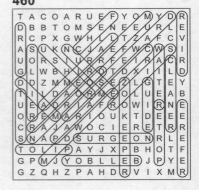

461

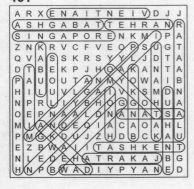

462

Solutions

463

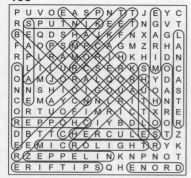

464

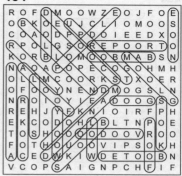

465

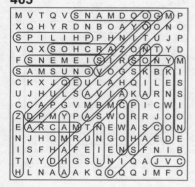

466

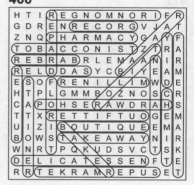

467

468

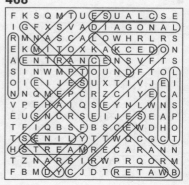

Solutions

469

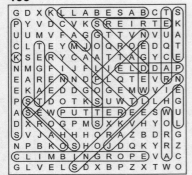

470

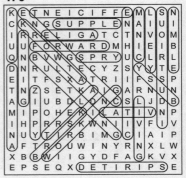

471

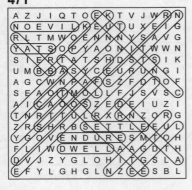

472

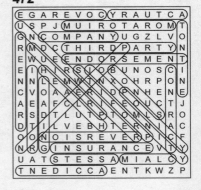

473

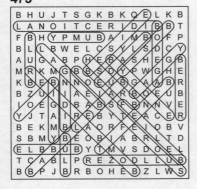

474

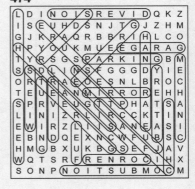

Solutions

475

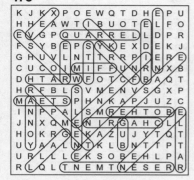

476

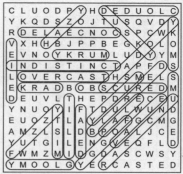

477

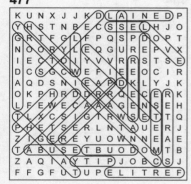

478

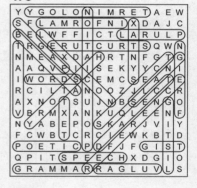

479

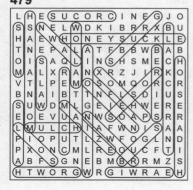

480

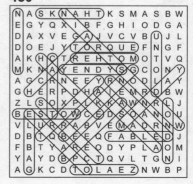

Solutions

481

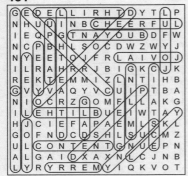

482

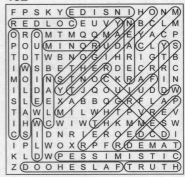

483

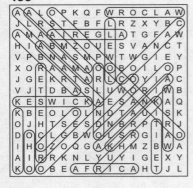

484

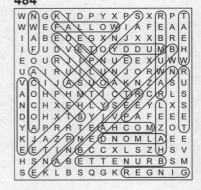

485

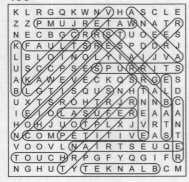

486

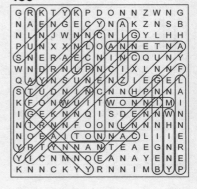

Solutions

487

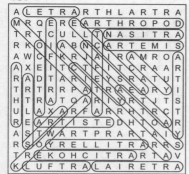

488

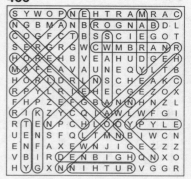

489

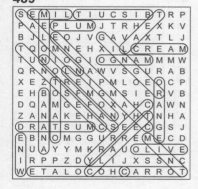

490

491

492

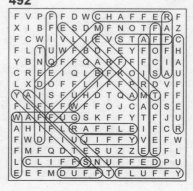

Solutions

493

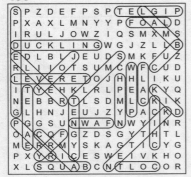

494

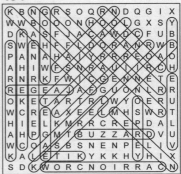

495

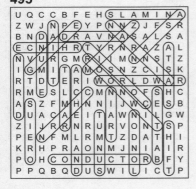

496

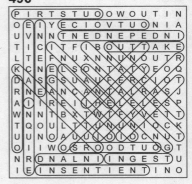

497

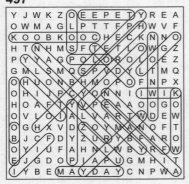

498

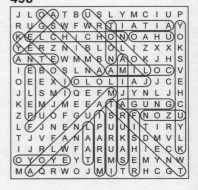

Solutions

499

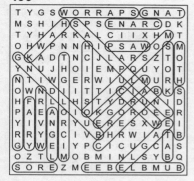

500

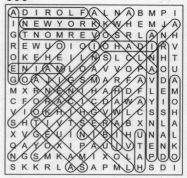

501

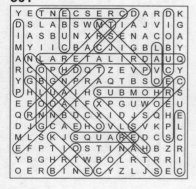

502

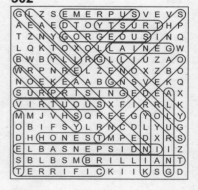

503

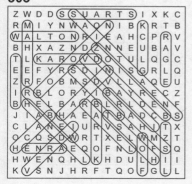

504

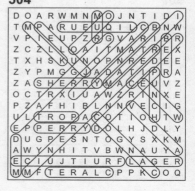

Solutions

505

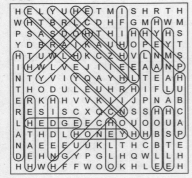

506

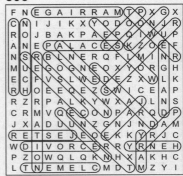

507

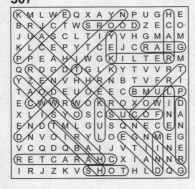

508

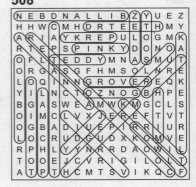

509

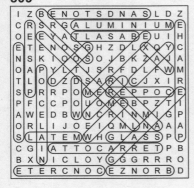

510

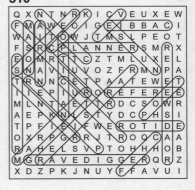

Solutions

511

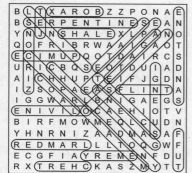

512

513

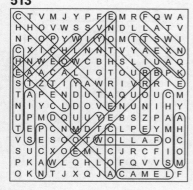

514

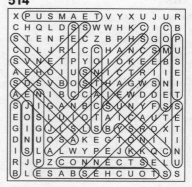

515

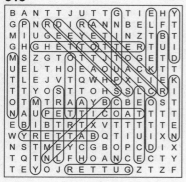

516

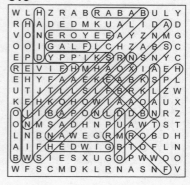

Solutions

517

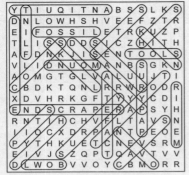

518

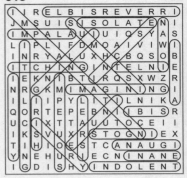

519

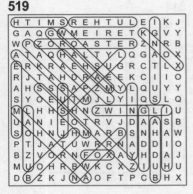

520

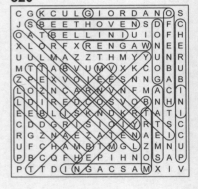

521

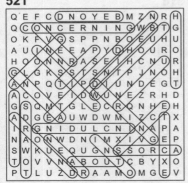

522

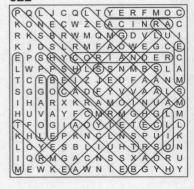

Solutions

523

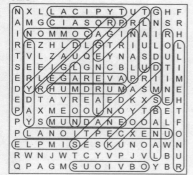

524

525

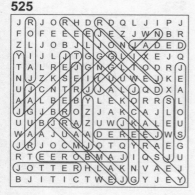

526

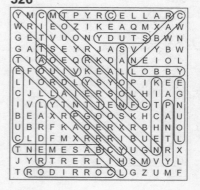

527

528

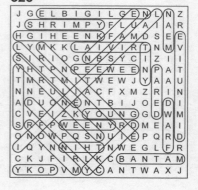

Solutions

529

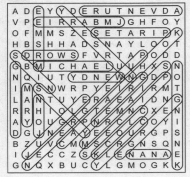

530

531

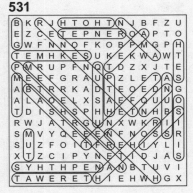

532

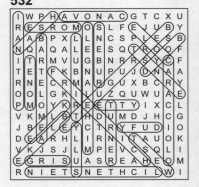

533

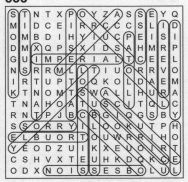

534

Solutions

535

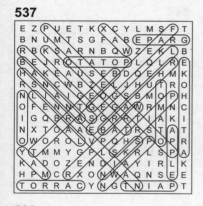

536

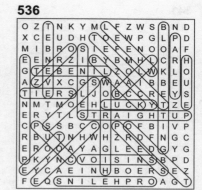

537

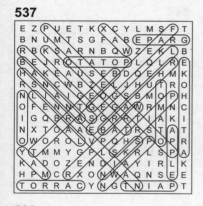

538

539

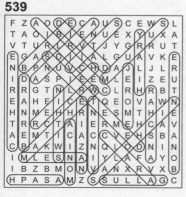

540

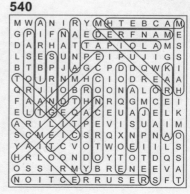

Solutions

541

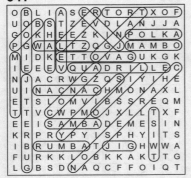

542

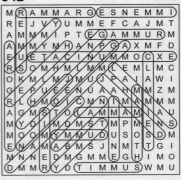

543

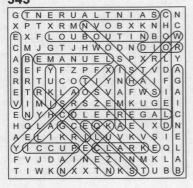

544

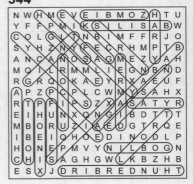